두부살에서 **철인**으로

두부살에서 철인으로

김주영 지음

✳

나의 아내 보린
우리 아이들 은별, 바위
그리고 아버지 어머니께

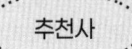

고려대학교 부속 구로병원 정형외과 전문의 서승우
보통 사람에게 가장 좋은 운동

최근 달리기 인구가 급증하고 있지만, 아직도 의구심을 갖고 있는 분이 많습니다. 저의 정형외과 동료들도 종종 "마라톤을 그렇게 많이 뛰는데 무릎이 괜찮냐?" 하고 물으며 걱정하곤 합니다. 무릎 관절을 평생 전공한 원로 교수님 역시 "마라톤 많이 하면 무릎 연골 닳아 망가지니 줄여서 하시오."라고 조언하실 정도입니다.

그래서 저는 마라톤을 1,000번 이상 완주한 일곱 분의 무릎 MRI를 직접 연구한 결과, 무릎 연골이 닳지 않고 오히려 젊은 사람처럼 건강하게 유지되고 있음을 확인했습니다. 저 역시 마라톤을 500여 회 완주했는데도 무릎에 이상 없이 매주 풀코스를 달리고, 100km를 밤새 달리는 산악 트레일 런도 즐기며 건강하게 살고 있습니다.

달리는 의사로서 달리는 의사를 만나면 반갑기 그지없습니다. 저자는 내과의사인데, 운동과 담 쌓고 살다가 중년이 되어 달리기를 시작한 분입니다. 60세가 넘도록 마라톤을 완주하고 철인3종경기(ironman)를 매년 완주하고 있습니다.

저자가 '아직도' 달리고 있는 비결은 그가 이 책의 3부 '아마추어 김 코치의 달리기 레슨'에서 강조하는 대로 천천히, 살살, 즐겁게, 꾸준히 달리는 것입니다. 무리해서 학대하지 않으면 무릎 관절은 달리기로 더 건강해집니다. 관절뿐 아니라 근력, 심폐 기능도 향상됩니다. 달리기는 누구나 할 수 있는 가장 좋은 운동입니다. 달리면 몸이 건강해질 뿐 아니라 머리가 맑아지고 정신이 건강해지고 치매도 예방된다고 저자는 강력하게 설파하고 있습니다.

달리는 사람들은 어떻게 하면 이 좋은 것을 다른 사람들에 알려서 더 많은 사람이 달리게 할 수 있을까 늘 생각합니다. 달리기를 하면 관절이 망가진다는 속설 때문에, 무릎이 약해서, 다리에 힘이 없어서, 원래 소질이 없어서 등등의 이유로 달리기를 망설였던 분들, 혹은 중년 이후에 건강한 삶을 위해 무슨 운동을 해야 하나 고민하는 분들께 이 책은 훌륭한 동기 부여가 될 것입니다. 모쪼록 저자와 같은 많은 보통 사람이 이 책을 통해 달리기의 진정한 가치를 발견하고 건강과 행복을 동시에 얻을 수 있기를 바랍니다.

> 추천사

산악인 엄홍길

오늘부터 한 걸음이라도 내딛게 만드는 참으로 고마운 책

산을 오르는 것과 달리는 것은 다르지만, 결국 '나를 이기는 일'이라는 점에서 같은 길을 걷고 있습니다. 저 또한 산에서 배운 삶의 진리를 통해서 몸을 움직이는 일이야말로 우리 인생에서 가장 중요한 일 중 하나라는 사실을 절실히 깨달았습니다.

이 책은 몸의 언어로 삶을 이야기합니다. 겉멋이 아니라, 진심과 땀으로 적어 내려간 글들이기에 더욱 마음을 울립니다. 저자는 처음부터 '운동 잘하는 사람'은 아니었다고 합니다. 그저 조금씩 움직였고, 끝까지 버텼으며, 결국 달리는 사람이 되었습니다. 그 과정이 낱낱이 담긴 이 책은 스스로를 '몸치'라 여기는 수많은 분들께 큰 용기와 영감을 줄 것입니다.

저는 등반가로서 지난 수십 년간 수많은 고봉을 올랐지만, 이제는 '움직이는 삶'의 가치를 더 많은 사람들과 나누고 싶습니다. 달리기는 결코 특별한 사람만의 전유물이 아닙니다. 어느 날 문득 "왜 해야 하는데?"라는 질문을 스스로에게 던졌다면, 이 책이 바로 그 대답이 될 것입니다.

산은 결국 자신과의 싸움이자 화해의 여정입니다. 달리기도 그러하겠지요. 저자는 이 책을 통해 몸과 마음의 여정을 담담히 풀어냅니다. 읽는 이로 하여금 오늘부터 한 걸음이라도 내딛게 만드는 참으로 고마운 책입니다.

이 책이 '건강하게 나이 드는 법'을 고민하는 분들께 작지만 깊은 울림이 되기를 바랍니다. 몸과 함께 사는 법, 더 오래 더 건강하게 살아가는 길을 찾는 모든 분들께 이 책을 진심으로 추천합니다.

마라토너 이봉주
건강하게, 힘차게, 오래 달리고 싶습니다

저는 올림픽과 각종 대회에서 대한민국 국가대표로서 국위선양에 힘썼지만, 은퇴 후 근육긴장 이상증이라는 뜻밖의 시련을 맞이했었습니다. 다시 달리는 것이 불가능하다 했지만 위기를 극복하고 투병 4년 만인 지난 2024년 9월 5km를 완주했습니다. 한참 증상이 악화되어 움직이기도 힘들었을 때 '내 몸으로 30분 만이라도 뛰고 싶다.'는 마음이 간절했습니다. 오직 다시 달리고 싶다는 마음이 제 인생 3막을 시작할 수 있게 해 준 희망이었습니다.

이 책을 쓴 김주영 님은 자신이 '두부살'이라고 솔직하게 고백합니다. 운동에 소질이 없고 달리면 안 되는 체질인 줄 알았다고 합니다. 저 또한 늦은 나이에 마라톤을 시작했고, 마라토너로서는 치명적인 신체적 결함인 평발, 짝발에 속도도 느렸습니다. 하지만 저는 달렸습니다. 달리다 보니 저의 약점들을 극복하게 되었고 꾸준한 훈련은 한국 기록을 달성하는 발판이 되었습니다. 저자는 말합니다. 달리다 보면 인생에서 겪게 되는 대부분의 문제들이 해결된다고. 저는 이 책을 읽으며 다시금 달리기의 본질에 대해 생각해 보았습니다. 경쟁, 기록 달성, 메달 획득이 아닌, 몸과 마음을 회복하고 돌보는 진짜 달리기 말입니다. 저자는 30여 년 마라톤과 철인3종(아이언맨)을 완주해 온 러너이자 의사입니다. 이웃에게 꾸준히 달리기를 권하는 분입니다. 그의 글에는 풍부하고 다양한 실체적 경험과 의학지식은 물론, 두 발로 달려서 삶을 통과해 온 진심이 담겨 있습니다.

    이 책은 저처럼 다시 달리기를 시작한 이들에게는 큰 위로이자 용기가 되고, 건강하게 오래 달리고 싶은 이들에게는 훌륭한 지침서가 될 것입니다. 저도 다시금 분발하겠습니다. 김주영 님과 함께 건강하게 힘차게 오래오래 달리게 되기를 바라며 진심을 담아 추천합니다.

들어가는 말

왜, 혹은 어째서 아직도, 아이언맨(ironman)을 하느냐고 누가 물으면 "그 외에 달리 할 줄 아는 운동이 없어서."라고 대답한다. 사실이다. 어려서부터 몸을 놀리는 데 둔했고 자신이 없었다. 남들은 쉽게 배우는 운동을 잘 따라하지 못했다. 특히 구기에 서툴렀다. 공을 잘 갖고 놀 줄 알았다면 나는 지금 주위의 많은 사람들처럼 골프를 즐기고 있을 것이다.

소위 '운동신경'이 둔해서 운동과는 담을 쌓고 살았다. 나는 몸을 쓰는 일은 하지 않고 살게 되어 있다고 생각했다. 그런데 그런 내가 몸을 돌보는 의사가 되었다. 중년에 접어들어 내 몸의 형편을 보니 이건 영 안 되겠다 싶었다. 빨간불이 들어와서 시작한 게 달리기다. 나는 달리지 못하는, 달리면 안 되는 체질인 줄 알았는데 그것 외에는 달리 할 줄 아는 게 없었다.

달리다 보니 거리가 늘어 마라톤을 하게 됐고, 몸에 길이 들고 움직이는 게 재미있어지니 3종경기를 하게 됐고, 만 50살에 아이언맨(수영 3.8km-자전거 180km-마라톤 42.2km)을 완주하게 됐다. 그 이후 매년 한 번씩 아이언맨에 참가해서 완주하고 있다. 이 책이 나올 때쯤이면 열한 번째 아이언맨을 완주했을 것이다.

내가 이 책을 쓰는 이유는 나와 같은 사람들이 많을 거라는 생각에서다. 운동이 좋은지는 알지만 잘하지 못하고, 시작해서 꾸준히 할 자신이 없고, 남 앞에서 움직이는 게 싫고, 돈 들여 연장과 복장을 갖춰야 하는 게 번거롭고, 시간 내서 어디 가야 하니 불편하고…. 먹고 살기 바쁜데 운동 같은 것은 아예 마음조차 먹기 힘든 사람들도 많다고 생각한다. 나도 그랬으니까. 그런 분들을 독자로 생각하고 쓴 책이다. "당신도 할 수 있습니다. 보세요, 나 같은 사람도 하고 있다니까요." 이런 말을 하고 싶었다.

"왜 해야 하는데?"라고 물어 주기를 간절히 바라고 쓰는 책이다. 잘 살려면 운동해야 한다. 운동(運動)이라는 말이 참 좋은 말인데 스포츠나 경기를 연상하게 되니 나 같은 사람에게는 오래도록 부담스러운 단어였다. 잘 살려면 몸을 움직여야 한다. 몸을 움직이는 것은 당신이 생각하는 것보다 훨씬 더 좋은 일이다. 유익할 뿐 아니라 재미있는 일이다. 내과 전문의로서 내 환자들에게 살 수 있는 길, 잘 살 수 있는 처방 딱 하나를 내 주라고 한다면, 단연 그 처방은 "움직이세요."가 될 것이다. 만병통치라는 말은 과잉 선전이라는 느낌을 줄 듯하니 삼가겠다.

21세기 첨단 의학이 한결같이 하는 말은 건강의 길은 단순하다는 것이다. 그중에 가장 중요한 것이 몸을 움직이는 것이다. 그래서 몸치인 내가 몸소 겪어 알게 된 체험적 지식과, 의과대학과 그 이후에 공부한 의학 지식을 버무려서 이 책을 썼다. 많은 사람들이 재미있게 읽고, 쉽게 이해하고, 무엇보다 '나도 열심히 움직여야겠다.'는 결심을 하게 되기를 바란다.

이 책의 프롤로그와 에필로그는 지난 2년, 그러니까 만 60세와 61세 때 완주한, 나의 아홉 번째, 열 번째 아이언맨 참가기다. 대중에게는 생소한 아이언맨 경기가 실제로 어떤 것인지 그 속살을 엿볼 수 있다.

1장 '두부살의 철(鐵)로 역정'은 둔한 몸과 더불어 살아온 내 이야기다. 나름대로는 장하게 살았다고 느껴서 쓰기 시작했는데, 써 놓고 보니 그리 빛나지 않는 이야기다. 사실 더 어려운 운동을 훨씬 더 잘하는 사람들이 얼마나 많은지 모른다. 그런 분들 앞에는 부끄럽지만, 나 같은 몸이 이만큼 하는 게 스스로 자랑스러워 낯 두껍게 꺼내어 풀어 놓은 이야기다. 내게는 파란만장하고, 흥미진진하고, 자랑스러운 길이었다. 1차적으로는 나를 위한 비망록(備忘錄)이라고 할 수 있지만, 읽다 보면 '재미있네, 나도 하고 싶네.'라는 생각이 드는 분들이 생겨날 거라고 믿는다.

2장 '달리는 의사의 운동 의학 요점 정리'는 운동이 몸에 얼마나 좋은 것인지 알려 주기 위한 일종의 강의다. 전문 지식이 대중에게 쉽게 전달되는 것이 절실한 시대다. 성인병을 피하고 끝까지 맑은 정신을 유지하려면 무엇보다 몸을 움직여야 한다는 사실을, 의사의 입장에서 전하고 싶었다. 전문가들이 보기에는 다소 지나치게 단순화된 면이 있고 빠진 것들도 있겠지만 큰 오류는 없다고 믿는다.

3장 '아마추어 김 코치의 달리기 레슨'은 내가 달리기 초보들에게 하는 조언이다. 체계적이거나 전문적인 훈련을 받은 것은 아니다. 다만 좌충우돌하며 30년간 달려온 끝에 얻은 생각이다. 달리기는 모든 운동의 기본이다. 운동에 소질도 의지도 없는 사람이라도 누구나 시작할 수 있고, 꾸준히 이어 가다 보면 즐거움을 느낄 수 있는 가장 원초적인 몸짓이다. 누구 말마따나 우리는 달리도록 태어난(Born to Run*) 존재들이

---

* 『본 투 런(Born to Run)』은 크리스토퍼 맥두걸(Christopher McDougall)의 책이다. 맥두걸은 인류가 생물학적으로 다른 동물보다 오래 잘 달리게 되어 있고, 그러한 특질이 야생에서 다른 동물들을 사냥하여 살아남는 데 큰 역할을 했다고 주장했다. 마라톤 같은 오래 달리기를 일부러 하는 동물도 인류밖에는 없다. 달리는 것은 인간의 본성에 속한 일이기 때문이라는 것이다.

기 때문이다. 처음 시작하는 분들도 이 방법을 따라 하면 몇 달 만에 10km를 달릴 수 있고, 더 나아가 마라톤에도 도전할 수 있다. 내 몸이 직접 경험한 사실이다.

얼마 전에 내가 속한 하이킹 클럽의 맏누님 오드리 님이 80세 생일잔치를 했다. 영화 〈로마의 휴일〉의 공주가 예뻐서 그 이름을 닉네임으로 삼은 분이다. 원조 오드리 헵번의 63세 모습과 비교해 보면, 오히려 더 젊어 보이고 피부도 팽팽하다. 특별한 관리 비법이 있는 것도 아니다. 지난 20여 년간 주말마다 하이킹을 하며 자연 속에서 몸을 부지런히 움직이신 덕분이라 생각한다. 지금도 주말 산행 때면 자신의 백팩을 직접 메고, 목표한 코스를 팀과 함께 끝까지 완주하시지 못하는 법이 없다.

지난 겨울, 스키를 타러 동네 산에 간 일행 열 명 중 여섯 명은 나보다 나이가 많았다. 남자 넷, 여자 여섯, 가장 젊은 사람이 50대 중반이었다. 정상에서 단체 사진을 찍으려고 서 있는데, 마침 스키를 타러 온 한 한국인 신사분이 사진을 찍어 주었다. 그리고 그분이 "여기서 가장 나이가 많은 분은 몇 살이십니까?" 하고 물었다. 우리 대장이 "70입니다."라고 대답하자, "다들 어리구만… 이런 말을 해서 좀 뭣하긴 한데…. 난 80입니다."라는 것이었다. 그러고는 가장 가파른 비탈을 날렵하게 내려가셨다.

"80대인데도 여전히 이렇게 액티브한 분들을 보면 내 20년 후를 보는 것 같아서 좋아."라고 어느 하이킹·스키 동료가 말했다. 큰 나무 곁에 또 큰 나무가 자라듯, 우리도 이렇게 자라 갈 수 있을까.

건강한 칠순, 팔순이 점점 많아지고 그분들이 힘 있게 움직이는 모습이 자연스럽게 여겨지는 세상이 되어 가고 있다. 우리도 이렇게 살면 좋지 않을까? 21세기, 문명과 의학의 발달 덕분에, 좋든 싫든 우리는 오래 살 수밖에 없다. '인생은 마라톤'이라는 말이 절실하게 와닿는 세상이다. 이 몸으로 끝까지, 오래 달려가야 한다.

몸과 더불어 끝까지 잘 살아야 한다는 평범한 진리를 절실하게 깨달아 가는 모든 분께 이 작은 책이 다정한 동행자가 되기를 바란다.

목차

들어가는 말	12
프롤로그	18
두부살의 철(鐵)로 역정	33
달리는 의사의 운동 의학 요점 정리	158
아마추어 김 코치의 달리기 레슨	255
에필로그	334
책을 내보내며	349
작가 인터뷰	353

· 프롤로그 ·

애리조나 아이언맨(Arizona Ironman)

2023. 11. 19.

환갑 지나 참가한, 나의 아홉 번째 아이언맨

눈을 뜨니 3시 반. 여섯 시간을 잤다. 대회에 참여하는 날에 제대로 꿰야 하는 첫 단추가 잠이다. 밤 10시 너머까지 몸이 고생해야 한다. 아이언맨을 한 지 얼마 안 되었을 때는 긴장과 온갖 생각으로 잠을 설쳤다. 자전거 위에서 졸음과 싸우기도 했다. 하지만 이런 일도 여러 번 겪다 보니 이제는 편하게 잔다. 6시간이면 괜찮다. 1시간 반 낮잠 잔 것도 보약이다.

그런데 아뿔싸, 잠은 푹 잔 것 같은데 목이 뻐근하다. 왼쪽으로 목이 돌아가지 않는다. 이런. 좋은 침대였는데 베개가 바뀌어서 그랬을까? 부지런히 마사지를 하고 스트레칭을 해 보지만 나아지지 않는다. 수영이 힘들겠다. '긴 하루가 되겠구나.' 싶었다.

아내가 깰까 봐 살금살금 샤워를 한다. 타이밍 칩은 잊지 않으려고 발목에 차고 잤다. 가지고 갈 짐들은 이미 다 꾸려져 있어서 달랑 들고 나오면 된다. 어둠 속에서 동작을 최소한으로. 그리고 이른 아침을 먹는다. 저녁을 잘 먹어서 배가 안 고프지만 먹어야 한다. 먹지 않으면 하루 종일 열량 부족을 따라잡기 힘들다. 물에 들어가기 2시간 전까지 식사를 끝내고 위를 비워야 한다. 약과를 하나 먹고, 바나나와 포도는 운전하면서 먹는다. 카페인도 필수다. 운전하며 커피를 마신다.

스캇스데일(Scottsdale) 처제 집에서부터 경기가 열리는 템피(Tempe)까지는 30분이 걸린다. 주차 장소를 찾는 시간을 감안해서 아주 일찍 나왔다. 경기하는 날 아내가 데려다 주지 않고 나 혼자 운전해 오는 것은 이번이 처음이다. 역시나 도로 곳곳이 통제되어 내비게이션이 뺑뺑이를 돌린다. 일찍 나오기를 잘했다. 시간이 충분하니 마음이 느긋하다. 시간에 쫓겨 마음이 급해지면 처음부터 힘들다.

마음을 비워 편안한 것만큼이나 속을 비우는 것이 중요하다. 그래서 두 번째 단추가 화장실이다. 아이언맨 빌리지(Ironman Village), 그러니까 철인3종경기 본부에는 이동식 간이 화장실이 곳곳에 즐비한데 줄이 길다. 시간이 넉넉하니 줄을 서서 기다릴 수 있다. 경기 전에 하는 완전한 배변만큼 시원하고 기분 좋은 일이 세상에 별로 없다. 쾌변이라는 말이 괜히 있겠나.

아이언맨 빌리지는 부산하다. 깜깜한 새벽에도 불이 환하게 켜져 있고 신나는 음악이 쾅쾅 울린다. 분위기는 활기가 넘치고 참가자들은 부지런히 움직이지만 말이 없다. 웃는 사람은 아예 없다. 출정을 앞둔 병사들의 모습이 이럴까.

부지런한 가족들이 많이 나와 있다. 걷는데 사람들에 치인다. 가족,

친지는 선수들이 있는 울타리 안에는 들어오지 못한다. 발돋움하며 아빠, 엄마, 자식, 배우자를 찾는다. 자랑스럽지만 안쓰럽고 애타는 표정들이다.

　호흡을 천천히 하고, 몸에 긴장을 푼다. 서두르지 않는다. 갖고 온 준비물 봉지들을 제자리에 갖다 놓는다. 들고 가는 수영용품 외에 정해진 자리에 갖다 두어야 하는 공인된 봉지가 5개다. 아침에 입고 간 옷을 벗어 넣어 두는 봉지, 자전거 용품 봉지, 달리기 용품 봉지, 자전거 중간 개인 보급품 봉지, 달리기 중간 개인 보급품 봉지. 종목이 세 가지니 물품이 많다. 수영모자, 고글, 자전거 헬멧, 선글라스, 장갑, 바셀린, 쇼츠, 자전거화, 러닝화…. 몸에 걸치는 물건들 머리끝부터 발끝까지 세 종목의 목록이 길다.

　게다가 중간에 먹고 마시고 바르는 것들까지 해서 준비물 목록을 만들면 한 페이지 가득이다. 넣어야 할 물건을 제자리에 제대로 넣어 두는 것이 중요하다. 지금은 쉽게 되지만 처음 몇 번은 어느 봉지에 무엇을 넣고 무엇을 빼야 하는지 생각하느라 머리에 쥐가 났었다. 그리고 어떤 순서로 꺼내고 어떻게 입는지 머릿속으로 무수한 도상 연습을 하느라 잠을 설치기가 일쑤였다. 이제는 숙달된 조교 수준이다.

　자전거는 전날 체크인해 놓았다. 타이어가 빵빵하다. 안장에 비닐을 씌워 놓아서 이슬에 젖지 않았다. 가지고 간 사제 드링크 두 병을 싣는다. 행복 떡방 미숫가루, 코스트코에서 산 프로틴 파우더, 분말 꿀을 섞어 조제한 이 드링크는 산전수전 겪으며 굳어진 나의 비방이다. 나머지 두 병은 점심과 함께 자전거 중간 보급품 봉지에 넣는다.

　시간을 체크해 가며 웨트슈트(wet suit)를 입는다. 1년에 한두 번, 이런 날에나 입는 웨트슈트는 늘 몸을 꽉 조인다. 처음 이것을 입을 때는 땀을 뻘뻘 흘리며 온 힘을 다 빼곤 했다. 하지만 여러 번 해 보니 이제는 수월하다. 몸에 바디 글라이드(body glide)를 바르고 발부터 시작해서 주름이 생기지 않도록 바짝 당겨 올린다. 뒤의 지퍼도 혼자 채울 수 있게 됐다. 그만큼 익숙해진 것이다.

참가자들이 이동하기 시작한다. 수영 시작, 즉 경기 개시가 임박했다는 신호다. 수영 캡을 쓰고 출발 라인에 선다. 주최 측이 시간대가 적힌 푯말들을 들고 있어서 자기 예상 시간에 맞춰 자리를 잡는다. 느린 사람이 앞에서 버벅거리면 빨리 가는 사람들에게 민폐일 뿐 아니라 사고로 이어질 수도 있다. 첫 그룹은 1시간 이내에 완주하는 사람들, 말 그대로 수륙양용의 양서류 같은 사람들로, 학창시절에 수영선수였던 사람들이다. 나는 예상 시간보다 30분 정도 앞 그룹에 가서 선다. 이 '꼼수'도 여러 번 참여하면서 터득한 것이다. 실력대로 맨 뒤에 서면, 하루 종일 외로운 레이스가 된다.

음악은 계속 쾅쾅거린다. 빼곡하게 선 가족들이 사진을 찍는다. 물에 들어가면 더 이상 누가 누구인지 보이지 않는다. 목은 여전히 왼쪽으로는 돌지 않는다. 수영 라인은 콩나물시루처럼 빽빽하다. 옆사람에게 닿지 않게 신경 쓰면서 계속 목과 어깨를 스트레칭한다.

'양말을 신고 나올 걸.' 올해도 같은 후회를 반복한다. 기다리는 동안 발이 시릴 때도 있고, 작년 캘리포니아 대회 때는 돌이 박힌 흙길을 걸어 물에 들어간 적이 있다. 주위에 벗어 던진 양말들이 널려 있다.

개회가 선언되고 국가가 올린다. 다들 비장한 얼굴들이다. 언제나 느끼는 거지만 미국 국가는 끝부분이 과연 드라마틱하다. "O'er the land of the free~~!" 길게 뽑아 허공에 달아 놓으면 뭔가 부글부글 끓어오르기 시작한다. "And the home of the brave!" 환호와 함성을 불러

일으키는 노래이다. 나도 큰 소리로 길게 고함을 지른다. 기합을 넣는 것이다. 마음이 뻥 뚫리며 기운이 솟구친다. 여기까지 잘 왔다. 좋은 날이다. 잘 해 보자!

수영(2.4마일, 3.8km)

6시 50분에 시작해서 매 5초마다 네 명씩 물에 들어간다. 아침 해는 아직 올라오지 않았다. 내 차례가 왔다. 보통은 물에 걸어 들어가서 수영을 시작하는데 이 대회는 점프해서 들어간단다. 아뿔싸, 물에 첨벙 들어갔는데 고글이 물에 밀려 속눈썹이 고글 렌즈에 닿는다. 이런, 어쩔 수 없다. 목은 뻣뻣하고 고글은 눈썹에 닿지만 그냥 헤엄칠 수밖에.

웨트슈트를 입고 물에 붕 뜨는 기분은 언제나 좋다. 힘차게 물을 가르기 시작한다. 앞으로 2시간쯤 계속 헤엄을 쳐야 한다. 3종경기에서 왜 수영을 가장 먼저 하느냐고 묻는 사람들이 있다. 해뜨기 직전이 하루의 가장 추운 시간인데다, 수영 후에는 몸을 말리고 옷을 갈아입어야 하는데 말이다. 이유는 간단하다. 다른 종목을 하고 난 뒤, 지친 상태에서 수영을 해 보시라. 자전거나 달리기 중에 힘이 빠지면 쓰러지더라도 여전히 지상이지만, 물속에서라면 그건 곧 익사다.

이 대회의 수영 코스는 강처럼 길게 뻗은 인공 호수를 직사각형으로 한 바퀴 도는 구조다. 곳곳에 부표가 있어 그것을 보며 헤엄친다. 진행 방향의 부표는 노란색, 코너 부표는 빨간색, 돌아오는 부표는 주황색으로 구분되어 있다. 문제는 출발 방향이 정동쪽이라는 점이다. 떠오르는 낮은 해가 수면에 반사되어 부표가 잘 보이지 않는다. 실내 수영처럼 로프 사이 수영장 바닥선을 따라가는 것도 아니어서, 옥외 수영을 할 때는 원래 방향 잡기가 어렵다. 부표를 보고 방향을 맞춰야 하는데, 부표가 보이지 않으니 계속 삐뚤빼뚤 나아간다. 자주 목을 들어 주변을 확인해야 하고, 그만큼 에너지와 시간 낭비가 심하다. 목은 여전히 왼쪽으로는 제대로 돌아가지 않는다.

절반을 지나서 돌아오는 길에는 해가 뒤쪽에서 비쳐 오렌지색 부표들이 선명히 보인다. '암, 이래야지.' 속도를 높인다. 늘 그랬지만 수영 코스를 반쯤 하면 동작의 리듬이 착착 맞는다. 내가 수중동물이라도 된 느낌이다. 하루 종일 할 수 있을 것 같다.

그런데 경기 진행요원들이 모여들고 있다. 카약, 제트 스키, 패들 보드를 타고 호수에 골고루 퍼져 있던 요원들이 점점 좁혀 들어온다. 수영하는 사람들이 거의 다 들어왔기 때문이다. 내가 후미에 있다는 것은 새롭지 않지만 어쩐지 불길한 생각이 스친다. '초반에 직선을 유지 못하고 목이 뻣뻣해서 너무 늦었나.' 시간을 체크하고 싶지만 손목시계는 웨트 슈트 안에 있다. 고글을 썼으니 자판도 잘 보이지 않을 것이다.

수영을 하면서 시간을 체크해 본 적은 없다. 그냥 힘껏 헤엄칠 뿐이다. 오늘 이러다 혹시 수영에서 탈락하는 건 아닐까? 아니, 그럴 리는 없다. 아직 한 번도 그런 적이 없다. 세 가지 종목에는 각기 제한 시간이 있는데, 내 페이스로만 가면 과락은 없다. 드물지만 앞뒤로 선수들도 보인다. 첫 아이언맨 대회에서는 그 넓은 호수에 나 혼자만 남은 줄 알았다. 지금은 수영 캡이 여기 저기 보인다. 속도를 더 높였다. 마지막으로 갈수록 힘이 나는 것 같은 기분은 느껴 보지 않은 사람에게 설명하기 어렵다.

저기 관문이 보인다. 요원들이 방향을 잡아 준다. 관중의 함성이 들린다. 바닥이 보이기 시작한다. 일어나 서서 땅을 밟고 나온다. 아나운서가 큰 소리로 이름을 호명하며 분위기를 띄운다. 관문 밑에 깔린 전기장에 내 스피드칩이 걸리면 내 이름이 뜨는 것이다. 많은 선수가 한꺼번에 들어올 때는 이름을 다 부르기도 힘들 텐데, 나처럼 늦은 사람들은 띄엄띄엄 들어오니 이름이 불리는 호사를 누린다.

시계를 보니 예상보다 15분이 늦었다. 강물을 따라 하류로 떠내려 나가던 작년 캘리포니아 코스보다는 무려 45분이나 늦었다. 다음엔 다시 캘리포니아로 가야겠다. 2.4마일(3.8km) 수영을 마치고 물에서 나오는데 몸이 가볍다. 트랜지션까지 비틀거리지 않고 달려간다. 어지럽지도 않고 다리가 쌩쌩하다. 다른 이들은 걷는데, 나는 달려간다. 이것도 장족의 발전이다.

자전거(112마일, 180km)

웨트슈트를 벗고 트랜지션 텐트로 들어가 의자에 앉는다. 타월로 몸을 대충 닦고, 자전거 복장을 입고, 양말과 신발을 신고, 선글라스를 쓰고, 장갑을 끼고, 헬멧을 쓴다. 모든 동작을 막힘 없이, 부드럽게 이어 간다. 자원봉사자들이 달려와 도와준다. 천천히 호흡을 조절하며 마음을 가라앉힌다.

기록에 신경 쓰는 참가자 대부분은 수영할 때 입은 쇼츠(반바지)를 그대로 입고 자전거를 탄다. 아예 세 종목을 한 쇼츠로 끝내기도 한다. 그런 용도로 '트라이 쇼츠(tri shorts)'라는 것이 있다. 하지만 내가 입어보니, 만능이라기보다는 이것도 저것도 아닌 느낌이었다. 그래서 시간은 조금 더 걸리더라도 자전거용과 달리기용 바지를 따로 가져가 갈아 입는다. 이때 드는 시간은 내겐 휴식이기도 하다.

자전거 코스는 같은 루프를 세 번 돌게 되어 있다. 처음 돌 때는 정찰 겸 길을 익히느라 신경이 쓰인다. 어디에 커브가 있고, 어느 바닥이 울퉁불퉁하고, 어디서 오르막이 나오는지 등을 본다.

자전거 초반, 몸이 자전거에 적응했을 때쯤 뭘 먹어야 한다. 아침과 점심 사이에 먹는 것이니 새참일까? 뒷주머니에서 쿠키 봉지를 꺼내 한 손으로 연 뒤 입에 넣고 씹는다. 순간 열량이 높고 배도 부른 쿠키가 이때 제격이다. 그런 뒤 음료로 씻어 넘긴다. 열량이 떨어져 허기가 지지 않게, 속이 편하게, 그러면서도 지나치지 않게 챙겨 먹는 것도 기술이다.

벌써 첫 번째 코스를 돌아 나온 선수들이 쌩쌩 앞으로 나간다. 하나같이 훤칠한 롱다리들이다. 나는 저런 속도로는 5분도 버티지 못한다. 대단한 사람들이다. 정말이지 사람의 체력과 능력 차이는 하늘과 땅만큼이나 크다.

처음 3종경기에 나설 때는 자전거가 제일 쉬울 줄 알았다. 내리막길에서는 가만히 타고만 있어도 되니까. 세 종목 중 어느 것이 가장 힘드냐고 묻는 사람들이 있다. 내 대답은 이렇다. "다 힘들어요. 수영은 수영이라 힘들고, 자전거는 가장 길어서 힘들고, 달리기는 맨 마지막에 하니까 힘들죠." 하지만 굳이 꼽자면 자전거가 제일 힘들다. 시간이 제일 오래 걸리고 거리도 가장 길기 때문이다. 전체 경기 시간의 반을 자전거 안장 위에서 보낸다.

그리고 수영이나 달리기와는 달리 나와 세상 사이에 기계가 끼어 있다. 나 혼자 힘만으로 달리는 것이 아니라 장치에 의지해야 하니, 그만큼 예측 불가능한 변수도 많다. 아이언맨 대회에서는 그런 일이 없었지만, 자전거를 타다 넘어지거나 떨어진 적이 몇 번 있었다. 사고가 나면 크게 다칠 수 있고, 타이어가 펑크 나면 시간도 크게 잡아먹는다. 그래서 늘 자전거 구간이 긴장된다. 자전거만 무사히 마치면, 제한 시간 안 완주는 보장된다.

날씨는 최고다. 70도(섭씨20도). 하늘에는 간간이 구름이 끼어 애리조나 사막의 뜨거운 햇볕을 가려 준다. 기막히게 좋은 날이다. 아이다호 대회에서는 더위 탓에 열사병으로 포기한 사람들이 있었고, 캐나다 휘슬러에서는 추위로 저체온증에 쓰러진 이들도 있었다. 그런데 오늘은 정말 최적의 날씨다. 더 좋을 수 없다며 흐뭇해하는데…. 웬걸, 바람이 불기 시작한다. 두 번째 코스를 돌 무렵, 맞바람이 강하게 느껴진다. 작년 새크라멘토 대회 때도 바람이 심했다. 맞바람 속에서 자전거를 타 본 적 없는 사람은 이게 얼마나 힘든지 모른다. 에너지는 급격히 소모되고 속도도 나지 않는다. 아, '완벽한 날씨'란 왜 내 사전에는 없는 걸까. 사실 따지고 보면 맞바람을 탓하는 것은 엄살이다. 반대쪽 방향으로 탈 때는 바람이 뒤에서 불어 주지 않는가.

애리조나 대회는 코스가 굴곡이 없고 평탄해서 인기인데, 사실 언덕만 해도 그렇다. 올라갈 때는 힘들지만 내려올 때는 얼마나 쉽고 빠른지. 오르막이 있으면 내리막도 있고, 앞으로 닥치는 바람이 있으면 등 뒤에서 밀어 주는 바람도 있는 법이다. 인생처럼 자전거도 그렇다. 그런데 사람은, 나는, 오르막과 맞바람만을 기억한다. 게다가 저 선수들을 보라. 이런 맞바람에도 쌩쌩 나아가지 않는가. 다 실력이다. 모든 것은 나에게 달렸다. 엄살은 그만 떨자.

두 번째 루프에서 중간 보급품을 찾는다. 미리 넣어 둔 점심을 꺼낸다. 자원봉사하는 아이가 자전거를 받아 걸어 준다. 화장실에 다녀온 뒤, 피넛버터 젤리 샌드위치와 마늘빵을 먹는다. 간식으로 먹을 칼로리를 위한 포도, 염분을 위한 참깨 크래커는 뒷주머니에 넣는다. 사제 음료 두 병도 새로 챙긴다. 철인3종경기가 뭐 대단한 것 같지만, 한마디로 몸짓이다. 달리면서 먹고, 마시고, 싸는 일을 하루 종일 반복하는 것이다.

목은 여전히 왼쪽으로 완전히 돌릴 수 없어 뒤를 돌아보기 힘들다.

루프가 세 번째에 접어들 즈음엔 엘리트 선수들은 이미 사라지고, 나와 비슷한 실력의 사람들만 남는다. 이들을 하나둘씩 추월해 가는 재미가 쏠쏠하다. 몇 명을 추월했는지 세면서 페달을 밟는다. 15년 넘은 내 소박한 자이언트(Giant) 자전거로 디스크 브레이크에 필시 전자 변속장치도 달았을 신형 자전거들, 섹시해 보이는 트라이바이크(tribike)*들을 추월하는 맛이 고소하다. 프로 선수들처럼 값비싼 헬멧을 쓴 선수들을 패스하기도 한다. 세 번째 루프에서 총 53명을 추월했고, 단 한 번도 추월당하지 않았다. 펑크도, 낙차도 없이 무사히 자전거 112마일(180km)을 마쳤다.

마라톤(26.2마일, 42.2km)

자전거가 끝나면 이미 완주한 것이나 마찬가지다. 이제는 내가 상대적으로 강한 마라톤이 남았다. 5년 전에 같은 코스에서 자전거에서 내렸을 때 다리가 움직이지 않아 첫 1.5마일을 걸은 적이 있었다. 오늘은 다리가 쌩쌩하다. 그만큼 훈련이 잘되었다는 말이다. 첫 마일을 12분대에 뛰었다. 너무 빠르다. 속도 감각을 제대로 느끼기 힘들다. 이런 장거리 경기에는 이변이라는 것이 없다. 요행도 없다. 그저 자기 능력일 뿐이다. 혹시 이변이 있다면 대개 부정적인 변수다. 날씨가 안 좋다든지, 배탈이 난다든지, 사고나 부상을 당한다든지. 초반에 속도가 난다고 지금 내 능력 이상으로 달리면 나중에 반드시 대가를 치른다.

첫 3, 4마일에서 어지럽기 시작한다. 혈압이 낮아진 것이다. 눈을 감으면 휘청한다. 짠 참깨 크래커를 씹는다. 좋아하지만 염분이 너무 많아

---

* 3종경기에 특화된 자전거. 오래 달릴 때의 편안함보다는 속도에 초점을 맞추어 만들었다.

평소에는 안 먹는 것이다. 그토록 고소한 이것이 한약보다 더 쓰다. 천천히 입에 넣고 굴리며 빨다가 씹고 물과 함께 삼킨다. 혈압을 올려야 한다. 그렇게 1마일 정도 달리고 나니 어지러움이 없어진다.

매 마일마다 보급소(aid station)가 있어 물과 간식을 공급해 준다. 밤늦게까지 남녀노소 자원봉사자들이 자리를 지키며 응원해 준다. 그들에게 '자원해 줘서 고맙다(Thank you for volunteering).' 하고 인사하기를 잊지 않는다. 특히 아이들에게 더 그런다. 솔직히 이 시간쯤 되면 말하는 것도 힘들 때가 있다. 처음 마라톤을 할 때는 길가에서 힘내라고 고함지르는 사람들, 소 목에 다는 종을 흔들며 'You can do it!' 하고 소리 지르는 사람들을 보면 짜증이 나기도 했다. '당신들이 뭘 알아? 내가 얼마나 힘든 줄 알기나 해?' 심술이 난다. 그러나 이제는 이런 이들이 진심으로 고맙다. 그래서 지어내서라도 '고맙다.'고 말하며 웃어 준다. 그러면 거짓말처럼 반짝 힘이 난다. 콧등이 시큰해지기도 한다. 정말 고맙다.

느낌보다 중요한 것이 태도다. 태도는 사실(fact)보다도 중요하다. 아니, 팩트는 내가 만들어 내는 것이다. 어린아이들이 내밀고 있는 물컵을 받고, 만일 받지 않더라도 하이파이브를 하며 자원해 줘서 고맙다고 말한다. 혹시라도 그 아이들이 '운동하는 사람들은 나이스하구나. 나도 나중에 달려 봐야지!' 하는 생각을 하게 된다면 더 좋겠다.

그러고 보니 마라톤, 자전거, 3종경기 30년 동안 나는 자원봉사를 딱 한 번 해 봤다. '나는 받기만 하고 살았구나.' 하는 생각이 든다.

이번 대회를 앞두고 표어를 지었다. "즐겁게 물을 가르고, 기쁘게 페달을 밟고, 감사하며 달리자!"라는 것이다. 수영과 자전거는 어느 정도는 표어대로 실천했는데, 마라톤을 시작하면 몸이 힘드니 감사하는 마음이 우러나지 않는다. 느낌이 아니라 머리로 해야 한다. 사실 얼마나 감사한 일이냐. 이 나이에 이렇게 오래 달릴 수 있으니.

처음 아이언맨을 할 때는 달리면서 노래를 부르기도 했다. 일생 처음으로 아이언맨 대회에 참가했다는 사실에 무척 흥분됐었다. 큰 소리로 노래를 부르며 힘들어 하는 사람들을 추월했다. 그 후로 소리 내서 노래 부르는 일이 없었는데, 오늘은 머릿속에 맴돌다가 흥얼거리게 되는 노래가 있다. 왜 하필 이 노래인지 모르겠다. "산새들이 노래한다 수풀 속에서(랄랄라)/ 아가씨들아/ 숲으로 가자/ 우리들은 아름드리나무를 찍고(랄랄라)/ 아가씨들은 풀을 베어라/ 트랄랄랄라 트랄랄랄라~." 50년 동안 한 번도 부르지도 듣지도 않았던 이 노래는 어디 있다가 튀어나온 것일까?

마라톤을 하면서 무슨 생각을 하느냐고 묻는 사람들이 있다. 글쎄, 뭐라고 대답해야 할지 모르겠다. 그런데 이번에 달리면서 대답을 찾았다. 그렇게 묻는 사람에게는 "당신은 살면서 무슨 생각을 합니까?"라고 되물으면 되겠구나. 캬아, 명답이로다.

"마라톤 하면서 무슨 생각을 하며 달립니까?"라고 묻는 것은 "살면서 무슨 생각을 하며 삽니까?"라고 묻는 것만큼이나 뜬구름 잡는 질문이다. 오만 가지 생각을 다 하고, 대회마다 시간마다 생각이 바뀐다. '아, 더럽게 힘들다.' '내가 왜 비싼 돈 내고 멀리 와서 이 짓을 또 하는 것일까.' '다음 이정표는 왜 이리 더디 나오는 것이냐. 주최 측이 거리 측량을 제대로 안 한 거 아니야?' '끝나면 무얼 먹을까?' 등의 잡생각은 기본이다. '훈련을 더 할 걸.' 하는 반성도 늘 있다.

살아온 길이 주마등처럼 지나가는 때도 있다. 그런데 재미있는 것은 어둡고 복잡한 생각들, 당면한 문제들은 떠오르지 않는다는 것이다. 그러면 달릴 수 없다. 몸짓에 집중하고 있으면 제일 먼저 사라지는 것들이 부정적인 생각과 고민이다.

어떤 대회에서는 소중한 사람들 하나하나를 위해 기도하며 달린 적도 있다. 그런데 얼마 지나지 않아, 더는 기도할 사람도, 생각할 주제도 남지 않았다. 생각할 수 있는 에너지마저 고갈됐다. 그렇다고 선정(禪定)에 든 것처럼 무념무상인 것도 아니다. 그저 몸만 앞으로 나아갈 뿐이다. 이번에는 달리면서 무슨 생각을 하는가를 생각하며 달렸다. 그러다가 이번 달리기에서 생각을 굳혔다. 그래 책을 쓰자. 10년이 넘은 생각이다. 더 이상 미루면 안 될 것 같다.

마라톤 코스는 템피 시티 레이크(Tempe City Lake)를 두 바퀴 도는 코스다. 아침에 수영하던 바로 그 호수다. 직사각형으로 길게 뻗어 강처럼 생긴 인공호로, 시내 빌딩과 다리 불빛이 아름답다. 그냥 호숫가 벤치에 앉아 바람과 경치를 즐겼다면 얼마나 좋았을까. 한 바퀴를 돌고, 두 번째 바퀴부터는 또 추월한 사람 수를 세기 시작한다. 모두 89명을 추월했고, 세 명에게 추월당했다. 물론 그들은 나보다 훨씬 젊었다.

마지막 마일은 언제나 가장 길게 느껴진다. 걷는 사람들도 눈에 띈다. 그 구간에서만 일곱 명을 추월했다. 결승점을 약 100미터 남기고 한 젊은이를 추월하며 우아하게 달리고 있었는데, 그가 갑자기 속도를 올려 나를 앞서 나간다. '이런 고얀!' 나도 스퍼트를 했지만 남은 거리가 너무 짧았다. 결국 막판의 기습으로 그에게 반걸음 뒤져 골인했다. 결승선을 통과한 그는 곧바로 엎드려 구역질을 한다. '짜식, 그럼 그렇지. 무리했군!'

그 친구 꽁무니만 보고 허둥대느라 마중 나와 소리 지르며 응원하는 아내와 처제 가족을 보지 못했다. 이번에도 아내는 눈물이 핑 돌더란다. 내가 새삼 자랑스럽단다. 아이언맨을 처음 본 조카들도 신기해하며 나를 존경의 눈으로 본다.

　아침 7시 반쯤 물에 들어가, 밤 10시 45분쯤 결승선을 통과했다. 작년보다 10분 단축한 기록으로, 지난 5년 중 가장 좋은 성적이다. 내년 대회는 이미 등록해 두었다. 20년 전만 해도 마라톤만 끝내고 나면 다리가 뻗쳐져 걷거나 계단을 오르내리기조차 힘들었는데, 이제는 거짓말처럼 말짱하다. 돌아오는 길, 공항에서도 에스컬레이터 대신 계단을 오르내렸다. 사람의 몸이란 이렇게 놀랍다. 모든 것은 길들이기에 달렸다. 예순이 되니 예전처럼 스피드를 팍팍 내긴 힘들지만, 여전히 완주할 수 있고, 끝난 뒤에도 덜 힘들다. 이 얼마나 신나는 일인가. 나는 이 이야기를 사람들에게 들려주고 싶다.

두부살의
남자

　　　　　　　　　　대학을 졸업하고 미시간에 있는 대학원에 유학하던 시절, 주말에 호수를 찾은 적이 있었다. 미국 오대호 중 하나인 미시간 호수였다. 바다가 아닌지 의심스러울 만큼 거대한 물가에 서자, 호연지기가 절로 솟았다. 여름이었다. 물에 들어가기 위해 옷을 벗었다. 그런데 아무도 그러는 사람이 없었다. 교회 예배를 마치고 침례식을 하러 온 자리였던 것이다.

　그러나 물이 있는데 어떻게 안 들어가겠는가. 평소에 '들어갈 만한 물이 있는데 들어가지 않는 것은 죄다(有水而不入 是大罪也).'라는 신념을 믿고 실천하는 내가 아니던가. 나는 미리 수영복까지 챙겨 온 터였다.

　숨어서 조용히 옷을 벗고 있는데 뒤에서 큰 소리가 들렸다. "뚜부살이 머가 보여 줄 게 있다고 옷을 벗노?" 그런 김새는 멘트를 날린 사람은 운동 좀 한다는, 축구장의 악동으로 소문난, 나보다 서너 살 많은데 아직 학부에 다니는 만학도였다. 순간 멍하고 어지러웠다. "그라모 니는 뭐 볼 거 있나, 니도 함 벗어 보래이!" 이랬어야 하는데…. 복기해 보면 이렇게 명쾌한 필살의 반격이 왜 나오지 않았나. 너무 의외의 기습이라 그랬다. 순발력이 늘 문제다. 태연한 듯 물에 들어가기는 했지만 그때 박힌 그 말은 아직도 남아 있다.

그런데 왜 그는 나를 두고 '두부살'이라고 했을까? 당시 내 체중은 지금보다 20파운드(약 9kg)나 적어서, 대한민국 남자 평균 체중보다 훨씬 미달이었다. 그러고 보니 그때가 처음은 아니었다. 대학 시절, 학도호국단(당시는 학생회를 이렇게 불렀다. 나는 82학번으로 호국단 마지막 세대다) 임원들이 강릉 경포대로 여름 수련회를 간 적이 있었다. 모두 수영복을 입고 바다에 들어가는데, 군필 복학생 두 명이 나를 보더니 "젖살이네" 하며 킥킥거렸다. 그때 역시 내 몸무게는 70kg에서 한참 모자랐다.

체중 미달인데도 두부살, 젖살 소리를 듣다니, 내가 그렇게 물렁물렁했던가? 20대 남자의 자존심은 그렇게 무참히 밟혔다. 여자분들만 신체에 콤플렉스가 있는 것은 아니다. 말을 안 해서 그렇지 남자들도 그에 못지않다. 그때까지 나는 내 몸이 두부살이라고 생각해 본 적이 없었다. 아니, 그렇게 직접 말한 사람도 없었다. 물론 소위 '운동신경'이 둔하고, 몸을 움직이는 데 서툴러 운동과는 담을 쌓고 살았지만, 내 몸을 그렇게 규정해 본 적이 없었다. 스물안팎, 한창 팔팔하던 나이에 처음으로 남에게 '두부살'이라는 소리를 제대로 들은 순간이었다.

사실 어릴 때 사진을 보면 통통하고 말랑말랑해 보인다. 살도 접혀져 나오고 배도 푸짐하다. 초등학교 2학년 때인가 미국으로 이민 간 아이를 유학 와서 만났다. 나는 그 애 얼굴과 이름을 다 기억하는데 그 애는 나를 기억하지 못했다. 내가 반장이었다고 했더니 "아, 그 통통했던 애(the chubby boy)?"라고 한다. 나를 통통한 아이라고 기억해 내다니.

내가 그랬다. 먹는 것을 좋아했다. 어머니가 새벽에 깼는데 부엌에서 달그락거리는 소리가 나서 내다보니 내가 부뚜막에서 삶은 감자를 꺼내 먹고 있더란다. 두세 살 때였다. 어머니가 무슨 일로 혼을 내며 "나가!"라고 하면, 나는 나가면서도 먹을 것을 집어 나가더란다. "아유, 참 복스럽게도 먹네, 얼마나 좋아!" "너 먹는 거 보니 더 주고 싶다, 애." 이런 말을 수도 없이 들었다.

다 맛이 있었고, 무릇 사람은 앞에 놓인 음식, 특히 누가 차려 주는 것은 맛있게 다 먹어야 되는 줄 알았다. '아, 세상에는 왜 이리 맛있는 것이 많은가?' 내 평생 안고 씨름하는 인생의 궁극적인 물음이다. 하지만 운동에는 젬병이었다. 아니 좀 더 정확히 말하면, 나는 젬병이라고 '생각'했다. 사실 달리기는 중간 이상이었고 닭쌈이나 씨름도 덩치가 커서 꽤 센 편이었는데 몸을 움직이는 게 재미가 없었다.

늘 밖에 나가서 친구들과 축구, 자치기, 구슬놀이, 팽이치기, 물놀이를 하는 형과 달리 나는 주로 아랫목에 배를 깔고 엎드려 책을 읽거나 공상을 하는 쪽이었다. 그리고 보니 우리집 남자들 중에 내가 제일 둔했다. 아버지는 학창 시절에 철봉에서 대차를 도셨다는데 나는 철봉에서 몸을 돌려 내려와 본 적이 없다. 형도 아들 바위도 날렵하고 운동을 좋아하는데 나는 안 그랬다.

초등학교 3학년 때였다. 턱걸이를 하는데, 몸이 도통 올라가지 않았다. 키 작은 광수와 기덕이는 철봉을 오르락내리락 잘만 하는데, 덩치 큰 나는 겨우 한두 번이 전부였다. 다른 아이들은 철봉에 쉽게 오르는데, 나는 그게 안 됐다. 그때 내가 생각해 낸 핑곗거리가 있다. 당시 바이올린을 배우고 있었는데, 선생님이 "바이올린을 잘하려면 손목이 부드럽게 잘 움직여야 한다."고 하셨다. 그래서 나는 '손목에 힘 들어가는 철봉 같은 것은 하면 안 된다.'고 스스로 합리화했다. 그래, 그래서 그런 거라구.

몸도 뻣뻣했다. 이미 초등시절부터 윗몸 굽히기를 하면 손끝이 땅에 닿지 않았다. 담임 선생님이 "김주영이는 몸이 뻣뻣하구나." 하셨다. 아무도 귀담아듣지 않았겠지만 나는 혼자 괜히 창피했다.

사촌 누나들이 수다 떠는 소리를 엿들은 적 있다. "공부 잘하는 애들은 운동을 못하더라." "맞아 맞아 그렇더라고." 그런 말은 귀에 잡혀 뇌리에 확실하게 새겨진다. '아하, 그렇구나. 공부 쫌 되는 나는 그래서 운동을 못하는구나. 세상에는 머리로 사는 사람이 있고 몸으로 사는 사람이 있는 거구나.' 나도 모르게 이런 해괴한 이분법을 좋아하게 됐다.

영화 〈미나리〉가 그때 나오지 않은 게 다행이다. 그 영화에 아칸사(Arkansas) 시골 어디에서 아빠가 어린 아들에게 우물이 있을 만한 지형을 보여 주며 "아들, 우리 한국 사람은 이렇게 머리를 쓰며 살게 되어 있어."라고 하는 장면이 있다. 이걸 어렸을 때 봤다면 나는 한국 사람 중에도 특별히 머리를 써서 살아야 할 족속이라는 생각이 굳었을 것이다. 몸이 둔했으니까.

그리고 가장 큰 문제는 공놀이에 서툴렀다는 것이다. 발로 차든, 손으로 받고 던지든, 채나 방망이로 치든, 서 있든, 굴러가든, 떠 있든, 크든 작든 간에, 하여간 공이라는 공은 그 모양, 크기, 재질, 위치, 상태를 막론하고 친해질 수 없었다. 당시 대한민국 유일 최고의 구기였던 축구에 끼지 못했다. 동네마다 탁구장이 있었던 시절, 형을 따라서 탁구장에 몇 번 갔었는데 잘 안 되고 재미가 없었다. 나는 탁구도 제대로 칠 줄 몰랐다.

중학교에 들어가니 체육 시간에는 주로 구기 종목을 했다. 운동 잘하는 아이들은 어김없이 축구를 했다. 나는 중학교 때 이미 지금 키만큼

자랐다. 중학생치고는 키가 큰 편이라서 농구를 했는데, 진짜 이유는 축구에 끼지 못했기 때문이었다. 드리블도, 레이업 슛도 제대로 못했다. 그저 주변에서 공 몇 번 튀기다가 점프슛 한 번 하는 게 전부였다. 체육대회 날이 되면 나는 늘 주변을 맴돌았다. 만능 스포츠맨 동희, 원식이, 축구 스타 도희, 몸이 스프링 같던 광래, 신국이, 그리고 당시 보기 드문 테니스 라켓을 들고 다니며 선생님들과 어울리던 현식이… 너희들, 내가 얼마나 부러워했는지 아느냐?

고등학교 입시에 체력장이라는 게 있었다. 다른 아이들은 쉽게 특급을 해서 20점 만점을 받는데 나는 죽어라 노력해서 1급이었다. 사실 1급이면 괜찮은 거 아닌가? 그런데 그때는 그게 막말로 쪽팔렸다. '나는 운동신경이 둔하구나.' '나는 운동에 소질이 없구나.' 이것이 내 몸에 관해 파악한 주제였다. 나는 그것을 굳게 믿었다.

잘하든 못하든 누가 뭐라든 그냥 하면 되는데 그걸 못했다. 낯이 두껍지 못하고 예민했다. 자의식과 자존심이 강해서 나는 몸을 움직이는 일을 멀리하게 됐다. 특히 다른 사람들이 보는 데서 서툰 짓은 하지 않는 것이 버릇이 됐다. 교회에 탁구대가 있었고 학생반 소풍을 가면 배구를 할 일이 있었지만, 그런 자리를 피하는 기술이 늘었다. 특히 여학생들이 있을 때는 더 그랬다. 내 뻣뻣하고 둔한 몸짓을 보이기가 싫었다.

미국에서 자랐으면 달랐을 것 같다. 공놀이에 서툴더라도 자신에게 맞는 운동에 대한 선택의 폭이 넓으니까. 누구 말대로, 무게중심이 아래에 있으니 땅에 붙어서 하는 레슬링은 조금 했을지도 모른다. 지금의 나를 보니 오래 달리기도 선수는 못 됐겠지만, 꽤 괜찮게 했을 것이다. 그러나 미국에도 풋볼이라는, 우상처럼 추앙받는 스포츠가 있다. 남자아이들의 최대 로망은 풋볼 선수다. 그 다음이 농구다.

한국이나 미국이나, 남자아이가 자라면서 겪는 부끄러움과 좌절은 비슷하다. 지나고 보면 다 쓸데없는 일이지만, 민감한 시기에 몸을 움직이는 데 서툰 남자아이들이 겪는 비애는 결코 작지 않다.

위기가
오다

고등학교 3학년 말쯤에 목과 어깨가 아프기 시작했다. 구부리고 앉아서 공부하는 시간이 많아서 그랬다. 입시를 위해 야간 자습(야자) 시간이 있어서 밤 9시가 넘도록 교실에 남아 있어야 했다. 운동은 물론 안 했다. 게다가 저녁 먹는 시간을 절약하려고 하루 두 끼만 먹었다. 저녁을 먹고 책상 앞에 앉으면 졸음이 왔기 때문이다. 커다란 도시락을 싸 가서 점심 겸 저녁으로 먹었다. 무지하고 무식했다. 운동도 안 하고, 자세도 안 좋고, 영양도 부실한데다 잠까지 부족하던 시절. 잔뼈가 굵는 시기를 그렇게 보냈다.

대학에 들어갈 때쯤 되어서는 1시간 앉아서 공부하기도 힘들었다. 목과 어깨가 뻣뻣하고 어떤 자세를 취해도 불편했다. 나는 어릴 때 가분수라 불렸을 만큼 머리가 큰 편이다. 운동 부족으로 목과 어깨의 근육은 약한데다가 큰 머리를 지탱하느라 만성 수축이 되어 있었던 것 같다. 지금 생각해 보니 팔이 저리거나 약해지지 않은 것을 보아 신경이 눌리지는 않았던 게 다행이다. 젊은 놈이 목과 어깨의 만성 통증을 달고 살았다. 그래서 대학 시절에는 집중해서 한 자리에 앉아 공부한 기억이 거의 없다.

S 대학교 병원 신경외과에 가서 전문의에게 특진을 받았더니, 왜 왔냐는 식으로 짜증을 내며 돌려보내더라. 신경 계통에는 문제가 없었으니까. 왜 이런지, 어떻게 해야 하는지 설명도 없었다. 되게 불친절하다는 인상을 받았다. 하긴 봐야 할 환자들은 많은데 신경에 아무 문제가 없는 젊은 녀석이 와서 시간을 잡아먹었으니 그럴 만도 했을 것이다. 어쨌든 병원과 의사에 대한 첫인상이 안 좋았다. 그러던 내가 어찌 의사가 되었나. 재미있는 인생이여.

용한 한의사에게 가서 정기적으로 침도 맞고 뜸도 떴다. 당시에 한국에 드문 카이로프락터에게 가서 정기적으로 치료를 받았다. 젊은 그 사람은 집에서 영업을 하고 있었다. 꽤 공을 들여 다녔지만 소용이 없었다. 수시로 부항을 떴다. 어깨와 등에는 여러 색깔 스펙트럼의 동그란 부항 멍 자국이 늘 가득했다. 지금도 내 동생은 오빠 부항 떠 주는 심부름하던 기억을 한다. 황금 같은 젊은 시절 4, 5년을 그렇게 보냈다. 나중에 미국에 유학을 와서 수영을 하고 나니 목과 어깨가 치료되었다.

나이가 들어서 미국에서 의과대학에 들어갔다. 대학원을 마치고 전공을 바꿔 의예과 과목을 2년 더 공부하느라 남들보다 늦었다. 의대에 들어갈 때 이미 결혼한 상태였고, 졸업할 때는 아이가 둘이었다. 남들 다 하는 인턴, 레지던트 과정이지만 가정이 있으니 나름대로 더 힘들었다.

운동? 물론 안 했다. 원래 운동을 안 했는데, 더 안 할 구실이 생긴 것이다. 섭생은 최악이었다. 병원 식당은 왜 그런지 가기가 싫었다. 점심은 제약회사에서 판촉용으로 인턴, 레지던트들에게 주는 것으로 해결했다. 대개 괜찮은 식당에서 주문해 온 기름진 음식이었다. 그런 것이 없는 날의 점심이나 저녁은 병원 1층에 있는 맥도날드에서 해결했다. 내과 의사가 맥도날드라니. 심장이나 폐 전문의가 담배를 피우는 것과 매한가지다. 우선 값이 쌌다. 99전짜리 메뉴가 즐비했다. 아내와 두 아이를 거느리고 박봉에 시달린다는 이유로 일단 싼 것을 찾았다.

레지던트로 일하는 동안 주말에는 카운티 병원 외래나 VA 병원(Veteran's Administration, 재향군인 병원) 응급실에서 아르바이트를 했다. 만성 수면 부족이었다. 졸린 눈을 부릅뜨고 허벅지 꼬집어 가며 차를 운전해 집에 돌아오는 길에도 로스트 비프 샌드위치 6개를 5달러에 파는 Arby's의 광고는 왜 그리도 잘 보였나. 수시로 사다 먹었다. 신선한 과일은 사먹을 돈이 없어서 주말에 동네 파머스 마켓(farmer's market)에서 샘플 시식을 했다.

그렇게 궁상을 떨며 사는 동안 체중은 늘고 몸은 비둔해졌다. 결혼 전보다 40파운드(18kg)가 늘었다. 그때 사진을 보면 내가 이런 때가 있었나 싶을 정도로 딴사람 같다. 봄이 되면 알러지가 심해졌다. 눈이 가렵고 콧물, 재채기에 꼴이 말이 아니었다.

어머니는 어려서부터 자주 "너는 외삼촌을 많이 닮았다."라고 하셨다. 성격과 몸집이 당신의 오라버니를 많이 닮았다는 것이다. 외삼촌은 초로에 중풍을 몇 번 맞으셔서 몸을 자유롭게 놀리시지 못했고 일찍 세상을 떠나셨다. 어머니의 그런 말씀이 불길한 전조처럼 느껴지기 시작했다. 식탐이 많고, 몸 움직이는 것도 서툴고 싫어하는 내가 체중도 늘어 가니 어머니도 걱정이 되셨을 것이다.

건강하지 않은 의사의 말을 누가 믿고 듣겠는가. 머리 헝클어지고 눈곱 낀 아가씨가 화장품 매장을 지키는 것을 본 적이 있는가? 다이어트 강사가 비만이라면 누가 와서 상담을 받겠는가? 각종 성인병과 암을 예방·치료하는 일에 앞장서야 할 내과 의사가 이 꼴이라니. 이래서는 안 되겠다. 의원아, 네 병을 먼저 고쳐라! 운동을 시작해야겠다.

달리기를 시작한 계기

그나마 할 수 있는 것은 달리기였다. 그런데 나는 원래 달리기와 인연이 없다고 생각했다. 초등학교 시절 운동회에서 100m 달리기는 늘 중간 이상이기는 했다. 고입 체력장의 1,000m 오래 달리기는 재미가 없었고 힘들어서 정말 싫었다. 대학 체육대회에는 단축 마라톤이 있었는데 남들은 연습 안 하고 나가서도 곧잘 뛰는데 나는 나가 볼 생각도 안 했다.

캘리포니아에서 의과대학에 다닐 때 바르셀로나 올림픽에서 황영조 선수가 일등으로 들어오는 장면을 생중계로 보았다. 정말 자랑스럽고 통쾌했다. 하루는 내가 사는 동네에 무슨 대회인지 어떤 러닝 클럽인지 남녀노소가 떼를 지어 달리고 있는 것을 보았다. '저거 괜찮네. 저렇게 생긴 사람들도 달리네.' 나도 할 수 있을 것 같았다. 그래서 혼자 나가서 달려 봤다. 한 1마일쯤 뛰었나. 곧 몸살이 났다. 2~3일간 전신 통증과 오한에 시달렸다. 역시 나는 달리기 체질이 아님을 다시 굳게 확인했다.

의대 4학년 때 시카고에서 한 달 임상 실습을 한 적이 있다. 그곳에 부모님 친구 부부가 계셔서 저녁 식사를 대접받았는데, 그분들의 지인이 오셔서 같이 식사를 했다. 몸이 호리호리한 '공 장로'라는 분은 마라톤을 한다고 했다. 그러면서 저녁 내내 마라톤 예찬을 하는 것이었다. 몸에 좋고 기분 좋아지고 정신에 좋고 누구나 할 수 있고 자기 페이스대로 달리면 되고…. 세상에 태어나서 마라톤은 한번 해 봐야 하지 않겠느냐고, 애비가 할애비가 마라톤을 완주했다면 가문의 영광이 아니겠느냐고.

귀가 혹했다. '연세 많은 분도 하는데 나도 저렇게 할 수 있다면 좋겠다. 언제 한번 해 볼 수 있으려나?' 그런 막연한 생각이 들었다. 마라톤은 황영조 같은 엘리트들만 하는 게 아니라 보통 사람들도 하는 거였구나. 어쩌면 나도 할 수 있겠네. 씨가 심겨진 것이다.

장인어른께서 테니스 선수급이라 테니스를 해 봤다. 교양 있고 신사적인 운동인데다 장인어른의 마음에 들려면 해야겠다고 느꼈다. 그런데 공이 마음처럼 잘 나가지 않는다. 젊은 사람들은 힘으로라도 친다는데 볼이 세게 나가지도 않는다. 장인어른께서는 꽤나 답답하셨을 텐데 내색을 안 하셨다. 이반 렌들(Ivan Lendl)이 쓰는 상표 요넥스(Yonex) 라켓까지 사 주셨건만 그 값을 못했다. 같은 시간을 들여도 다른 사람들은 곧잘 하는데 나는 실력이 향상되지 않았다. 레슨을 받을 정도로 좋아하는 것도 아니었다. 근처에 사는 친구들인 광식, 세경, 원기와 주말에 테니스를 했다. 오른쪽 팔뚝이 눈에 띄게 굵어질 만큼 열심히 했다. 그래도 실력이 늘지 않아 재미가 없었고 같이 치는 친구에게 늘 미안했다.

의대를 졸업하고 캘리포니아에서 아틀란타로 옮긴 후에도 테니스와 라켓볼을 해 봤는데 역시나 재미를 못 봤다. 안 맞는 옷을 입으려고 계속 애쓰는 느낌이었다. 조기 축구회에도 나갔다! 어릴 때도 축구 안 하다가 무슨 조기 축구를? 많이 용감해진 것이다. 이제는 부끄러울 나이는 지났고 나만큼 둔한 사람들도 있었다. 잘하는 사람들이 앞에서 골을 넣고 나는 뒤에서 어슬렁거렸다. 공이 가랑이 사이로 빠져나가도, 헛발질을 해도, 낄낄 웃으면 그만이었다. 실력이 좋은 사람들도 내게 잔소리를 안 해서 좋았다. 이 정도면 계속 축구회에 나와서 놀아도 되겠다 싶었다. 그런데 어느 날, 한 젊은이를 수비하던 중 그가 찬 공에 동시에 발을 갖다 댔는데, 내 발목이 밀리며 심하게 삐었다. 몇 달을 고생했다. 늦게야 꽃피우려던 나의 축구 인생은 그렇게 막을 내렸다.

어쩔 수 없이 달리기로 돌아왔다. 결국 이것밖에 없구나. 보는 사람이 없으니 민망할 것도 미안할 것도 눈치 볼 것도 없다. 특별한 기술이 필요한 것도 아니다. 이보다 더 쉬운 것은 찾을 수가 없었다. 운동을 해야 한다는 절체절명의 위기가 도를 넘었고, 다른 것은 재미를 못 봤고, 그래서 달리기를 시작했다.

인턴 끝날 때쯤이었다. 마침 아틀란타 올림픽이 열렸다. 동네에서 벌어지는 올림픽 경기들을 직접 보지는 못했으나 이봉주 선수가 마라톤에서 은메달을 따는 극적인 장면을 중계로 보았다. '한국 사람도 세계 최고가 될 수 있구나.' 1992년 바르셀로나의 황영조, 1996년 이봉주. 한국 마라톤의 황금기의 바람을 타고 나도 달리기를 시작한 것이다. 집 근처 학교의 트랙을 도는 것으로 시작했다. 400미터 네 바퀴, 1,600미터 1마일을 달려 보았는데, 글쎄 되더라는 것이다! 안 하면 안 되겠다는 절박함이 도움이 된 것 같다. 할 만했다. 몸살 나지도 않았다. 기분이 상쾌했다. 요것 봐라. 이거 괜찮네. 집에서 나와 동네 길을 이리저리 달렸다. 주중에 틈틈이 달리고 주말에는 길게 달렸다.

나는 아직도 실내 트레드밀(treadmill)은 30분 이상 못 한다. 밖에서 달리는 것이 좋다. 초행길을 달리는 것은 더 좋다. 동네 길, 학교의 트랙을 달리고, 근처 산의 산책로를 달렸다. 달리기는 언제 어디서나 할 수 있기에 더 좋다. 걸을 수 있는 길은 달려서 갈 수 있다. 천지 사방이 다 달릴 길이다.

무엇보다 기분이 좋았다. 내 멋대로 달리니 잘하는지 못하는지 몰랐지만 그냥 달렸다. 달리기 클럽 같은 것은 있는지도 어디 있는지도 몰랐고, 안다고 해도 참가하기 힘들었을 것이다. 혼자 했다. 요즘 같으면 유 선생 구 선생 찾아 배울 텐데 그런 것 없이 그냥 내 몸이 가는 대로 기분 내키는 대로 달렸다. 유튜브는 아직 일반화되기 전이었다. 구글에서 달리기 하는 법을 배웠으면 더 잘했을까? 모르겠다. 나중에 마라톤 훈련을 하느라 어느 사이트를 찾아서 시키는 대로 해 본 적이 있는데 힘들어서 그만두었다. 내 몸을 스스로 알아 가며 터득한 것이 오히려 더 잘한 선택인 듯하다.

사람은 다 다르다. 일률적인 훈련 방법은 없다. 달리기에 관한 한 나는 스스로 알아서 컸다. 달리기가 내 취미가 되고 내 운동 종목이 되기 시작했다. 〈나의 아저씨〉의 여주인공 지안이가 이력서에 특기를 달리기라고 써 넣던데, 나는 특기는 아니더라도 취미란에 '달리기'라고 써 넣을 것이다.

US 10K
Classic

　　　　　　　　　　　동네에 10K 대회가 있다는 것을 알게 됐다. 매년 노동절(Labor Day, 매년 9월 첫째 월요일)에 아틀란타 옆 마리에타(Marietta)에서 US 10K Classic이라는 고상한 이름이 붙은 대회가 열리고 있었다. '굉장한 대회인가 보다. 꼭 무슨 PGA 골프 대회 같네.'라고 생각했다. 그렇게 등록을 하고, 난생처음 달리기 대회에 나간 때가 서른다섯 살. 피천득의 수필에 나오는 '서른여섯 중년'을 목전에 둔, 아니 한국 나이로는 이미 중년인 때였다. 뭔지도 모르고 맨땅에 헤딩하는 식으로 등록을 했다. 알고 보니 달리기는 물론 프로 자전거, 인라인 스케이트, 휠체어 엘리트 선수들도 나오는, 이름에 걸맞은 대회였다.

　　대회 날 가 보니 장난이 아니었다. 이렇게 많은 사람이 달리는 것은 처음 보았다. 난생처음 내 번호표를 셔츠에 달고 수천 명 틈에 서서 스타트를 기다렸다. 구름 같은 군중이다. 다들 활기가 펄펄 넘친다. 가슴이 쿵쾅거린다. '아, 이런 세상이 있었구나. 내가 모르는 사이에 이렇게 많은 사람들이 달리고 있었네.' 이전에는 느껴 보지 못한 감격이었다.

군중의 함성 속에 달리기를 시작했다.

홀로 걷거나 달리는 분들은 꼭 이런 대회에 나가 보시기를 권한다. 찾아보면 동네마다 많이 있다. COVID-19 이후로 줄어들기는 했지만 그래도 꽤 많이 있다. 가능하면 규모가 큰 대회에 나가 보시라고 권한다. 보장한다. 새 세상이 열린다. '내가 왜 이런 것을 모르고 살았나. 나도 이 물결에 몸을 던지고 싶다. 앞으로 계속 달려야지.' 그런 생각이 들 것이다. 만약 참가비 낭비했다는 생각만 든다면, 나중에 나에게 와서 따지시라. 돌려드리다.

많은 사람들 속에서 함께 달리다 보면, 속에 잠자고 있던 에너지가 팍팍 솟아난다. 남녀노소, 각양각색, 체형과 사이즈도 천차만별인 사람들이 거리를 메우고 달린다. 옷차림도 제각각이다. 물론 말끔하게 운동복을 갖춰 입은 사람이 대부분이지만, 집에서 입던 티셔츠, 평범한 반바지, 스웨트팬츠('츄리닝' 바지), 심지어 파자마 차림도 있다. 제멋대로 차려입고 달리는 풍경이 그 자체로 한 폭의 그림 같다.

이 대회는 컴벌랜드몰(Cumberland mall)에서 시작해서 41번 국도를 따라 올라와 화이트 워터(White Water)라는 물놀이 공원 앞에서 끝난다. 처음부터 끝까지 일직선 코스다. 출발 후 잠깐 내리막을 달린 뒤, 나머지 전 구간은 완만한 오르막이 이어진다. 처음에는 서로 부딪칠 만큼 빽빽하던 무리가 점점 엷어진다. 중간중간 마실 물이 준비돼 있고, 자원봉사자들이 응원도 해 준다. 이런 풍경도 처음이었다. 모든 것이 새로워 얼떨결에 첫 10K 대회를 즐겁게 완주했다.

완주자에게 안겨 주는 기념품이 장난이 아니다. 메달에 T 셔츠에 고급스러운 모자까지 준다. 당시 대회 스폰서였던 퍼블릭스(Publix) 수퍼마켓 체인에서 완주자들을 위해 잔치를 차려 놓았다. 샌드위치 각종 빵

과일, 과자, 음료가 산더미처럼 쌓여 있었다. 내가 그 이후 지금까지 참가했던 수많은 대회 중에 가장 성대했던 파티였다. 게다가 완주자들에게는 화이트 워터 물놀이 공원 무료입장권을 주었다. 달리기를 끝내고 가족들과 함께 물놀이를 했다.

만족 보장합니다, 달리기

세상에 이렇게 신나는 일이 있다니. 입소문을 내기 시작했다. 진심으로 사람들에게 알리고 싶었다. 정말 좋아요. 할 수 있어요. 해 봐요. 나 같은 사람도 달리는데. 만족 보장합니다. 달려 보세요. 놀라운 일이 생깁니다!

세 번째 US 10K Classic 대회부터는 내가 이렇게 전도한 사람들과 함께 달릴 수 있었다. 나의 설득에 넘어간 교회 교우들 20여 명이 함께 달렸다. 그때 같이 달린 사람들 중에는 나중에 하프 마라톤, 풀 마라톤을 달리게 된 분들도 있고, 보스턴 마라톤까지 나간 사람도 있다. 나의 아버지도 걸어서 그 길을 완주하셨다. 아버지는 그때 받은 모자를 아직도 쓰고 다니신다. 지금 보아도 퀄리티가 뛰어난 모자다. 그때는 그렇게 후했다. 좋은 시절이었다.

해마다 7월 4일 미국 독립 기념일에 아틀란타에서 피치트리(Peachtree) 10K 대회가 열리고 있었다. 해마다 5만 명 이상 참가하는 이 대회는 미국에서 가장 큰 10K 대회라고 했다. 너무 더워 "Hotlanta"라고 불리는 아틀란타의 7월. 5만 명이 넘는 인파가 시가를 가득 채우고 달리는 모습을 상상해 보라. 그 거대한 물결에 휩쓸려 보지 않은 사람은 모른다. 바다에 몸을 담가 본 적이 없는 사람에게 어떻게 파도와 물결을 묘사해 줄 것인가. 아틀란타에 사는 사람 치고 건강에 웬만큼 관심 있는 지성인들은 다 나와서 달리는 것 같다. 이렇게 10K 대회 몇 개에 참가했다.

아틀란타 한인회에서 8.15 기념 단축 마라톤 대회를 한다고 해서 몇 사람과 함께 나갔다. 정확한 거리는 모르지만 아마 5마일 정도 되었던 듯하다. 참가자가 많지 않아서 나는 우수한 성적으로 트로피를 받았다. 내 일생에 운동해서 트로피를 받은 것은 그때가 처음이자 마지막이다. 아직도 소중히 간직하고 있다. 나는 명실공히 러너(runner)가 된 것이다.

마라톤을
꿈꾸는 자

잠깐 용어 정리 좀 하자. 사람들은 흔히 도로에서 하는 장거리 달리기를 모두 마라톤이라고 하는데, 그것은 아니다. 학교 체육대회에서도 캠퍼스 밖으로 나와 뛰고 돌아가는 장거리 달리기를 죄다 마라톤이라고 하는데 그것은 마라톤에 대한 실례다. 달리는 사람에게 마라톤이란 42.195km 풀 마라톤뿐이다.

어떻게 마라톤을 하려 결심하게 됐는지 잘 생각이 나지 않는다. 그냥 어쩌다 보니 시작했다. 아이가 자라서 청년이 되고 성인이 되듯, 단감을 오래 놓아두면 홍시가 되듯, 그냥 자연스럽게 그렇게 되었다.

달리는 일은 일상이 되어 있었다. 주중에는 적어도 두세 번은 달렸다. 주말 하루는 긴 거리를 뛰었는데 10km(6.2마일)는 쉽게 할 수 있을 정도가 되었다. 10K 대회에 몇 번 참가하고 나니 좀 싱거워져서 더 먼 거리를 뛰는 대회를 찾게 된 것이다. 이왕 돈 내고 참여하는데 맨날 하던 것만 할 수 있나. 뭔가 새로운 목표가 필요했던 것이다. 자연스럽게 그렇게 됐다.

대개 하프 마라톤을 먼저 해 보고 풀 마라톤을 하지만 나는 하프를 하지 않고 그냥 풀 마라톤에 등록했다. 주말에 달리는 거리가 8~10마일쯤 되던 때였다. 마라톤은 26.2마일(42.2km)이고 하프 마라톤은 그 절반인 13.1마일(21.1km)이다. 여기서 잠깐. 마라톤 거리가 42.195km라는 것은 고등학교 1학년 때 체육부장 도희에게 들었다. 그 친구는 공인 탁구공의 무게가 몇 그램인지도 알고 있었다. 어쨌든, 왜 195라는 군더더기가 붙어 있는지는 인터넷에 검색해 보면 나온다. 보통은 42.2km라고 쓴다. 마지막 5m 차이는 별 의미 없을 것이다.

10K의 네 배가 넘는 마라톤에 뛰어든 것은 3~4년 달리다 보니 배짱이 생겼기 때문이다. '죽기야 하겠나. 완주는 하겠지. 걸어 들어와도 들어오면 되는 것이지. 아, 누구누구도 했다는데.' 그런 생각이었다. 의대 4학년 때 시카고에서 만났던 '공 장로'님 말씀의 씨가 싹이 나고 자라나게 된 것이다.

나는 찬찬히 준비하고 단계적으로 훈련하여 참가하는 스타일이 아니다. 힘들겠지만 할 수 있을 것 같은 목표, 소위 챌린지라고 하는 그런 것이 있으면 일단 등록부터 한다. 그러면 참가비가 아까워서라도 훈련하게 된다. 쭉 그렇게 해 왔다. 이렇게 해서 참가한 수십 회의 각종 대회들에서 한 번도 완주하지 못한 적은 없다. 아니 딱 한 번 끝내지 못한 대회가 있지만, 그 이야기는 나중으로 미루자.

나의 첫 마라톤

　　　　　　　　　　　　내 인생 첫 마라톤은 로스앤젤레스에서였다. 당시 아틀란타에 살고 있었지만, 굳이 캘리포니아를 선택한 이유는 우선 날짜가 맞았기 때문이다. 마음먹고 결심한 시점부터 준비와 훈련을 할 수 있는 기간이, 너무 촉박하지도 않고 지루하게 길지도 않은 때였다. 2000년 3월 5일. 그러고 보니 서기 2000년이었다. 막연히 새롭고 생소했던 그 연대, 소위 Y2K가 어떻게 될지 몰라 세상이 뒤숭숭하던 시절에 등록을 해 두었다. 새 밀레니엄, 나의 21세기는 그렇게 시작됐다. 서른일곱에서 서른여덟 살로 넘어가던 해, 금아 피천득 선생의 말에 따르면, '공식적으로 중년의 문턱을 넘은' 나이에 첫 마라톤을 하게 된 것이다.

　　남캘리포니아에서 7년 살았고 거기서 의대를 다녔으니 나성(LA의 한자 표기. 여기 사는 동포들이 자주 그렇게 부른다)은 편안한 곳이었다. 처가도 그곳에 있어 숙소 문제는 해결됐다. 지리가 익숙하고 시차도 3시간 늦어 몸이 한결 느긋하다. 첫 마라톤을 치르기에는 더할 나위 없는 조건이었다. 하루 전날 번호표를 받으러 스테이플스 센터(Staples Center)로 갔다. 당시 최신 최대 규모로 지어졌던, LA 레이커스와 LA 클리퍼스 양 팀의 홈구장인 그 스포츠 콤플렉스는 crypto.com Arena로 이름이 바뀌어 있다. 이 구장 이름의 변화는 21세기 사회·경제의 변화를 극명하게 보여 준다. 20년 전에 잘나가던 사무용품 판매 회사는 사양길이고, 허상에 기초한 가상화폐가 경제를 주름잡는 시대가 된 것이다.

여기서 새삼 스테이플스 센터 이야기를 꺼내는 것은, 그때 받은 인상이 워낙 깊기 때문이다. 그 후 수십 번의 마라톤 대회에 나갔지만, 로스앤젤레스 마라톤 전야처럼 성대한 잔치는 다시 없었다. 거대한 체육관 안에 여러 회사들이 판촉 부스를 차려 놓고 무료 기념품을 나눠 주고 있었는데, 그런 광경은 난생처음 본 촌놈인 내게 그야말로 놀라움 그 자체였다.

'프리 게임' 컨벤션은 금요일과 토요일, 이틀 동안 열렸는데 나는 토요일 늦은 오후에 갔다. 마감 직전, 마치 장 닫기 전 떨이를 하듯 남아 있던 기념품을 마구 뿌리던 때였다. 공짜는 언제라도, 무엇이라도 기분 좋은 법. 식구들에게 다 나눠 주고도 남을 만큼 여러 종류의 티셔츠를 담았고, 타월, 에너지 젤, 에너지 바, 자잘한 판촉물들을 봉지 여러 개가 꽉 차도록 쓸어 담았다. 이것들을 가방에 다 넣고 비행기를 탈 수 있으려나 걱정될 만큼 공짜 선물을 많이 받았다.

마라톤이라는 새 세상이 나를 그렇게 환영하고 있었다. 마치 내 코를 확실하게 꿰려고 그런 조화를 부린 것처럼. 그렇게 성대한 잔치는 그 이후 다시는 없었다. 그로부터 마라톤 사반세기, 그리고 첫 아이언맨을 치른 지 10여 년 동안, '프리 게임' 컨벤션은 해가 갈수록 꾸준히 규모가 줄고 작아졌다. 요즘 이런 대회에 처음 참가하는 분들은 좀 안됐다. 그

좋던 시절을 모르는 세대여.

번호표를 받고 타이밍 칩(timing chip)이라는 것을 난생처음으로 받았다. '아하, 이렇게 시간을 재는 거구나. 이것을 발목에 차고 있으면 출발점과 종착점에 깔린 전기장이 삥 하면서 시간이 기록되는 거구나.' 수천, 수만 명이 달리는 대회이고 각자 출발 시간이 다 다른데 기록을 어떻게 재나 싶었는데 그때 그 답을 알게 되었다. 그렇게 아무것도 모르고 마라톤에 뛰어든 것이다. 무식하면 용감하다고, 때로는 멋모르고 뛰어드는 것이 나을 때가 있다.

장인, 장모님은 타주로 출타하시고 나 홀로 집에 들어와 누웠다. 조용하고 편안하다. 여기까지는 좋았다. 그런데… 비가 온다! 캘리포니아에서는 드물고 귀한 비가 하필이면 왜 오늘 오는 건가. 창밖에 빗물 떨어지는 소리가 그치지를 않는다. 가뜩이나 긴장되는데 빗소리에 잠이 올 리가 없다. 달리다가 중간에 오는 비는 맞아 봤지만 비 오는데 일부러 뛰러 나간 적은 없다.

비 맞으며 첫 마라톤을 한다는 것은 시나리오에 없었다. 어떻게 해야 하나. 대회가 취소되는 것은 아닌가? 아침에 달리러 나가야 하나 말아야 하나? 물에 푹 젖어서 달리는 상상을 해 보니 기가 막혔다. 잘됐다. 하늘의 뜻이라 생각하고 그냥 포기해? 그런데 포기하면 뭐가 되지? 다른 사람들은 나와서 뛰나? 도대체 뭘 어떻게 해야 하는 건가.

그렇게 자는 둥 마는 둥 뒤척이다 아침에 일어났다. 뛰러 나가라고 가랑비인지 집에 있으라고 이슬비인지 여전히 비는 부슬부슬 내린다. 큰 비는 아니니까 대회는 열릴 것이다. 나가기로 했다. 참가비와 비행기 표에 지출한 비용이 얼만데.

허둥대며 출발 지점으로 가서 주차를 하고 만날 사람들을 찾았다.

인터넷을 통해 남가주에 있는 러닝 클럽을 알게 되었는데, LA 마라톤에 참가한다니까 만나서 같이 하자고 연락이 된 것이다. 어느 주차장 건물 안 넓은 코너에 남녀 회원들 20여 명이 모여 있었다.

인터넷으로 연결된 김종식 선생이 나를 위아래로 훑어보더니 자기네 클럽 셔츠를 건네며 입으라고 했다. 꼭 거즈 같은 옷감으로 만든 셔츠였다. 내가 입고 있던 면 셔츠는 비나 땀에 젖으면 무거워진다고 했다. 반면 클럽 셔츠는 땀을 흡수하지 않고 흘려내리며 발산하기 때문에 무겁지 않다는 것이다.

원래는 동네 중고품가게 '스리프티 숍(thrifty shop)'에서 대회 때 입고 버리려고 산 검정색 하드 록 카페(Hard Rock Cafe) 나시 셔츠를 입을 생각이었지만, 그걸 벗어 두고 대신 그 셔츠를 입었다. 그렇게 나는 난생처음 러닝 셔츠, 테크 셔츠(tech shirt)를 입게 된 것이다. '이지 러너스(Easy Runners)' 클럽 이름이 새겨진 하늘거리는 하얀 셔츠는, 입은 듯 안 입은 듯 가벼웠다.

장거리를 달릴 때는 젖꼭지에 밴드를 붙이는 사람들이 있다는 것도 처음 알았다. 아하, 내가 긴 거리를 뛰던 어느 날 젖꼭지가 쓸려 피가 난 적이 있었지. 그리고 겨드랑이, 사타구니 살이 접히는 부분에 바셀린을 발라야 한다는 것도 처음 알았다. 그때까지 내가 달린 최장 거리는 18마일이었다. 26.2마일까지 달리려면 무슨 일이 일어날지 모른다. 가 보지 않은 길이다.

그분이 내 바지를 보더니 무슨 바지냐 물었다. "수영복인데요." 했더니, 그분의 표정이 아주 잠시 변했다. 아마 속으로 '어디서 이런 촌닭이! 이 친구 의사 맞아?'라고 생각했을지도 모른다. 나는 달리기용 반바지가 따로 있는 줄 몰랐다. 그런 데 관심도 없었다. 알았다 해도 살 필요를 느끼지 못했을 것이다. 옷이 옷이지 뭐. 그냥 대충 입고 뛰면 되겠거니 하는 쪽이었다. 지금까지는 보통 반바지나 수영복을 입고도 잘 해 왔다. 달리기용 반바지는 클럽이 나눠 줄 만한 게 아니라서 그냥 수영복을 입고 뛰게 됐다. 바셀린을 사타구니에 발랐다. 수영복은 안감이 달리기용 반바지보다 거칠다. 바셀린도 안 바르고 마라톤 거리를 다 달렸다면… 생각만 해도 끔찍하다.

여담이지만 무슨 운동을 하든지 최상, 최고급 옷과 장비를 갖추고 뛰어드는 분들이 있다. 좋은 일이다. 시애틀에 이사 온 지 몇 년 후에 사람들을 모아 10K와 하프 마라톤에 참여한 적이 있었다. 그때 패션쇼라도 하듯 색과 스타일을 맞춘 최고급 복장을 입고 나온 분들이 있었다. 맵시가 잡지에 나오는 모델 같았다. 스타일이 제대로 나면 기분도 좋고 자세도 잘 잡히고 운동도 잘될 것이다.

그런데 나는 스타일에는 관심이 없다. 그냥 있는 것을 입고 시작한다. 그래서 수영복을 입고 몇 년 동안 달리기 대회에 나갔고, 나중에는 목장갑을 낀 채로 자전거를 200마일 탔다. 또 목장갑을 끼고 레이니어 산(Mt. Rainier) 정상도 올랐다. 무슨 철학이 있는 것은 아니고 그런 데 별 관심이 없었기 때문이었다. 다른 사람에게 나처럼 하라고 하는 것은 더욱 아니다. 그냥 나는 그랬다. 나중에 제대로 된 복장과 장비를 장만해 보니, '아하! 이래서 이렇게 입는구나!' 하고 알게 되었다. 그래서 지금은 제대로 된 복장을 갖춘다. 그러나 중요한 것은 복장이 아니다. 몸이다. 몸으로 일단 시작하는 것이다.

김 코치가 나를 이지 러너스 팀 회장께 소개했다. 연세가 지긋해 보이는 그분은 사슴처럼, 학처럼 날씬했다. 젊었을 때 선수였던 분인 듯하다.

"첫 마라톤이랍니다. 10K는 여러 번 나가 봤다네요."

"18마일까지는 뛰어 봤습니다."

아래위로 나를 훑어보고 체중을 물어보더니 회장은 "5시간 반 팀으로 가세요." 했다. 잠시 실망했다. 5시간 반이라니. 나를 밑으로 보시고. 그러나 어쩌랴. 전문가가 그렇게 하라니 겸손해야 하지 않겠나. 지금 생각해 보면 그것이 그분의 현명한 판단이었고 나의 제대로 된 순종이었다. 앞으로 이야기하겠지만 첫 마라톤을 이지 러너스 팀과 함께 달린 것은 행운이었다. 마라톤에 입문하려는 분들은 첫 경험의 길을 지도해 줄 경력자를 찾는 게 좋다.

김종식 코치가 5시간 반 팀과 같이 뛰어 주었다. 지금 생각해 보니 사랑의 섬김이다. 자신의 레이스를 하지 않고 초보들과 달려 준 것이다. 나 외에 나보다 나이가 많은 세 사람이 더 있었다. 수만 명이 참가하는 대회. 시작 총성이 울리고도 좀처럼 앞으로 나아가지 않는 인파 뒤에서 부슬비를 맞고 시시덕거리면서 출발을 기다렸다. 10분이 지났는지 20분이 지났는지 하여간 아주 오랜 시간 후에 달리게 되었다.

말이 달리게 되었다는 거지 도무지 달리는 것 같지가 않다. 그냥 조금 빨리 걷는 것 같다. "천천히 가는 겁니다. 속도 줄이세요." 김 코치가 계속 잔소리를 한다. '나 마라톤 나온 거 맞아?' 속으로 그렇게 생각하며 정말 천천히 달렸다. 자전거를 느리게 타는 것만큼이나 힘들었다. '뭐가 이리 싱거워?'

"물이 나오면 걸으면서 물을 마시는 겁니다." 매 마일마다 보급소(aid station)가 있었다. 그런데, 지금까지 걷는 듯이 달려왔는데 또 걸으라니? "계속 뛰는 것보다 중간중간 걷는 게 기록이 훨씬 빨라집니다. 처음부터 끝까지 뛰는 건 일류 선수가 아니면, 아무것도 모르는 왕초보나 하는 거예요. 달릴 때와 걸을 때 쓰는 근육이 달라서, 중간에 걸어 주면 근육이 휴식하고, 나중에 오히려 이득을 봅니다."

천천히 달리니 도무지 달리는 것 같지가 않다. 그 말은 힘이 안 든다는 것이다. 이것이 비결이었다! '이지 러너스(살살 달리는 사람들)'라는 팀 이름이 딱 맞았다. "초장에 힘 빼면 나중에 힘들어요. 지금 빨리 달려 나가면 나중에 반드시 쳐집니다. 자제하세요. 아직 시작도 안 한 겁니다."

"천천히, 속도 줄이세요." 김 코치가 계속 주문처럼 외우는 말이었다. 달리는 데 힘이 안 들어가니 달리면서 말을 할 수도 있다. 군가도 불렀다. 사나이로 태어나서 할 일도 많은데 우리는 풀 마라톤을 달리는 영광에 사는 것처럼 신나게 불렀다. 나는 처음 보는 분들인데도 마치 전투와 전투 속에 맺어진 전우들과 함께 전장을 누비는 기분이었다. 윌셔가의 높은 빌딩들을 지나, 한국 식당 앞에서 설렁탕 생각에 입안에 침이 고일 즈음, 부슬비가 그쳤다. 해도 쨍쨍하지 않아서 아주 좋은 날씨였다.

코스의 절반이 채 되지 않은 지점에 이르자, 함께 달리던 한 분이 앞으로 치고 나갔다. 꼭 특수부대원처럼 단단하게 생긴 그분은, 정말 더는 참기 힘들었던 모양이다.

"이런, 두고 보세요 다시 만나게 될 겁니다." 김 코치가 말했다.

힘이 하나도 안 드니 하루 종일 해도 되겠다는 생각이 들었다. '마라톤 별거 아니군.' 절반을 지나서 얼마 더 가니 아까 치고 나갔던 분이 헐떡이며 고전하고 있다. 우리가 가볍게 그를 추월했다. 김 코치가 별 말 없이 지나친다. 잔소리해서 뭣 하랴. 이미 몸으로 겪고 있는 걸.

절반을 지나서부터는 조금 속도가 빨라졌다. 김 코치가 계속 시간을 체크하며 스피드를 조절한다. 18마일을 지났다. 앞으로는 난생 처음 달려 보는 거리다. 20마일쯤 왔는데도 아직도 힘이 펄펄 난다. 이제는 좀 빨리 뛰어도 되겠다 싶었다. "저 먼저 가겠습니다!" 그러고는 앞으로 치고 나갔다.

쌩쌩하던 다리가 무거워지려 하는데 자원봉사자도 아닌 어떤 흑인 중년 여성이 오레오(Oreo) 쿠키와 오렌지를 들고 홀로 길에 서 있다. 그걸 받아먹으니 온몸이 훨씬 가벼워진다. 이런 천사들은 어디서 오는 것일까. 마지막 2마일은 미친 듯이 뛰었다. 게다가 내리막이 많았다. 달리면 달릴수록 힘이 더 나는 것 같았다. 상상하지 못했던 반전이다. 황홀해 하며 달려서 골인했다.

4시간 55분. 그날 완주한 사람이 1만 4,410명이다. 남자 완주자 8,121명 중에 5,453등을 했다. 나보다 빠른 사람들이 더 많았지만 나보다 늦은 사람들도 있다. 모든 경주가 다 그렇다. 몇 등이냐는 중요하지 않다.

마라톤에 나가도 될까 망설이는 분들에게 말씀드린다. 내가 아무것도 모르는 초짜로 첫 마라톤을 뛰었던 그날, 나만큼이나, 아니 나보다 더 서툰 사람들도 많았다는 말이다. 그날 완주자가 만 사천여 명이었다는데, 그 안에 끼어들 만하지 않겠는가? 시카고나 뉴욕 마라톤은 참가자가 4~5만 명을 넘는다. 그중 어중이떠중이가 얼마나 많겠는가?

그러니 웬만큼 훈련이 됐다면 너무 복잡하게 생각하지 말고 그냥 등록하시라. 아니, 태어나서 풀 마라톤 한 번쯤은 해 보는 게 좋지 않겠는가? 그리고 지금이야말로, 당신 인생에서 가장 젊은 때 아닌가?

그날 '이지 러너스'를 만나 코치를 받으며 함께 달린 것이 정말 다행이었다. 다시 한 번 그날 코치해 준 김 선생께 감사드린다. 혼자 뛰었어도 완주는 했을 것이다. 기어서라도 결승선은 넘었을 테니까. 그러나 후반부는 무척 길고 고단했을 것이다. 힘이 빠지고 다리가 아팠을 것이며, 기록도 훨씬 늦었을 게 분명하다.

어쩌면 '한 번으로 족하다, 다시는 이런 고생 안 하겠다.'는 생각을 했을지도 모른다. '나는 마라톤 체질이 아니구나.' 하고 단정지었을지도 모른다. 하지만 첫 마라톤에서 다행히 경험자를 만났고, 겸손히 그 코치를 따랐다. 그것이야말로 신의 한 수였다.

이렇게 마라톤에 입문했다. 첫 마라톤을 완주했을 뿐 아니라 기쁘고 즐겁게 마쳤다! 돌이켜 보면 무슨 섭리가 있었던 것 같은 느낌이 들 정도다. 경기 전 컨벤션의 후한 선물들(다시 말하지만 이후에는 그 수준의 물량공세를 본 적이 없다), 그리고 이지 러너스와 김 코치. 마라톤의 여신이 나를 겨냥해 찍은 것 같다. 내가 이렇게 대접해 줄 테니 나의 전도사가 되어라.

'이거 재밌네, 할 만하네, 또 해야지!' 첫 로스앤젤레스 마라톤에서 막판에 스퍼트를 할 때의 좋았던 느낌이 그 이후 수십 번을 마라톤에 참가하는 원동력이 되었다. 마라톤 하는 사람들 사이에는 "당신도 감염되셨군!(You've got the bug, too!)"이라는 말을 하곤 한다. 한 번 완주한 사람들이 계속 마라톤을 이어 간다는 뜻이다.

그 후 몇 해 동안 한 해에 서너 번은 대회에 나갔다. 모두 몇 번 참가했는지 모르겠다. 세다가 그만두었다. 나중에 아이언맨을 하면서 완주한 것까지 하면 풀 마라톤만 50번은 넘은 듯하다. 거의 60번에 가까워진 것 같다. 비유가 좀 고약하지만, 미국의 어느 연쇄 살인마에게 모두 몇 명이나 살해했냐고 물으니 제대로 세지 않아서 정확하게 모르겠다고 했다나. '뭐 이런 놈이 다 있어?' 했는데, 마라톤에 참가하면서 이해하게 됐다. 뭐든지 익숙해져 일상의 수준이 되면 몇 번이냐는 별 의미가 없다. 한 번도 마라톤을 완주하지 않은 적은 없다. 어느 정도 훈련이 되고 천천히 달리면 완주하지 못할 이유가 없다.

첫 마라톤에서 배운 대로 처음에는 천천히 시작한다. 대개 긴 대열의 후미에서 출발한다. 대부분의 참가자들을 앞세우고 뒤에서 느긋하게 따라간다. 내 앞에 달리는 사람들, 나를 추월해서 나가는 사람들을 보고 '너희들 대부분은 내 밥이야. 낄낄낄.' 속으로 그런 생각을 하며 여유를 부린다. 중반 이후부터 속도를 좀 내기 시작한다. 그러면 많은 사람을 추월하며 달릴 수 있다. 이렇게 하나 둘씩 따라 잡으며 달리는 맛이 기막히다.

그리고 천천히 뛰어야 다치지 않는다. '마라톤 하다가 무릎 다 나갔어요.' 하는 사람들은 너무 빨리 뛰어서 그렇다. 마라톤을 하다 보면 당연히 기록을 향상시키고 싶은 욕심이 생긴다. 그러다 보면 빨리 달리게 되고 그래서 무릎이 상한다. 나는 살살 달리기 때문에 60세가 넘도록 아직 달리고 있다.

인생은
마라톤이다

누군가 마라톤을 인생에 비유했는데, 그렇기도 하고 안 그렇기도 하다. 인생이 마라톤처럼 쉬우면 좋겠다. 무슨 말이냐 하면, 마라톤은 시작과 끝이 분명하고, 달려야 할 거리가 정해져 있고, 코스도 미리 공지되어 있다. 세상에 이보다 쉬운 게 어디 있을까? 모르니까 두렵고 힘들지, 다 알고 가는 길이니 두려울 게 없다. 그저 포기하지 않고, 남들도 가는 정해진 길을 따라, 한 발 한 발 앞으로 나아가면 된다. 그렇게 미리 약속된 42.2km, 26.2마일을 달리면 끝난다. 이보다 더 단순 명료한 일이 있는가? 더구나 알고 들어선 길이고 연습과 훈련을 하고 뛰어드는 일이다. 인생이 이렇다면 얼마나 좋겠는가? 미리 알고 연습과 훈련을 해서 준비하고 시작할 수만 있다면.

달리다 보면 통증이 오는 것은 해가 동에서 떠서 서로 지는 것 같은 일이다. 아프지 않은 마라톤은 없다. 그런데 대회마다 통증이 오는 부위, 오는 순서가 다 다르다. 그걸 반추하며 뛰는 것도 재미다. '오늘은 왼쪽 종아리부터 시작하는구나. 그게 잦아들더니 이제는 오른쪽 허벅지가 땡기네.' 하다가, 허리나 어깨가 아플 때도 있다. 그런데 거짓말처럼 아픔은 시간이 지나면 사라진다. 다리에 쥐가 나면 걸으면 된다. 그러면 다시 달릴 수 있다. 아픔은 지나간다. 제행(諸行)이 무상(無常)이다.

마라톤처럼 정직한 운동이 없다. 내가 하는 만큼 된다. 훈련이 잘되어 있으면 잘 달릴 수 있고, 훈련을 적게 해서 컨디션이 안 좋으면 고전하게 된다. 날씨가 좋고 기분도 좋다고 내 몸의 능력 이상으로 빨리 달릴 수 없다. 나, 있는 그대로. 그게 마라톤이다. 그냥 그렇다. It is what it is.

마라톤을 하다 보면 별 사람들을 다 본다. 1년 내내 매주 52회의 마라톤 대회 참가를 목표로 비행기 타고 날아다니는 매니아도 있고, 미국 50개주에서 열리는 마라톤 대회에 모두 참가하겠다는 사람도 있다. 한국에 또 무슨 백마회(마라톤에 100번 참가하려는 사람들)는 얼마나 많은가. 산악 마라톤, 울트라 마라톤, 백마일 마라톤, 그랜드 캐넌 Rim to Rim to Rim 마라톤(남쪽 림에서 시작해서 내려가 강을 건너 북쪽 림으로 올라왔다가 그 길을 되돌아가서 남쪽 림에서 끝나는 마라톤), 그리고 사하라 사막 마라톤…. 사람의 욕심과 능력은 한이 없다. 이들에 비하면 나는 그저 보통 사람일 뿐이다. 각자 자기 처지와 꿈과 능력에 따라 자신의 길을 가면 된다.

마라톤과 인생이 닮은 것은 시작과 끝이 분명히 정해져 있다는 것이다. 나고 죽는 것이다. 묘비명에 새기는 생몰 연대 두 숫자. 태어남으로 시작해서 죽음으로 끝난다. 아무도 예외 없다. 그 두 숫자 사이의 길이는 다 다를지라도 결국 다 죽는다. 세상에서 이것만큼 확실한 것은 없다.

날씨, 주식시장, 부동산 가격, 선거 결과, 국제 정세, 사랑과 이별, 성공과 실패, 전쟁과 평화, 역사의 방향, 그 어느 것도 100% 확실한 것은 없다. 오로지 확실한 사실은 모두가 결국 죽는다는 것이다. 마라톤의 끝

지점이 정해져 있듯이 우리가 끝나는 지점도 분명하다.

정해진 길이지만 그 안에서 겪는 경험 때문에 마라톤이 인생과 같다고 하는 게 아닐까. 수십 번 대회에 나갔지만, 매번 새로운 경험이었다. 여러 번 뛰었던 같은 코스도 할 때마다 다르다. 코스가 평탄했는지, 언덕이 많았는지, 날씨가 추웠는지 더웠는지, 해가 났는지 비가 왔는지, 바람은 얼마나 불었는지, 그리고 그날 내 몸 상태가 어땠는지에 따라 매 경주의 경험은 완전히 달라진다.

시작과 끝, 두 숫자로 단순하게 요약되는 것이 사람의 삶이다. 그러나 그 과정에 담긴 이야기는 얼마나 총천연색이며, 흥미진진하고, 스펙터클한가. 인생은 픽션보다도 더 생생하고 극적이다. 그래서 소설이 삶을 모방한다고 하지 않던가. 마라톤은 인생의 아주 작은 축소판이다.

마라토너에게는
스토리가 있다

마라톤을 완주한 사람에게는 모두 스토리가 있다. 특히나 마라톤을 생애 처음으로 완주한 사람은 할 말이 많다. "세상에는 오직 두 부류의 사람들만 존재한다. 풀 마라톤을 완주한 사람과 그러지 않은 사람!"이라는 말이 과연 통쾌하게 느껴진다. 누구에게든 이야기하고 싶다. "만나는 사람마다 등이라도 치고지고" 하신 시인의 심정으로 "나 마라톤 완주했어요."라고 몇 번 말하다 보면 금세 깨닫게 되는 것은, 대부분의 사람들은 내 이야기에 별 관심이 없다는 것이다. "어머나, 대단하네요. 큰일 했어요."라는 말도 대부분 예의상 한다. 달리기를 해 본 사람 외에는 더 자세히 깊이 알고 싶은 마음이 없다. "어쩌자고 그런 무리한 짓을?" 이 정도는 양호하다. "마라톤 하면 일찍 죽는다는데."라고 초를 치는 사람도 있다.

고 장영희 교수님 말씀대로 "내가 살아 보니까 사람들은 남의 삶에 그다지 관심이 많지 않다." 내 경험과 스토리는 나의 것이다. 가끔 그것을 나눌 수 있는 사람이 있으면 좋지만 나 자신의 이야기는 누구에게 들려주라고 있는 것이 아니다. 역사의 의미심장한 사건들도 책에서 단 몇 줄로 요약되지 않나. 세상에 살았던 천문학적 숫자의 모든 사람들 각자의 특별하고 고유하고 생생한 이야기들은 전해지지 않는다. 나의 마라톤 이야기는 그중에서도 얼마나 조촐하게 개인적인가. 그런데 나는 왜 이런 책을 쓰고 있는 걸까. 흠….

내가 마라톤을 완주했다고, 수십 번 완주했다고, 아이언맨을 해마다 완주했다고 해서 그렇게 하지 않은 사람보다 더 나은 사람이 된 것은 아니다. 마라톤을 몇 번 해 본 어떤 사람이 이런 말을 하는 것을 들었다. "나는 마라톤을 완주한 사람은 그냥 믿습니다. 제가 해 봐서 알거든요. 그 노력과 집념과 성실함…." 글쎄다. 사실 잘 모르겠다. 그 말을 한 사람은 나중에 알고 보니 별로 가까이 하고 싶지 않은 사람이었다. 세상의 모든 일들이 다 누군가에게는 삶의 지혜와 도를 깨우치는 데 도움이 되듯 마라톤도 그럴 뿐이다. 아무리 재미있고 어렵고 고상해 보이는 활동을 하더라도 밥맛없는 사람이 있는 것처럼 마라톤도 그러할 뿐이다. 그냥 그렇다.

그래도 나는 마라톤 이야기를 하지 않을 수 없다. 내게 좋았던 이 일이 혹시 다른 사람에게도 좋은 일이 될 수 있지 않을까 해서다. '어느 식당이 좋더라.' '어디 여행을 해 봤더니 좋더라.' 하는 이야기가 세상에는 얼마나 많은가. 좋은 것은 나누고 싶은 법이다. 같은 것을 좋아하는 사람을 만나면 반갑다. 그런 사람이 많으면 더 좋다. 내 이야기를 읽고 마라톤을 시작했다는 사람들이 많이 나왔으면 좋겠다. 식당이나 여행지 이야기는 마라톤에 비해 영양가가 훨씬 적다. 마라톤은 좋은 것이다. 자다가 생각해도 좋은 것이다. 의사 노릇을 하면서 나는 더 확신하게 되었다. '이렇게 좋은 일을 안 하는 것은 모르기 때문일 거야.'라고 생각한다.

알면 안 할 수가 없지. 그래서 알려야겠다.

아니 그리고, 다시 말하지만, 사람으로 태어나서 풀 마라톤 한 번쯤은 해 보아야 하지 않겠는가. 골프 하는 사람이 여러 코스의 골프를 하러 다니며 즐기듯, 마라톤도 하다 보면 이곳저곳 다니는 재미가 있다. 초기에 불이 붙었을 때는 정말 부지런히 다녔다. 잊혀지지 않는 몇 마라톤 대회를 상기해 본다.

① 신시내티 플라잉 피그(Cincinnati Flying Pig) 마라톤

나의 세 번째 마라톤. 친구 이형재는 아틀란타 마라톤을 같이 했고 이번이 두 번째였다. 그와는 이후에도 대여섯 번 같이 달렸다. 오하이오의 전통 깊은 도시 신시내티 마라톤은 로고에 있는 핑크색 돼지가 귀여웠다. 이 대회에서 러너스 하이(Runner's high)를 제대로 느꼈다. 10마일쯤 되는 지점 어느 고급 주택가를 달리고 있을 때였다. 구름 위에서 노니는 그 기분을 잘 관리해서 무리하지 않고 작전대로 달려서 기록을 4시간 15분으로 앞당겼다. 내가 뛰었던 마라톤 중 첫손에 꼽을 만큼 좋았던 대회다. 그날 우승자는 전날 플로리다에서 운전해 와 대회에 출전했고, 끝나자마자 바로 다시 플로리다로 운전해 내려간다고 했다. 세상에는 참 괴물 같은 사람들이 있다. 어떤 대회가 좋았다는 말은 내가 잘 달렸다는 뜻으로 매우 주관적인 것이기는 하다. 하지만 다른 사람들도 이 대회를 좋아한 것 같다. 요즘은 3만 5천 명까지 참가하는 큰 대회가 되었다.

② 월트 디즈니(Walt Disney) 마라톤

당시 마라톤계에서 가장 인기 있기로 소문난 대회. 플로리다 올랜도(Orlando)에 있는 디즈니 월드 안에서 뛰는 마라톤이다. 참가비가 비쌌다. 지금도 똑똑히 기억하는, 물경 85달러! 당시 다른 대회는 50~60달러대였으니 호랑이 담배 먹던 시절이다. 식구들을 다 데리고 관광을 갔다. 가족들은 공원을 관광하고 나는 마라톤을 한 것이다. 아침 일찍 시작한다. 공원이 문을 열면 관광객들 틈에 달려야 하니 최대한 일찍 시작해서 빨리 끝내야 하는 것이 주최 측의 사정이다.

플로리다니까 물론 겨울에 열렸다. 1월이었다. 출발선에 서 있는데 추웠다. 음악이 빵빵 울리고 영화 판타지아의 마법사 제자의 옷을 입고 고깔을 쓴 미키마우스가 춤을 추는데 하나도 신이 나지 않는다. 그냥 추웠다. 참가자가 제법 많았다. 그 사람들 사이에 꼭 끼어 있으면 조금 덜했는데 조금만 사이가 벌어져도 칼바람이 파고들었다. 영화에서 남극의 펭귄들이 서로 빽빽하게 붙어 서서 추위를 피하던 장면이 생각났다. 올랜도에 이런 추운 날이 있는지 몰라 대비를 못해 위에 덮어 입을 옷을 가져가지 않아서 정말 지독히 추웠다. 시작 전에 오들오들 떨던 것밖에 생각나지 않는, 두 번 다시 하고 싶지 않던 마라톤.

③ 뉴저지(New Jersey) 마라톤

잊을 수 없는 마라톤 중 첫 번째로 꼽히는 대회다. 비행기를 타고 다른 도시로 마라톤을 다니다 보니 비용이 만만치 않았다. 렌터카에서 조금이라도 아껴 보려고 가장 싼 업체를 찾아 예약했는데, 이 회사는 공항 안이 아니라 바깥 한참 떨어진 곳에 있었다. 결국 렌터카 업체를 찾아가느라 시간을 꽤 허비했다.

게다가 몇 번 대회에 나가다 보니 긴장이 풀려 숙소를 미리 정하지 않았던 것이 결정적인 실수였다. '가서 찾아보지 뭐.' 그랬는데, 호텔이고 모텔이고 남은 게 없었다. 전국 체인 유명 호텔들은 물론 동네의 이름 없는 모텔들도 자리가 없다. 자정이 한참 지나 겨우 모텔 하나를 찾았는데 직원이 눈도 안 쳐다보며 "몇 시간 있을 거요?" 묻는다. 마약과 매춘을 하는 사람들이 이용하던 모텔이었던 것이다.

"내가 마약 하는 사람으로 보이니?" 하고 물으려다가 "내일, 아니 오늘이구나, 마라톤하러 왔소." 했다. 나를 뭔가 다른 사람으로 봐 주기를 기대했지만 그는 일말의 감동의 징후도 없이 그저 키를 내줄 뿐이었다.

3~4시간 후에 나가야 하는데 방에서 곰팡이 냄새, 담배 냄새가 난다. 이불은 언제 빤 것인지. 한 잠도 못 잤다. 일찍 나와야 했던 이유는 그 대회의 출발점이 시내에서 떨어진 주립 공원이었기 때문이다. 스쿨버스를 대절해 선수들을 실어 가서 시작하기 2시간 전에 출발선에 떨궈 놓는다.

그리고 비가 왔다! 엄청 내렸다. 2시간 동안 밖에 서 있을 수가 없어서 공원 화장실에 들어가 비를 피했다. 한두 시간 앉아서라도 잤으면 했는데 모든 사람이 다 들어와 있으니 화장실 안에 앉을 자리가 없다. 변기는 이미 먼저 온 사람들이 점령했다. 우리말로 콩나물시루, 영어로 청어 통조림처럼 참가자들이 촘촘히 서 있었다. 그렇게 졸지도 못하고 2시간을 화장실 안에 서 있고 나서 비바람 거센 해변을 달렸다. 몸이 편해야 경치도 눈에 들어오지. 처음부터 힘들었다. 그리고 주최 측의 준비가 미흡했는지, 아니면 비가 많이 와서 일찍 철수했는지, 보급소도 부실했다.

중반 이후에는 있어야 할 에너지 젤, 에너지 바가 없었다. 연료가 떨어지면 못 뛴다. '참가비는 다 받아먹고, 에이 이런 못된!' 땅에 클리프 바(cliff bar)가 떨어져 있는 것이 보였다. 누가 봉지를 열기만 하고 먹지는 않고 버린 것이다. 다행히 많이 젖지 않았다. 그걸 주워 먹고 달렸다. 춥고 졸리고 배고프고 힘든 4중고에 시달리며 달린, 내 인생에 가장 힘든 마라톤이었다.

④ 라스베이거스(Las Vegas) 마라톤

이 대회는 시내에서 42.2km 떨어진 곳에서 출발하여 라스베이거스 스트립에서 끝난다. A에서 B를 향해 일직선으로 가는 코스다. 2월의 그날은 정말 추웠다. 처음부터 끝까지 한 방향으로 달리는데 바람이 내내 맞바람이었다. 내 일생에서 가장 추웠던 마라톤이다. 날은 추워도 빨리 달리면 좀 낫겠는데 맞바람이 세게 부니 속도를 낼 수가 없다. 홑겹에 얇은 안감이 붙어 있는 러닝 쇼츠를 입고 달리다 보니 거시기가 얼었다. 겪어 본 남자들은 알겠지만 칼로 찌르는 아픔이다. 손으로 쥐고 달릴 수도 없고. 죽을 맛이다. 누군가 길에 버린 장갑이 보였다. 그걸 얼른 주웠다. 누가 보든 말든 길가에서 등을 돌리고 서서 쇼츠 앞을 내리고 양물을 그 주운 여자 장갑 속에 넣었다. 그러고 좀 달리니 찌르는 듯한 아픔이 가셨다.

웬만하면 바람이 잠잠해질 때도 있는 법인데 어찌 이날은 줄기차게 내내 맞바람이 그치지 않았다. 결승점에 도착하고 나서도 불었다. 같이 참가한 아틀란타 친구 이형재는 함께 관광 온 가족이 마중 나와 데리고 가고, 나를 데리러 나와야 할 라스베이거스에 사는 선배는 무심하게도 늦게 나왔다. 덜덜덜 떨며 기다린 시간이 얼마였는지. 하여간 고생했다.

⑤ 시카고(Chigago) 마라톤

당시 미국에서 가장 규모가 큰 마라톤이었다. 4만 명이 참가했다. 나는 이 대회를 두 번 뛰었다. 참가자가 이렇게 많은 이유는 코스가 평탄하기 때문이다. 오르막이 전혀 없다. 달리기를 해 보면 우리가 얼마나 중력에 확실하게 묶여 있는지 몸으로 알게 된다. 경사도가 제로인 이 마라톤이 그래서 인기다. 또한 스카이라인이 세계 제일이라는 시카고 시내를 도는 코스는 눈이 즐거운 대회로도 유명하다.

　미국의 아프가니스탄 공습 개시 뉴스를 전광판으로 보며 스타트했다. 초반 8마일쯤 달렸는데 배가 사르르 아프기 시작한다. 마라톤에서 가장 무서운 내부의 적은 설사다. 전날 친구 진석이와 순영이가 사 준 냉면을 먹은 게 안 맞았나 보다. 화장실을 찾는데 보이지 않는다. 설사가 나오려 할 때는 살살 걷는 게 좋은가, 빨리 뛰는 게 좋은가? '닭이 먼저냐, 달걀이 먼저냐?'와 더불어 인류가 씨름할 영원한 숙제다. 너무 늦으면 언제 터질지 모르고, 너무 빠르면 진동과 압력에 괄약근이 열릴 수 있다. 이 사이에서 줄타기를 하는 것은 예술의 경지다. 야외라면 어디 덤불숲에라도 들어가 해소하겠는데 이건 시내 한복판이다. 주최 측이 곳곳에 설치하는 간이 화장실은 보이지 않는다. 응원하는 관중들이 길에 늘어서 있건만 나의 고뇌를 나눠 질 사람 하나 없다.

　그러다 저기 맥도날드가 보인다. 피난처 있으니 환란을 당한 자 이리 오라고 황금색 M자가 손짓한다. 달려 들어가 두리번거리니 손님들이 놀란 듯 쳐다본다. 다들 경험해 본 것이겠지만 화장실에 당도했을 때가 가장 위험하다. 그런데 화장실이 안 보인다. 2층에 있단다. 철통 봉쇄를 유지하기 위해 진땀을 흘려 가며 고지로 올라갔다. 물론 무사했고 성공했다.

　맥도날드에서 나와서 본 시카고 시내는 찬란하게 아름다웠다. 뒷간에 들어갈 때와 나올 때가 다르다는 것은 만고불변의 진리다. 나도 다르고 세상도 변한다. 시카고 시내의 현저한 지형지물들을 마음껏 감상해 가며 사진도 찍으면서 즐겁게 달렸다.

　아틀란타에 사는 동안 종횡무진 여러 곳을 다녔다. 시애틀로 이사 와서는 먼 곳은 다니지 않고 차로 이동할 수 있는 곳만 다녔다. 시애틀은 물론 워싱턴주의 올림피아, 타코마, 벨링햄, 위드비 아일랜드, 포트 앤젤레스. 남으로는 오리건의 포틀랜드와 유진, 그리고 북으로는 캐나다의 밴쿠버, 빅토리아섬에서 열리는 마라톤에 참가했다.

⑥ 포틀랜드(Portland) 마라톤

2시간 반 남쪽의 포틀랜드에는 처제의 집이 있어서 숙소가 해결되었다. 포틀랜드 마라톤은 규모도 크고 '미국에서 가장 잘 짜여진 마라톤'이라고 자부하는 대회다. 코스도 아름답다. 이 마라톤을 일곱 번 뛰었다. 여기서 네 시간 벽을 깼다. 아내를 데리고 하프 마라톤도 했다. 10km 대회를 달려 본 아내는 나의 성화를 못 이겨 하프 마라톤에 참가해서 완주하는 기염을 토했다. 그러고는 다시는 달리기 대회 안 나간다고 선언했고 여전히 그 입장을 고수하고 있다.

한때 이 대회에서는 번호판에 이름을 넣어 주기도 했고, 완주하면 장미꽃을 주었다. 진보적인 도시라는 정치 분위기에 걸맞게 환경 친화적이라고 자부하는 대회라서 심을 수 있는 묘목을 나눠 주기도 했다. 포틀랜드에 사는 처제는 풀 마라톤을 완주했고, 처제의 친구들도 몇 달렸다. 나보다 연배 높은 지인 최진명, 김재혁 님도 같이 달렸다.

달리다 보면 참으로 많은 사람들을 본다. 한쪽 흉곽이 함몰된 장애를 가지고 달리는 사람도 보았고, 다리를 쓰지 못해서 휠체어로 달리는 사람들도 있다. 앞을 볼 수 없는 사람은 가이드가 이끌고 뛴다. 이런 말을 하기 좀 그렇지만, 포틀랜드 마라톤에서 달리면서 설사를 흘리는 아가씨도 보았다. 동양인이었다. 화장실을 제때 가지 못해서 그런 것이다. 거의 매마일마다 간이 화장실이 있는데 얼마나 힘들었으면. 몸이 그렇게 절실하게 경험되는 게 마라톤이다. 다 몸이 하는 일이다.

⑦ 시애틀(Seattle) 마라톤

추수감사절(11월 마지막 목요일) 바로 다음 일요일에 열리는 시애틀 마라톤은 시점이 그래서 그런지 포틀랜드보다 규모가 훨씬 작다. 날은 늘 쌀쌀하다. 물론 셀 수 없이 여러 번 참가했다. 워싱턴 호수를 건너고 몇 개의 공원을 지나 좋은 경치를 구경할 수 있다. 20마일쯤 가면 살인적인 언덕이 시작된다. 여기서 왕년의 대학 배구 코치 알렉스(Alex)의 첫 마라톤을 함께 뛰어 주었다.

이 대회에 마지막으로 참가한 것은 4년 전이다. 딸 은별이가 풀 마라톤을 같이 뛰자고 했다. 은별이는 시카고 마라톤을 완주한 경험이 있다. 애리조나 아이언맨을 하고 나서 바로 한 주일 후에 열리기 때문에 조금 부담이 있었지만 '내가 철인 아니냐!' 하는 심정으로 선뜻 참가했다. 코스가 변경되어 20마일의 살인 언덕은 없어졌다. 나란히 같이 뛰어 10여 마일 갔는데 은별이가 앞서 나가기 시작했다. 도저히 따라갈 수가 없었다. 은별이는 점점 멀어지더니 완전히 시야에서 사라졌다. 자식에게 추월당하는 것보다 흐뭇하고 신나는 일이 있으랴. 아들 바위가 초등학교 4학년 때 농구에서 이미 나를 훨씬 넘어섰다는 것을 알게 됐을 때도 그랬다. 이제는 딸이 나보다 더 잘 뛰는구나. 뿌듯했다.

그런데 20마일이 넘으니 저 앞에 은별이가 보이기 시작한다. '에구, 힘이 드는구나.' 나이 많은 아비는 짬밥 경력으로 마일리지가 쌓여 아무래도 오래 달리는 것은 아직 더 나은 것 같다. 다시 딸과 나란히 달렸다. 속도를 늦춰 주고 걷기도 해서 함께 나란히 골인했다.

⑧ 벨뷰(Bellevue) 마라톤

벨뷰는 호수를 사이에 두고 시애틀과 마주한 도시다. 이곳에는 마이

크로소프트와 아마존을 비롯해 굵직한 하이테크 기업들이 모여 있다. 주변에는 컴퓨터 관련 대기업들이 즐비하며, 부동산 가격도 매우 높은 지역이다.

날씨로 따지자면 추운 것보다 더운 게 더 어렵다. 추울 때는 달리기 시작하면 몸이 따뜻해지는데, 너무 더우면 아예 달릴 수가 없기 때문이다. 어느 해 7월에 참가한 이 마라톤은 살인적으로 더운 날씨였다. 게다가 주최 측의 실수로 코스 표시를 제대로 하지 않아서 길을 잃어 1마일 이상을 방황했다. 동네를 달릴 때 호스로 물을 뿌려 주는 사람들이 있어서 살았다.

마라톤은 이렇게 날씨, 즉 자연 환경의 영향을 받는다. 내 맘대로 내 능력대로만 되는 것이 아니다. 나는 세상의 일부다. 환경은 늘 변한다. 주어진 상황에서 열심히 사는 것이다. 이 대회는 반짝 있다가 없어졌다.

⑨ 헌팅턴 비치(Huntington beach) 마라톤

내가 다닌 대학 총장이 미국을 방문하는데 그 일행이 헌팅턴 비치 마라톤을 한다고 했다. 총장이 안철수 의원처럼 늦게 마라톤에 입문했던 것이다. 그래서 미국에 사는 동문들에게 가능하면 같이 뛰자고 연락이 왔다.

헌팅턴 비치는 내가 캘리포니아에 살 때 자주 가던 곳이다. 서프 시티(surf city)라는 별명이 붙은 이곳은 바람이 많이 불고 파도가 높아서 긴 해안에 서핑하는 사람들이 많다. 캘리포니아로 처음 이사를 갔을 당시 사귀고 있던 아내를 데리고 첫 비치 데이트를 했었다. 추운 미시간에서 꿈에나 그리던 해변에서 선탠을 한답시고 로션도 안 바르고 몇 시간이나 햇볕을 받으며 앉아 있었더니 등이 랍스터처럼 빨갛게 익어서 며칠을 고생한 적이 있다.

추억이 깃든 헌팅턴. 친구 상희와 창환이도 같이 등록했다. 동문회에서 호텔도 잡아 준다고 했다. 기대 만땅이었다. 그런데 사고가 생겼다. 두 주 전에 스키를 타다가 엉겁결에 우습지도 않게 넘어져서 왼쪽 종아리 근육이 끊어진 것이다. 운동 중에 종아리 근육이 끊어지는 일은 그리 드물지 않다. 치료 방법은 그냥 놔두는 것이다. 시간이 지나면 낫는다. 얼음을 대고 압박 붕대로 감고 살살 다녔다. 아무래도 2주는 무리였다. 그러나 등록은 해 놨고 친구들과 선배들도 오는데 가지 않을 수가 없었다. 경기 전날 침도 맞았으나 전혀 차도가 없다.

그래도 나가서 뛰었다. 종아리로 달리지 않고 허벅지로 달렸다. 종아리 근육을 쓰지 못하니 허벅지의 사두근으로 다리를 들어서 옮겼다는 말이다. 물론 완주했다. 여섯 시간을 넘겼다. 두 친구가 끝까지 같이 달려 주었다. 다리에 신경을 쓰느라 그 아름다운 추억의 비치를 즐기지 못했다.

⑩ 유진(Eugene) 마라톤

당시 나는 『본 투 런(Born to Run)』이라는 책을 읽고 한창 고무되어 있던 때였다. 멕시코의 카퍼 캐년(Copper canyon)에 사는 원주민들은 맨발이나 타이어 고무를 잘라 만든 원시적 슬리퍼를 신고 산길을 빨리 오래 달리는 것으로 유명했다. 어떤 기자가 이들의 이야기와 미국인 몇 사람의 이야기를 엮어서 낸 책이다. 카바요 블랑코(caballo blanco, 백마)라는 별명을 가진 전설의 인물이 소개되고, 맨발로 달리는 커플의 이야기도 나온다.

쿠션이 잘 만들어진 러닝화를 대중화한 나이키 탓에 오히려 무릎 부상이 늘었다는 것이 이 책의 지론이다. 이런 편안한 신발이 없을 때는 사람들은 자연스럽게 다치지 않도록 조심하며 잘 달렸는데, 편안한 신발들이 나오니 몸의 신호를 무시하고 마구 달려서 오히려 부상이 더 늘어난다는 것. 그럴듯한 말이다. 세계사가 BC와 AD로 구분되었듯이 달리기 역사는 나이키 이전과 나이키 이후로 양분된다. 달리는 발이 편해짐에 따라 달리기가 대중화되어 온 것이 역사의 흐름이다.

맨발로 달리는 사람들 이야기를 읽고 나도 미니멀리스트(minimalist) 신을 샀다. 발가락들이 장갑처럼 따로 들어가고 밑창도 아주 얇은 슬리퍼형 러닝화다. 이런 것을 신고 다니면 발과 종아리 근육이 강해진다고 했다. 그래서 한동안 그것을 신고 훈련을 했다. 그리고 이 책이 가르치는 것은 다치지 않고 빨리 달리려면 발을 지면에서 많이 떼지 말고 힙을 앞으로 내면서 미끄러지듯 달리라는 것이다 나도 뭔가 기록을 향상시켜 보자는 생각에 열심히 따라 했다.

오리건대학교(University of Oregon)가 있는 유진(Eugene)은 미국의 스포츠 역사와 관계가 깊다. 나이키가 여기서 시작됐다. 나이키사가 후원하는 스포츠 프로그램이 짱짱하다. 오리가 마스코트다. 미국 육상선수권대회가 자주 열리는 나이키 스타디움이 이 학교에 있고 마라톤은 그 스타디움에서 끝난다.

『Born to Run』이 정죄하는 나이키 이름이 붙은 스타디움에서 그 책을 읽고 고무되어 달린 나의 최고 기록이 나왔다. 3시간 48분. 그리 자랑할 것 없는 기록이다. 보스턴 마라톤은 응모할 수도 없다. 그러나 무슨 상관이랴. 천천히 능력껏 달리면 된다. 그래서 아직도 달리고 있다.

⑪ 잭 앤 질(Jack & Jill) 마라톤

내가 사는 동네 시애틀에서 가까운 스노퀄미(Snoqualmie) 고개에서 시작하는 이 마라톤은 처음부터 끝까지 내리막이다. 고개의 정상인 하이약(Hyak)에서 출발하여 26.2마일을 계속 내려와 노스 벤드(North Bend)에서 끝난다. 개인 기록을 향상하고 더 나아가 보스턴 마라톤 자격을 얻으려고 몰려드는 참가자가 많아서 해마다 토, 일 이틀 연달아 열린다. 나는 이 마라톤에 두 번 참가했다. 7월 말 한여름이지만 출발점인 고도 3,700피트(1,140미터) 하이약은 해 뜨기 전에 정말 춥다. 처음 참가했을 때는 겉옷이 부실해서 뼛속을 파고드는 한기에 오들오들 떨며 화장실 처마 밑에 앉아 출발을 기다렸다.

내리막은 중력의 도움을 받아 달리기 때문에 쉬울 것 같은데 그렇지만도 않다. 다시 말하지만 마라톤은 자기 능력 이상으로 달릴 수 없다. 철저히 진실게임이다. 내리막을 달릴 때 쓰는 근육인 대퇴사두근이 금방 뻐근해진다. 게다가 속도를 좀 내겠다고 능력보다 빨리 달리면 무릎을 다치기 쉽다. 내리막에서 무리하다가 무릎 부상을 입어 오래 고생하는 사람들이 있다. 산행도 모든 사고가 하산할 때 난다고 하는데 마라톤도 마찬가지다. 세상에 쉬운 게 없다.

첫 번은 쉽게 생각하고 별 훈련 없이 참가해서 애를 먹었고, 두 번째는 개인사로 인해 훈련할 시간이 없는데다 심신이 지쳐 있는 중에 참가했다가 애를 먹었다. 게다가 나는 일요일에 뛰었는데 주최 측이 마련한 물과 에너지 젤이 동이 나 버렸다. 두 번 다 그랬다. 참가비를 아까워하며 씩씩거리며 달렸다. 길에 사람들이 버리고 간 에너지 젤이 있었다. 신기하게도 때를 따라 간간이 떨어져 있었다. 죽으라는 법은 없다.

어느 동양인 여자가 뛰고 있길래 말을 트고 나란히 달리기도 했다.

샌프란시스코에서 온 베트남계의 이 젊은 여자는 어제 완주하고 오늘 또 뛴다고 했다. 왜 그런 미친 짓을 하느냐고 물으니 100마일 울트라 마라톤을 위해 훈련하고 있다는 거였다. 세상에는 별 이상한 사람들이 다 있다. 나는 그저 그렇고 그런 평범한 사람이다.

내가 참가했던 그 많은 마라톤들 각각에 대해 할 이야기들이 있지만 기억에 생생한 것들은 이처럼 대개가 힘들었던 것들이다. 산전수전 다 겪었다. 추위, 더위, 평지, 언덕, 비바람과 같은 자연적 조건은 물론이고, 내가 끌고 가는 내 몸의 사연과 곡절들. 인생만큼이야 하겠느냐만, 과연 파란만장하게 재미있었다. 돌아보니 다 좋은 추억으로만 남았다.

아, 그리고 아직도 희망사항으로 남아 있는 대회들이 있다. 세계 4대 마라톤이라는 보스턴, 뉴욕, 베를린, 런던. 그리고 네덜란드의 로테르담. 그리스 마라톤(피피파데스라는 병사가 달려 와서 승전 소식을 전하고 죽었다는 그 전투가 벌어졌던 도시 이름)에서 아테네까지 달린다는 마라톤, 중국의 만리장성 마라톤, 한국의 이름난 많은 마라톤들…. 은퇴를 하면 하나 씩 해 볼 수 있으려나. 뉴욕은 추첨제인데 확률이 매우 낮다. 한 번 응모했는데 역시나 떨어졌다. 보스턴은 기록이 미달되어 가지 못하고 있다. 나이별로 기준이 매겨지므로 65세, 70세 이후에는 가능할지 모르겠다. 그런데 점점 요구 기준이 어려워지고 있는 게 문제다. 그만큼 마라톤을 하는 사람들이 많아졌고 사람들의 체력이 늘었다는 말이다. 마라톤의 대중화, 좋은 현상이다.

치료를 위해
　수영을 배우다

　　　　　　　　　　　어려서부터 물을 좋아했다. 물에 몸을 제대로 담가 본 최초의 기억은 동해바다였다. 어머니의 고향이 그쪽이어서 경포대 해수욕장이 나의 최초의 바다였다. 사촌 누나가 검은 타이어 튜브에 태워 둥실대며 "자 깊이 들어간다!"라며 밀고 들어갔다. 누나가 설 수 있을 만한 깊이였으니 얕은 물이었지만 바다가 처음인 어린 나에게는 깊게 느껴졌다. 그런데 무섭지가 않았다. 머리를 쳐 박고 몸의 힘을 빼고 있으면 물에 떴다. 그때 처음 맛 본 짠 물맛, 발에 밟히던 모래, 수경으로 보이던 바다의 바닥, 모래 속의 조개 파편들, 수경의 고무테두리에서 나던 냄새. 그렇게 강렬하게 첫 사랑으로 바다와 만났다. 그 후 한 번도 바다와 나는 서로를 배신한 적이 없다. 내가 지금 바다가 보이는 갯마을에 사는 것도 그래서일 것이다.

　　몸을 물에 담그고 있으면 좋았다. 정신분석학에서는 그런 느낌을 태아가 양수 안에 들어 있던 때의 편안함이라고 한다. 모든 생명이 물에서 시작되었다고 하고 성경도 세상이 물에서 나왔다 하지 않았던가. 흠처럼 물도 사람의 고향이다. 고여 있건 흐르건, 들어갈 만한 물이 있으면 들어가 보아야 했다. 아직도 그런다. 나와 하이킹을 해 본 사람들은 안다. 호수건 강이건 들어갈 만한 물이 있으면, 시도 때도 없이 옷 벗고 들어가는 사람이 여기 있다는 걸.

그런데 물을 그렇게 좋아하는 만큼이나 수영은 못했다. 못 배웠다. 그냥 물장구 치고 멱 감고 잠수하거나 드러누워 있는 것이 다였다. 발이 바닥에 닿아야만 그렇게 놀 수 있었다. 고등학교 때 여름 수련회 겸 캠핑을 간 적이 있다. 남녀공학이었다. 나는 강가에서 찰랑거리며 놀고 있는데 여중 때 수영부였다는 파란 수영복의 영신이는 강을 건너 반대편 바위 위에 인어처럼 앉아 있었다.

대학을 졸업하고 미국에 있는 대학원으로 유학을 왔더니 학교에 수영장이 있었다. 학생들은 누구나 가서 수영을 할 수 있다는 것이었다. 1980년대 한국에서는 상상하지 못하던 일이었다. 앞에 말한 대로 고3 이후 대학시절 내내 목과 어깨의 통증으로 고생을 하고 있던 때였다. 한자리에 오래 앉아 공부를 할 수 없었다. 늘 어깨와 목이 불편해서 사는 게 갑갑했다. 수영을 하면 좋아질 거라는 생각이 들었다.

먼저 유학 와 있던 선배가 매일 아침 등교 전에 수영을 하고 있었다. 부산 사람인데 걷기 전에 수영부터 배운 사람 같았다. 영도 다리 밑에서 헤엄치며 놀았다고 했다.

"쉬워. 그냥 하면 돼. 몸에 힘을 빼고 리듬에 맞춰 숨을 쉬면 돼. 수영은 숨쉬기 운동이야."

그가 수영하는 폼을 따라서 하기 시작했다. 그렇게 수영을 배웠다. 꾸준히 얼마를 하다 보니 몸에 힘을 빼는 게 무슨 말인지 알게 됐다. 팔을 젓고 다리로 물장구 치고 고개를 옆으로 내 놓아 숨을 쉬는 동작이

리듬에 맞춰 자연스러워졌다.

　미시간의 겨울, 히터 빵빵하게 틀어 놓은 수영장에서 유리창으로 소복이 쌓이는 눈을 내다보며 수영을 한다고 한국의 친구들에게 자랑을 했다. 목과 어깨가 치료되는 것이 목적이었으므로 균형을 맞추기 위해 고개를 오른쪽, 왼쪽 번갈아 내서 숨을 쉬는 것을 연습했다. 그래서 지금도 세 번 스트로크에 한 번씩 좌우로 번갈아 고개를 돌려 호흡한다. 그렇게 목과 어깨가 나았다. 양방, 한방, 카이로프랙틱, 침, 뜸, 부항, 마사지로도 낫지 않던 것이 수영으로 말끔히 치료된 것이다. 지금도 목과 허리에 통증이 있는 분들에게 수영을 권한다.

　수영을 체계적으로 배운 것은 아니고 남이 하는 것을 보고 배웠기 때문에 오래 할 수는 있으나 스피드가 부족하다. 3종경기를 할 때마다 수영은 그래서 늘 뒤처진다. 내 몸에 익은 기본은 이렇다. 턱을 당기고, 몸에 힘을 빼고, 힙을 올려서 다리가 가라앉지 않게. 머리부터 발끝까지 평평하게. 스트로크 할 때는 항상 팔꿈치가 손보다 위에 있게. 물을 긁을 때는 손이 지면에 직각으로. 내 폼이 어떤지 비디오로 한 번 찍어서 봐야 하는데 하면서도 아직도 못 했다. 굳어진 폼은 고치기 어렵다는데.

　그래서 폼을 좀 제대로 해 보려고 책이나 유튜브를 따라서 하다 보면 전체적으로 더 망가지고 힘이 더 든다. 레슨을 받아야 해 레슨을. 이렇게 생각한 게 30년인데 아직도 못 하고 있다. '풀타임으로 일하면서 시간 내는 게 쉽지 않아.' 이게 나의 변명이다. 다른 사람들은 테니스 골프 레슨 자주 받더만. 하긴 수영 코치는 테니스나 골프 선생보다 훨씬 적다. 있어도 대부분 어린이나 초보를 가르치는 사람들이다.

　왕년의 수영 스타 최윤희 씨를 교회에서 본 적이 있었다. 점심 식사 시간에 염치 불구하고 그녀가 있는 식탁에 가서 앉았다. 친절한 최 선수는 내가 수영과 3종경기를 한다니 반가워했다. 그녀에게 수영의 비결을 물었다. 생각해 보니 참 뜬금없는 질문이다. '어떻게 공부를 잘할 수 있나요?' '피아노를 어떻게 하면 잘 칠 수 있을까요?' '어떻게 해야 성공할 수 있나요?' 이런 질문처럼 들렸을 것이다. 이런 초보에게 뭐라고 대답을 할 것인가. 최 선수는 웃으며 "그냥 스트로크를 크게 하세요."라고 말해 주었다.

3종경기는 각 종목마다 시간제한이 있다. 다행히 한 번도 수영에서 탈락해 본 적은 없다. 아이언맨 수영은 2시간 20분이다. 충분한 시간이다. 계산을 해 보니 수영 연습에 투자하는 시간을 자전거나 달리기에 쓰는 게 더 경제적인 것 같았다. 죽어라 연습해서 수영 시간을 얼마나 단축할 것인가. 수영은 그저 내 시간 잘 유지하고 과락을 면하는 수준이면 되겠다는 작전이었다. 그러고 보니 내가 훈련하는 양을 보면 수영이 제일 적다. 수영 실력이 쉽게 늘지 않는 건 어찌 보면 당연하다. 물을 좋아한다고 공언하지만, 사실 수영에는 번거로운 점이 많다. 옷을 벗고 갈아입어야 하고, 클로린 냄새가 진한 물에 들어갔다 나와야 한다. 추운 날이면 아무래도 몸이 더 움츠러든다. 게다가 수영장 레인에 다른 사람이 물장구를 치고 있으면 괜히 성가시다.

옥외 수영과 실내 수영

　　　　　　　　　　훈련은 어쩔 수 없이 실내에서 하게 된다. 실내 수영과 옥외 수영은 다르다. 수영장에서는 로프 사이에서 밑에 그어진 금을 보며 헤엄을 치지만, 밖에서 수영을 하면 그런 게 없어서 일직선으로 나가기 어렵다. 스트로크를 하는 중에 주기적으로 눈을 들어 목표를 보며 방향을 수정해야 한다. 옆에서 헤엄치는 사람을 따라서 가도 길을 벗어날 수 있다. 그 사람도 나와 같은 상황이니까. 그리고 물 밑이 보이지 않는다. 물속에서는 시계가 매우 짧고 시야가 좁다. 3종 경기는 모두 아침 일찍 시작하므로 더하다. 어두운 상자 속에서 헤엄치는 것 같다.

　　웨트슈트를 입고 수영하는 것도 처음에는 쉽지 않다. 물에 오래 있어야 하므로 저체온증을 방지하기 위해 입는 게 웨트슈트이다. 실내 수영장과는 달리 호수와 강, 바다는 물 온도를 조절할 수 없다. 그날 날씨에 달렸다. 그래서 3종경기에서는 전날 수온에 따라 웨트슈트 필수, 웨트슈트 선택, 혹은 웨트슈트 금지가 정해진다. 웨트슈트 금지는 너무 수온이 높아 체온이 상승해도 위험하기 때문인데, 이런 경우는 없었다. 내가 지금까지 참가해 본 올림픽 3종, 하프 아이언맨, 아이언맨 경기에서 모두 웨트슈트를 입었다. 어쨌든 3종경기에서는 웨트슈트를 입고 수영한다고 생각하면 된다.

웨트슈트는 몸에 딱 달라붙기 때문에 처음 입을 때는 숨을 쉬기가 답답하게 느껴진다. 어깨 돌리는 것도 불편하다. 사실 이런 것들은 느낌이지 실제로 그리 부정적인 요소는 아니다. 웨트슈트의 장점과 단점에 대해 여러 말들이 있지만 장점이 더 많은 듯싶다. 우선 부력이 향상된다. 몸이 둥둥 뜬다. 몸의 선이 마치 물개나 돌고래 모양으로 매끈하게 정리된다. 유선형으로 쫙 빠져 저항이 줄어드는 것이다. 팔이 조금이나마 굵어진다. 넓은 노를 젓는 것처럼 젓는 힘이 늘어난다. 그리고 무엇보다 앞에서 말한 대로 저체온증을 막아 준다.

웨트슈트의 단점은 부자연스럽다는 것이다. 처음에는 적응이 안 된다. 3종경기 처음 참가하는 사람이 꼭 알고 실천해야 할 것은, 경기 전에 웨트슈트을 입고 적응하는 훈련을 하라는 것이다. 그렇게 하지 않으면 당황할 수 있다.

웨트슈트에 적응하는 연습 없이 경기하다가 고생한 사람이 있다. 올림픽 3종(수영 0.93마일/1.5km-자전거 25마일/40km-달리기 6.2마일/10km)에 내가 처음으로 데리고 나간 준혁이는 내 자식 나이다. 키가 크고 운동을 잘하는 친구다. 힘차게 물에 들어가 앞으로 쭉쭉 나가는 것을 보며 수영을 시작했는데 나중에 자전거 달리기 다 끝나고 나서 한참 기다린 후에야 들어오는 것이었다. 수영하다가 웨트슈트가 불편해서 중간에 벗었다고 한다. 한 번 입어 보기는 했는데 막상 실전에 오니 답답했단다. 아니, 지상에서도 입고 벗기 힘든 그걸 어떻게 물속에서 벗어? 이

건 신기에 가까운 내공이다. 벗어서 자원봉사자에게 주며 나중에 결승선으로 갖다달라고 했다고. 그러다 보니 시간 많이 잡아먹고, 다들 빠져나간 호수에서 홀로 수영하다 보니 지그재그로 왔다 갔다 하다 늦은 것이었다. 준혁이는 그래도 포기하지 않고 첫 올림픽 3종을 완주했다.

패닉을 겪다

옥외 수영을 하다가 심각한 위기를 겪은 적이 있다. 워싱턴주 에버렛(Everett)의 레이크 스티븐스(Lake Stevens)에서 열리는 하프 아이언맨(수영 1.2마일/1.9km-자전거 56마일/90km-달리기 13.1마일/21.1km)에서 일어난 일이다. 자초지종은 이렇다.

이미 올림픽 3종을 해 본 경험이 있어서 옥외 수영이 어떤지 알고 있었고 웨트슈트에도 적응을 한 터라 별 걱정 없이 물에 들어갔다. 그런데 희한하게도 이 대회는 호수에 떠 있는 부표들을 나일론 줄로 연결해 놓았다. 다른 대회에서는 그런 것을 본 적이 없다. 코스 안쪽으로 바짝 붙어 나일론 줄을 보면서 수영하면 길을 잃을 염려도 없다. 이 무슨 횡재란 말이냐. 오늘 행운의 여신이 나와 눈을 마주치려 하는구나. 용감하고 자신 있게 물을 가르기 시작했다.

그런데 시작한 지 얼마 안 되어 숨이 가빠 온다. 너무 빠른가? 가슴이 조여 온다. 숨이 차다. 세 번마다 머리를 내놓는 나의 리듬을 찾을 수 없다. 매 스트로크마다 고개를 내 놓고 숨을 쉬어야 했다. 그래도 숨이 모자란다. 도대체 무슨 일이냐. 계속할 수 없음이 분명했다. 오늘 여기서 포기해야 하나? 수영 초반에 포기라니. 나의 사전에 완주하지 않은 적이 없는데. 심근 경색이 오는 건가? 이러다 죽을 것 같다. 죽는 게 다른 게 아니구나. 숨 못 쉬면 죽는 것이다. 물에 빠져 죽다니, 이게 내 인생 각본이란 말인가! 결승점에서 만나기로 하고 호텔에 돌아가 있는 아내는 이걸 언제 알게 될까? 부모님께 말씀도 안 드리고 왔는데. 별 생각이 다 스친다. 이게 내 목숨의 끝이 아니라 해도 내 운동 생명은 여기서 끝날지 모른다고 생각했다.

스트로크를 멈추고 그냥 가볍게 평영을 하며 떠 있었다. 얼마 지나니 호흡이 천천히 회복된다. 다시 수영 동작을 해 보았다. 된다. 언제 그랬느냐는 듯 다시 수영을 시작했다. 그렇게 해서 별 탈 없이 수영을 무사히 마치고 자전거 달리기까지 완주했다.

어쨌든, 그날 수영을 하면서 겪었던 일이 의아했다. 왜 이런 일이 있었을까? 앞으로 또 이러면 어떡하나? 그러고 얼마 안 있어 무라카미 하루키의 책을 읽었다. 해마다 노벨상 후보로 거론되는 그의 소설들은 정작 읽어 본 적이 없었는데 우연히 서점에서 이런 책이 눈에 띄었다. 『달리기를 말할 때 내가 하고 싶은 이야기(What I Talk about When I Talk About Running)』.

'소설가인 줄로만 알았는데 달리기도 하는 사람이었어?' 호기심에 그 얇은 책을 사서 읽었다. 하루키는 글 쓰는 일과 달리기를 병행해서 말한다. 한마디로 글쓰기는 마라톤 같은 육체의 일이라는 것이다. 글을 오래 잘 쓰기 위해서는 몸이 건강해야 한다고 말하는 그는 규칙적으로 조깅을 일삼는 마라토너였다! 반가웠다. 게다가 그는 3종경기도 했다고 한다. 역시 훌륭한 사람은 나와 비슷하구나. 마음이 우쭐했다.

그 책에서 나는 3종경기 수영 중에 패닉을 겪는 사람들이 있다는 사실을 처음 알았다. 하루키도 그랬고, 그런 경험을 하는 사람이 많다고 했다. 대개 누구나 한 번쯤은 겪는 일이라고 한다. '아, 내게만 특별한 문제가 있었던 게 아니었구나.' 아드레날린이 빵빵하게 치솟은 상태에서, 많은 사람들 틈에 섞여 초반에 자기 페이스를 잊고 스트로크를 너무 빠르게 하면 흔히 생기는 현상이었다. 지상에서 달리는 거라면 속도를 줄이고 숨을 고르면 되지만, 물속에서는 공포감이 더해져 패닉으로 이어진다. 알고 나니 마음이 놓였다. '이거 흔한 일이구만. 하루키도 그랬다는데.' 그렇게 이해하고 난 뒤로는, 그런 패닉은 다시는 일어나지 않았다.

희미한 옛사랑을
다시 만나다

　　　　　　　　　　　두발 자전거는 중1 때 배웠다. 늦은 셈이다. 자전거가 없어서 일찍 못 배운 것이다. 초등학교 4학년 때 선생님이 나에게 사택의 자전거를 자전거포에 갖다주고 오라고 하신 적이 있다. 큰 고장은 아니고 자잘한 게 잘못되었던 거라 타고 갈 수 있었는데, 자전거를 탈 줄을 몰랐으니 처음부터 끝까지 끌고 갔다. 사람들이 쳐다보며 쟤는 왜 멀쩡한 자전거를 끌고 다니나 의아해하는 것 같았다. 괜히 혼자 창피해져서 얼굴이 뜨거웠다.
　　나의 아버지는 자전거의 명수였다. 서울우유 배달을 하시느라 짐자전거에 우유 박스들을 높게 싣고 길거리를 누비셨다. 우유가 유리병에 담겨져 있던 시절이다. 초등학교 등교 길에 형과 나를 짐자전거에 태우고 가시던 적도 있다. 운동을 잘하고 좋아하는 형도 물론 자전거를 일찍 배웠다. 그런데 나는 용기도 없고 기회도 없어서 자전거를 배우지 못했다.
　　중학교에 들어가서는 이래서는 안 되겠다는 생각이 들었다. 자전거를 배워야겠다고 생각했다. 어떻게 누구에게 배웠는지는 잘 생각이 안 난다. 자전거가 넘어지려 하는 쪽으로 핸들을 돌리라는 것만 기억난다. 배우고 보니 별것 아닌데. 그리고 재미있었다. 자전거를 타면 여기저기를 쉽게 다닐 수 있었다. 집에 배달되는 《동아일보》에 도로 자전거 대회 기사가 났다. 부산에서 서울까지 올라오는 대회였던가… 하여간 며칠 걸려 여러 도시를 지나는 대회였다. 재미있게 읽었다. 피부가 검게 탄 이영규 선수 사진도 보았다. 나도 이런 거 해 봤으면. 막연한 동경이었다.

동네에 학생증을 맡기면 시간당 얼마씩 받고 자전거를 빌려주는 가게가 있었다. 거기서 자전거를 빌려서 타고 여기 저기 돌아다녔다. 한번은 빌린 자전거를 타고 내리막길을 내려오다가 시내버스에 부딪혀 자전거가 밑에 깔렸다. 지금 생각해 보면 위험하기 짝이 없는 순간이었지만 그때는 별 생각이 없었다. 다행히 버스의 속도가 빠르지 않았다. 넘어지면서 자전거 앞바퀴가 버스 바퀴에 깔리는 순간 버스가 멈췄다. 자전거 바퀴가 크게 휘었다. 운전기사 아저씨가 혀를 끌끌 찼다. 지금의 미국에서라면 경찰이 오고 난리가 났겠지만 그때는 그저 그런 일이었다. 바퀴가 휜 자전거를 돌려주러 갔더니 주인아저씨가 별 문제 삼지도 않고 그냥 학생증을 돌려주었다. 좋은 시절이었다.

그렇게 자전거에 맛을 들여서 중학교 시절 친구들과 구리에서 팔당까지 자전거를 타고 오간 적도 있었다. 대학 때는 자전거로 통학을 하기도 했다. 삼천리호 신사용 자전거를 타고 다녔다. 학교가 멀지 않아 적당한 운동이 되었다. 중간에 언덕길이 있는데도 곧잘 올라갔다. 생각해 보니 나는 자전거를 좋아할 뿐 아니라 자전거를 타는 데 소질이 있었다! 역시 그 아버지에 그 아들 아닌가. 3종경기 종목 중 자전거를 제일 먼저 한 셈이다.

미국에 와서 자전거를 다시 제대로 타기 시작한 것은 꽤 오랜 시간이 흐른 뒤였다. 의과대학을 졸업하고 인턴 수련의를 마친 뒤 아틀란타에서 일하다가, 2002년에 시애틀로 이사 와 내 개인 오피스를 연 이후의 일이다. 이미 마라톤은 여러 번 완주한 시점이었다. 그 무렵, 내 오피스에 드나들던 제약회사 판촉 직원 한 명이 자전거를 탄다고 했다. 몸집이 큰 사람이었는데, 이런저런 대회에 참가한 이야기, 지난 주말엔 바닷가를 달렸다는 이야기 등, 만날 때마다 자전거 이야기를 꺼냈다. 듣다 보니 귀가 솔깃해졌다.

그 친구의 조언을 얻어 경주용 도로 자전거(road bike)를 사러 그가 추천해 주는 자전거포로 갔다. 자전거 가격이 천차만별이었다. 그가 추천해 주는 사양은 경주용 자전거로서는 엔트리 레벨이었는데도 꽤 비쌌다. 자전거에서 제일 중요한 것은 컴포넌트라고 했다. 속칭 기어라고 하는 것 말이다. 적어도 시마노 105 수준은 되어야 한다고. 그래서 시마노 105 컴포턴트에 탄소 프레임으로 된 자전거를 만지작거렸다. 가장 가격이 낮은 게 1,500달러. '이걸 사, 아니면 반값 정도 되는 싼 것을 사?' 물론 그것 보다 훨씬 비싼 것들도 많았다. 내가 망설이는 모습이 역력했는지 어떤 손님 하나가 말을 걸었다. 한 눈에 보기에도 자전거 꾼으로 보일 만큼 체격도 날렵하고 자전거 유니폼을 입고 있었다. "이왕 자전거를 사려면 나중에 계속 탈 만한 것으로 사세요. 가볍고 좋은 자전거를 사면 나중에 또 타게 되고, 싼 것을 사면 타는 게 힘들어 잘 안 타게 됩니다."

내가 만지고 있던 1,500달러짜리 자전거의 상표는 '자이언트(Giant)'였다. "그거 좋은 거예요. 얀 울리히(Jan Ullrich, 독일 자전거 선수)가 그걸 탑니다." 얀 울리히가 누군지도 몰랐지만, 그의 말을 듣고 용기를 얻어 검은 자이언트 자전거를 샀다. 한 손으로 하늘 높이 번쩍 들어 올릴 수 있을 만큼 가벼웠다. 이렇게 해서 나는 경주용 자전거의 주인이 되었다. 그의 말대로 자전거가 가볍고 잘 나가니 갖고다니기도 편하고 타는 것이 즐거웠다.

주말마다 자전거를 탔다. 자전거를 위한 코스가 많이 있다는 것을 비로소 알게 되었다. 많은 사람들이 자전거 동호회에 가입해서 타는데 나는 어디에 시간 맞춰 매이는 것이 싫어서 혼자 탔다. 친구라도 있었으면 같이 했을 텐데. 아쉬운 부분이다. 하여간 주말마다 자전거를 타고 많이 돌아 다녔다.

어느 겨울날, 시애틀의 버크 길먼 트레일(Burk Gilman Trail)을 따라 꽤 먼 곳까지 나갔다. 비가 오고 바람이 불며, 날씨는 너무도 추웠다. 방수 재킷은 아예 없었다. 열심히 페달을 밟아 몸에 열을 올려도 추위를 이길 수 없었다. 트레일 위에는 자전거는커녕 걷는 사람도, 달리는 사람도 하나 없었다. 길 위에 나 혼자였다. 초보의 열정 하나로 그렇게 무식하게 자전거를 타던 시절이었다. 손과 발이 얼어 들어왔다. 계속 타다가는 얼어 죽을 것처럼 추웠다. 그러다 길가에 있던 이동식 간이 화장실이 눈에 들어왔다. 그 안에 들어가 앉아 손발을 주무르며 비가 잦아들기를 기다렸다. 달리기와 마찬가지로, 자전거도 길 위에서 하는 운동이라 하다 보면 산전수전을 다 겪게 된다. 그렇게 잔뼈가 굵어지는 것이다.

시애틀 투 포틀랜드에
참여하다

　　　　　　　　　　세상에는 자전거 대회도 달리기 대회만큼이나 많다는 걸 알게 되었다. 이 지역에서 유명한 대회 중 하나가 '시애틀 투 포틀랜드(Seattle to Portland, STP)'다. 시애틀에서 출발해 포틀랜드까지 206마일(332km)을 달린다. 해마다 7월, 프랑스에서 '투르 드 프랑스(Tour de France)'가 열리는 시즌에 맞춰 열린다.

　　참가자는 약 1만 명, 그중 1/3은 하루 만에 완주하고, 나머지 2/3는 이틀에 걸쳐 완주한다. 처음 참가하는 나는 당연히 이틀 완주로 등록했다. 중간 지점인 센트레일리아대학 캠퍼스에 텐트를 치거나, 주변의 학교·교회에서 하룻밤을 잔다.

　　기록을 재는 경주가 아니고 그냥 라이딩이라 누구나 참여할 수 있다. 남녀노소 각양각색의 사람들이 나온다. 사람만큼이나 온갖 다양한 자전거들이 등장한다. 대부분은 도로 경주용 로드 바이크지만, 핸들이 일자로 된 보통 자전거들도 있고, 마운틴 바이크, 심지어 짐자전거도 있다. 비스듬히 누워서 타는 자전거들도 자주 보인다. 나도 나이가 많이 들면 저런 것을 한번 타 볼까 하는 생각이 들 정도로 편해 보인다.

다리가 불편한 장애가 있는 이들은 손으로 페달을 돌리는 자전거를 타고, 둘이 타는 탠덤 바이크도 많다. 부부, 부모와 자식, 남녀 연인, 게이 커플 등 여러 쌍이 이런 자전거를 타고 나온다. 그리고 유니시클(외바퀴 자전거)을 타고 나오는 사람도 있다. 도대체 저런 것을 어떻게 타고 그 긴 코스를 완주하는지 나는 상상이 가지 않는다. 요즘은 전기 자전거도 많다. 온갖 사람들과 온갖 자전거가 달리는 축제 같은 이 대회는 서북미에서 자전거 좀 타는 사람이면 꼭 참가해 볼 만한 대회다. 요즘은 인원 제한이 있어 등록이 매진된다.

첫 대회. 새벽 해가 뜰 무렵 워싱턴대학교(University of Washington)에서 출발해서 쌀쌀한 바람을 느끼며 시애틀 시내를 빠져나와 켄트(Kent)에 접어들었을 무렵, 그러니까 20여 마일 지점에서 뒷 타이어에 펑크가 났다. 자전거 수리 서비스를 하는 차량이 코스를 돌기도 하지만 워낙 거리가 광범위하고 참가자들이 많아서 기다리고 있을 수 없다. 내 손으로 튜브를 갈아끼우고 달렸다. 기록경기가 아니므로 이 정도는 큰 부담이 안 된다. 시간을 재는 경기 중에 이런 일이 일어난다면 낭패다. 자전거를 타다 보면 이런 일은 꼭 일어나게 되어 있다. 아직 한 번도 이런 일이 없었다면 아직 자전거를 많이 타 보지 않았다는 뜻이다.

대회 중에 펑크가 난 건 두 번이었다. 두 번째는 아주 오랜 후, 다른 경기 때였는데, 역시 그때도 시간을 재는 대회가 아니라 다행이었다. 돌이켜 보면 두 번 모두, 대회에 참가한다고 타이어를 새로 갈고 새 튜브를 넣고 시작했을 때였다. '새 타이어인데 왜 펑크가 났을까, 재수 참 없네.' 하고 넘어갔는데, 작년에야 이유를 알았다. 튜브 압력이 너무 낮았던 것이다. 튜브에는 적정 공기압이 표시되어 있다. 그런데 나는 너무 빵빵하게 넣으면 터질지 모른다는 생각에, 권장 압력 중에서도 낮은 쪽으로만 공기를 넣는 편이었다. 그때는 특히 더 그랬던 것 같다. 전문가에게 들어 보니, 압력이 높을수록 펑크가 덜 난다고 했다. 늦게야 배운 셈이다.

내가 처음 STP에 참가했을 때는 자전거를 다시 타기 시작한 지 얼마 안 된 때였다. 로드 바이크를 타는 사람들은 보통 페달에 고정되는 클릿 신발을 신는데, 나는 아직 장만하지 않아 그냥 운동화를 신고 탔다. 장갑도 모두가 끼는 날렵한 자전거 장갑 대신, 그냥 목장갑을 꼈다. 그래도 속에 패딩이 있는 자전거용 바지, 바이크 쇼츠는 입고 있었다.

그런데 STP 참가 신청을 해 놓고 웹사이트에 들어가 이런저런 정보를 보다가, 그제야 알게 된 사실이 있었다. 바이크 쇼츠를 입을 때는 속옷을 입지 않는다는 것. 그전엔 전혀 몰랐다. 그리고 쇼츠와 사타구니 사이에 바셀린 같은 크림을 충분히 발라야 한다는 것도. 그렇지 않으면 살이 비벼지고 쓸려서 나중에 크게 고생한다는 것이다.

나는 그때까지 그런 걸 전혀 모른 채 자전거를 탔다. 그동안은 거리가 짧아 그런 문제가 없었으니 몰랐던 것이다. 만약 속옷을 입은 채 바셀린도 바르지 않고, 그 무더운 여름날 100마일 이상을 달렸다면… 생각만 해도 아찔하다. 정말 무지했다. 달리기도, 자전거도 공부 하나 안 하고 시작했고, 뭣도 모르면서 큰 대회에 덜컥 참가한 셈이다. 내가 원래 이런 사람이다. 자전거 동호회에 들었거나, 경험 많은 선배에게 배웠다면 훨씬 더 수월했을 것이다. 나는 그렇게 좌충우돌하며 배웠다.

코스는 비교적 평탄하다. 그나마 오르막 언덕이라고 불릴 수 있는 곳은 하나뿐이다. 중간 중간에 물, 음식, 화장실 시설이 잘 되어 있다. 시애틀 시내를 벗어 나오면 시골길을 달려 포틀랜드 시내로 들어간다. 보이는 경치들도 좋고 수많은 라이더들과 온갖 모양의 자전거를 보는 재미도 크다.

그렇게 첫 STP를 어렵지 않게 마쳤다. 세어 보니 모두 여섯 번 참가했다. 두 번은 중학생 아들을 데리고 같이 나갔다. 내 첫 자전거인 검은색 자이언트 자전거는 아들이 타고, 나는 새로 산 하얀 자이언트 자전거를 탔다. 옷을 같은 것으로 맞춰 입고 나갔다. 아들 바위는 자전거 타는 훈련을 전혀 하지 않았다. '쟤가 저러다 괜찮을까?' 했는데, 무사히 완주했다. 역시 청춘이 좋긴 좋다. 그리고 누구 아들이겠는가. 바위는 나와 달리 날렵하고 운동신경이 뛰어나다. 자랑스러웠다. 그런데 나중에 하는 말이, 죽도록 힘들었다고 했다. 아빠가 하자고 해서, 아빠를 기쁘게 해 주려고 끝까지 완주했다는 것이다. 학교에서 쓴 에세이에서, 지금까지 자신이 이룬 것 중 가장 큰 성취로 STP 완주를 꼽았다고 했다. 고맙고, 대견하다.

이렇게 네 번은 이틀 걸려서, 두 번은 하루 만에 완주했다. 새벽에 채 동트기 전에 출발해, 밤늦게 들어온다. 하루 206마일(332km)이라면 서울에서 목포까지보다 조금 짧은 거리다. 멀긴 하지만 기록에 신경 쓰지 않아도 되니 마음은 한결 편하다. 쉴 만큼 쉬고, 점심도 먹고, 잠깐 낮잠까지 잤다. 달리다 보니 줄 지어 달리는 어떤 동호회 무리 뒤에 붙을 기회가 있어, 드래프팅도 제대로 해 봤다.

드래프팅(drafting)은 자전거에서 아주 중요한 주법이다. 달리는 자전거 뒤에 붙어서 달리면 에너지가 절약된다. 달리는 게 쉽다는 말이다. 투르 드 프랑스에서 팀들이 일직선으로 붙어 달리는 게 드래프팅을 이용한 것이다. 기러기들이 여덟 팔 자로 줄 서서 날아가는 것도 그런 이유다. 아이언맨처럼 기록을 재는 대회에서는 드래프팅을 철저히 금한다. 드래프팅은 죄 중에 가장 큰 죄다. 벌점을 주고 심지어 탈락시키기도 한다. 빨리 달리는 사람 뒤에 붙어 불로소득 올리지 말라는 것이다. 그런데 기록을 안 재는 STP에서는 괜찮다.

칠리 힐리
대회

　　　　　　　　　어느 일요일 시애틀 부두 근처에서 자전거를 타고 있는데 수십 명의 라이더들이 자전거를 타고 맞은편에서 오고 있었다. "무슨 대회라도 있소?" 물었더니 뭐라고 대답하며 휙 지나간다. '칠리 힐리?' 들은 대로 잊어버리지 않으려고 되뇌며 집에 와서 검색을 해 보았다. 이 동네에서 꽤 유명하고 인기 있는 대회였다. 해마다 2월 마지막 일요일에 열리는 대회로, 겨울을 지나 자전거 시즌의 시작을 알린다. 시애틀 부두에서 페리를 타고 베인브리지섬(Bainbridge Island)에 들어가 섬을 한 바퀴 도는 코스다. 겨울에 열려서 춥다는 뜻의 칠리(Chilly), 그리고 코스에 언덕이 많아 힐리(Hilly)라는 이름이 붙었다. 참가 인원이 많아 한 번에 전원이 탈 수 없어서, 원하는 시간대에 맞춰 한 시간 간격으로 세 번 운항하는 페리에 나누어 탑승한다.

　이 대회는 이전과는 또 다른 독특한 경험이었다. 우선, 수백 명의 라이더들이 자전거를 끌고 줄지어 배에 오르는데, 차고 안에 자전거를 뉘어 놓은 광경이 장관이다. 베인브리지섬은 시애틀에서 가깝지만 배로만 갈 수 있다. 배가 움직이면 차가운 바닷바람이 세차게 분다. 선실에 들어가 뜨끈한 커피를 마시며 옆자리에 앉은 라이더들과 인사를 나눈다. 이 지역에서 자전거 좀 탄다는 사람이라면 누구나 한 번쯤은 거쳐 가는 행사이고, 해마다 거듭 참가하는 이들도 많다. 나도 어느새 그런 부류가 되었다. 예전에는 최대 5,000명까지 참가한 적도 있었지만, 요즘은 인원을 2,400명으로 제한한다.

페리가 섬의 부두에 도착하면 각자 자전거를 타고 나와 초장부터 작은 언덕을 오른다. 그러고는 섬을 도는 33마일의 코스는 계속 오르막과 내리막이다. 언덕이 끝났나 싶으면 또 나오고, 이젠 정말 끝이라고 생각하면 또 나온다. 고도 게인(gain)은 700m밖에 안 되는데 가파른 언덕에서는 자전거에서 내려 걸어 올라가는 사람들도 많다. 그리고 무엇보다 춥다.

가볍게 입으면 저체온증이 나타날 위험이 있다. 그렇다고 너무 두껍게 입으면 오르막에서 땀이 나 힘들다. 그날 날씨에 따라 어떻게 입어야 할지 결정하는 것은 경험이다. 무엇보다 손발이 시리다. 겨울 자전거 중에 발이 시리는 것은 고문이다. 달리기와는 달리 아무리 페달을 빨리 밟아도 발이 따뜻해지기는커녕 속도에 비례해 더 시려질 뿐이다. 초기에 발 커버라는 게 있는 줄도 모르고 나갔다가 고생을 많이 했다. 겨울비를 맞으며 자전거를 타야 할 때도 있다. 이 대회는 껄끄러운 날씨와 끝없이 나타나는 언덕과의 싸움이다. 문자 그대로 칠리 힐디다.

나는 거의 해마다 빠지지 않고 참가했다. 지난 몇 해는 친구들과 같이 참가하고 있다. 단 한 번, 등록해 놓고 나가지 않은 적이 있다. 아침에 자전거를 싣고 페리를 타러 가는데 폭우가 쏟아진다. 너무 많이 내린다. 망설이며 운전하다가 '오늘 자전거는 위험하겠다. 산에는 눈이 많이 오겠구나.' 하는 생각이 들어서 용감하게 회군했다. 집에 와서 자전거를 내려놓고 스키를 싣고 스키장으로 올라갔다. 그때 한 번을 제외하고는 맑든 흐리든 비 오든 춥든 덜 춥든 빠짐없이 나가고 있다.

나의 자전거 인생을 이야기할 때 잊지 못하는 사람이 있다. 자전거와 3종경기 이야기를 계속하기 전에 이 사람의 이야기를 하고 넘어가야겠다. 다음의 글은 내가 몇 년 전 동창밴드와 어느 웹사이트에 쓴 글이다.

챔피언의 자전거

팔자에도 없는 이런 자전거(tribike)를 타게 된 것은 순전히 미치(Mitch) 때문이다. 미치는 LA 피트니스에서 만났다. 나처럼 거기 거의 매일 드나드는 그는 탈의실에서고 어디서고 늘 누군가와 이야기를 하고 있었다. 붙임성이 좋은 사람이다. 철인3종(풀 아이언맨)을 여러 번 했다고 한다. 하와이 코나섬에서 하는 경기(마라톤으로 치면 보스턴 마라톤에 해당하는, 철인3종의 챔피언십)에도 여러 번 나갔고, 나이별 성적에서는 늘 1등이라고 했다. 치과의사인데 나보다 10여 세 연상이다.

나도 아이언맨에 관심 있다고 했더니 몇가지 비결을 알려 주었다. "가장 중요한 것은 자전거야. 전 경기의 반을 자전거를 타잖아? 자전거를 잘해야 해. 나는 실내에서만 연습해. 나이가 있으니까. 밖에서 타다가 혹시 다치기라도 하면 큰일 나지. 자전거는 내가 항상 일등이거든. 사람들이 도대체 자전거 훈련을 얼마나 하느냐고 물어. 실내에서 스핀 클래스만 한다고 하면 놀라 자빠지지."

미치의 조언에 따라 나도 그가 다니는, 데비라는 젊은 여자 강사의 스핀 클래스(spin class: 실내 자전거 운동 클래스)에 나가 일주일에 세 번 열심히 붙박이 자전거를 돌렸다. 미치의 자리는 오른쪽 맨 앞 코너에 우리를 마주 보는 방향으로 정해져 있었다. 아무도 그 자전거에 앉지 않는다. 혹시 초심자가 와서 거기 앉으려고 하면 다들 "아서라, 그건 미치의 자리야." 그랬다.

도장에 고수가 나타나면 다들 공손해지듯이 미치가 들어오면 모두 무언의 존경을 표했다. 챔피언 미치는 늘 쾌활하고 다정했다. 누구에게나 용기를 주는 말을 했다. 모두 미치를 좋아했다. 그는 우리 LA 피트니스의 대부였다.

첫 아이언맨 대회를 등록해 놓고, 미치와 자전거 이야기를 나누고 있었다. "그냥 로드 바이크보다는 트라이 바이크(tribike)가 기록이 훨씬 잘 나와. 자네랑 내가 키가 비슷하니 내 걸 빌려줄게. 언제 한번 타 보라고." 황송했다. 챔피언이 아끼는 자전거를, 그것도 초보인 나에게 빌려주겠다니. 그날 이후 스핀 클래스에 더 열심히 나갔다.

어느 겨울날 클래스에 갔더니 분위기가 무겁다. 미치의 자리에는 흰 수건이 놓여 있다. 데비는 울면서 클래스를 진행하다가 중간에 도저히 못하겠다고 중단했다. 도대체 뭐가 어떻게 된 건가 했더니, 미치가 실종되었단다. 산에 눈이 많아 주말에 스노슈잉(snowshoeing, 눈 신을 신고 하는 하이킹)을 갔는데 눈사태가 났다. 같이 간 두 사람은 살아나왔으나 미치는 실종되었다. 그게 2013년 1월이었다.

스핀 클래스 미치의 자리에는 계속 흰 수건이 걸쳐 있었다. 모두들 오래 슬퍼했다. 4월엔가 눈이 녹으면서 미치의 시신이 흘러 내려와 발견될 때까지, 그리고 그 이후에도 한참 미치의 자전거에는 흰 수건이 걸쳐 있었고 아무도 감히 그 안장에 앉지 않았다. 나는 미치가 없는 스핀 클래스에 나가기를 그만두었다.

추모식에는 가지 못했다. 들으니 켄트(Kent)의 성당이 터질 만큼 사람들이 몰려, 밖까지 줄이 늘어섰다고 했다. 그가 세상을 떠난 뒤에야 많은 선행의 이야기가 알려졌다. 백인 치고는 키가 작았던 미치는, 삶에서는 거인이었다.

예정대로 나는 6월에 첫 아이언맨을 마쳤다. 그리고 9월인가 LA 피트니스에서 미치의 아내 마릴린을 보았다. 아직도 사별을 애통하는 중이었다. 말하다가 눈물을 보인다. "유품도 정리해야 하는데 어떻게 손을 쓸지 몰라서 아는 사람을 통해 eBay에 내놓기도 하고… 자전거는 그냥 아무에게나 팔 수 없고…."

"미치가 제 아이언맨을 위해 자기 트라이 바이크를 빌려주겠다고 했었어요. 혹시 그 자전거를 저에게 팔 수 있으신가요?"라고 묻자 마릴린은 고맙다며, 그리고 남편을 기억하며 탈 수 있는 사람에게 주는 게 더 좋다며 흔쾌히 팔겠다고 했다. 그렇게 나는 미루어 두었던 만 50세 생일 선물로, 존경하고 사랑하던 챔피언 미치가 타던 자전거를 사게 됐다. 그가 쌩쌩 달리던 바로 그 트라이 바이크가 내 것이 된 것이다. 왜 좋은 사람들은 이렇게 일찍 떠나는 걸까.

챔피언의 자전거를 타고, 지난 일요일(2014년 6월 29일) 두 번째 철인 경기를 마쳤다. 챔피언처럼 쌩쌩 날지는 못했다. 챔피언의 자전거를 탄다고 챔피언이 되는 것은 아니었다.

자전거에서
가장 중요한 부품

　　　　　　　　　　자전거를 타다 보면 자전거의 어떤 부품을 개선해야 속도가 더 늘지 궁리하게 된다. 우선 핸들 바(bar)도 장거리 경주를 할 때는 aerobar라고 하는, 팔을 얹고 타는 것을 장착하게 된다. 공기의 저항을 줄이는 것이다. 페달의 클립도 힘이 더 실리는 종류가 있다. 헬멧은 마치 떨어지는 물방울처럼 뒤가 뾰족하게 빠지는 유선형으로 된 것도 있는데 비싸기도 하고 너무 티내는 것 같아서 사지 않았다. 정말 스피드에 목숨을 건 프로 선수들은 기록경기(speed trial)에 그런 것을 쓴다.

　물병은 자전거의 삼각형 프레임에 꽂는 것보다는 안장 뒤에 다는 게 좋다고 해서 그래 본 적도 있다. 그 물병 틀이 내 안장 밑의 바와 잘 맞지 않아서 경기 중에 빠져 떨어져 버렸다. 자전거 컴포넌트(기어 장치)는 비쌀수록 가볍다. 자전거 바퀴도 림(rim)이 두꺼우면 저항을 덜 받는다고 한다. 아예 바퀴 전체가 하나의 디스크로 된 것도 있다. 내가 산 미치의 자전거가 그렇다.

가볍게 만들고 공기 저항을 줄이는 것이 경주용 자전거 공학의 지상 과제다. 그렇다면 그렇게 업그레이드하면 얼마나 도움이 될까? 실제로는 아주 미미하다. 1마일을 달리는 데 절약되는 시간이 고작 10여 초 정도라고 한다. 여러 가지를 업그레이드해 모두 합쳐도, 절약되는 시간은 1마일당 1분이 채 되지 않는다.

분·초 단위로 승부가 갈리는 프로 선수들에게는 중요한 차이겠지만, 나 같은 사람이나 대부분의 자전거 라이더들에게는 가성비가 너무 낮다. 자전거 무게가 몇 그램 줄 때마다, 바퀴 림이 1인치씩 두꺼워질 때마다 가격은 훌쩍 뛴다. 내 경우엔 실속보다는 기분의 문제다. 게다가 그런 최첨단 자전거를 타고 느리게 달리면, 스타일만 구긴다.

내 자전거의 무엇을 업그레이드해야 가성비 좋게 속도를 올릴 수 있을까 자전거포 주인에게 물었다. 그 주인이 쓰윽 웃으며 말했다. "자전거에서 가장 중요한 부품은 모터요." 나는 의아한 얼굴로 물었다. "모터라니요?" 그러자 그가 답했다. "당신 자신!"

미치의 유품인 자전거를 사서 튠업하러 갔을 때, 숍 주인이 말했다. "이걸로 언덕 올라가긴 무척 힘들 거예요." 자전거 뒷바퀴 기어의 크기가 작다는 것이었다. 보통 내가 타던 로드 바이크보다 직경이 확실히 작았다. "이 직경이 작으면 언덕에서 힘이 훨씬 더 들어요. 언덕을 오를 땐 앞 기어는 작게, 뒷 기어는 크게 써야 하거든요."

나는 이 자전거의 전 주인이 미치였다고 말했다. 미치는 이 자전거로 평균 시속 25마일을 달리며, 대회마다 연령별 우승을 차지하던 사람이었다. 주인은 미소를 지으며 고개를 끄덕였다. "아, 미치. 잘 알죠. 미치는… 미치니까 가능한 거예요. 그만큼 그 사람 능력이 비범했다는 이야기죠. 하지만 당신은 미치가 아니잖아요. 힘들 거예요."

결국 나는 뒷 기어를 조금 더 큰 것으로 바꿨다. 언덕 오르기가 얼마나 수월해졌는지는 잘 모르겠다. 아마 조금은 쉬워졌을 테고, 그래서 전체 기록도 약간은 빨라졌을 것이다. 하지만 자전거에서 가장 중요한 건 결국 자전거가 아니라 타는 사람이다.

처음 자전거를 사는 사람에게 나는 우선 무슨 용도로 타려는지 묻는다. 주말에 천천히 여기 저기 다니며 즐기는 용도인지, 3종경기 혹은 센츄리(100마일 경기) 등을 위한 것인지에 따라 선택이 다르다. 아는 사람에게 조언을 받아야 한다. 월마트나 타깃에서 파는 자전거는 피하라. 값은 싸지만 그만큼 무겁고 성능도 떨어져 쓸모가 없다. 경험자의 의견을 들은 뒤, 자전거 전문점에 가서 궁금한 점을 충분히 물어보고, 자신의 예산에 맞는 모델을 고르면 된다. 웬만한 엔트리 레벨 이상의 로드바이크라면 대부분 무난하게 쓸 수 있다.

좋은 자전거를 사는 것보다 중요한 것은 자전거를 잘 관리하는 일이다. 늘 조이고 닦고 기름칠해야 한다. 자전거는 잘 관리하면 오래 쓸 수 있다. 믿을 수 있는 자전거포와 좋은 관계를 유지하면서 정기적으로 튠업과 수리를 해야 한다.

미치가 자전거 훈련은 실내에서만 한다고 했는데 결국 나도 그렇게 되었다. 날씨나 안전에 신경 쓰지 않고 훈련할 수 있기 때문이다. 자동차나 사람 통행이 적고 천천히 탈 수 있는 자전거 트레일은 많다. 그런 곳에서 편안하게 자전거 타는 것은 정말 좋다. 그러나 아무래도 속도 훈련을 하려다 보면 안전이 늘 문제다.

자전거
사고

    자전거를 빠르게 타다 보면 넘어지고 부딪히고 떨어지는 크고 작은 사고를 겪게 된다. 자전거는 나 외에 자전거라는 기계, 오가는 다른 라이더들, 걷거나 달리는 사람들, 차량, 길의 상태와 같은 변수들이 너무나 많다. 아직 한 번도 자전거 사고를 겪지 않았다면 자전거를 탄 마일리지가 쌓이지 않아서 그런 것이다.

  처음 클릿을 신은 초보 시절 건널목에서 정지할 때 클릿을 페달에서 푸는 동작이 익숙하지 않아 넘어지는 것은 누구나 다 겪는 일이다. 작게는 트레일에 다람쥐가 지나가는 것을 피하려다 넘어지기도 했고, 커브에서 마주 달려오는 사람이 나를 못 봐서 부딪히기도 했다. 가벼운 고급 자전거일수록 크게 망가지고 수리비도 많이 든다. 자전거 망가지는 거야 그렇다고 치고 사람이 다친다. 속도가 클수록 많이 다친다.

  자동차와 부딪힌 적이 있다. 자전거 전용 트레일이 찻길과 만나는 건널목이었다. 차가 거의 다니지 않는 동네의 작은 도로에서 작은 승용차를 몰던 노인 부부가 다행히 나를 보고 차를 멈췄다. 정지 표지판은 나를 향하고 있었지만, 내가 표지판을 보지 않고 그냥 지나가려는 기미를 보이자 차가 멈춘 것이다. 속도가 매우 낮았기에 '어, 어!' 하는 사이 두 눈을 멀쩡히 뜬 채 정지한 차 옆구리에 부딪혔다. 몸이 나가떨어지지도, 머리를 다치지도 않았다. 자전거도 체인이 벗겨진 것 말고는 이상이 없었다. 할머니가 거의 패닉 상태로 떨고 있어 괜찮다고, 내 잘못이라고, 다치지 않았다고 안심시켰다. 집에 와 보니 가슴과 옆구리에 멍이 들어 있었다. 몸을 옆으로 돌릴 때나 누웠다 일어날 때 몹시 아팠다. 갈비뼈에 금이 간 것이다. 몇 달을 고생했다.

시애틀에서 유명한 워싱턴 호수(Lake Washington) 주변에는 자전거가 많이 다닌다. 어느 날 완만한 경사를 즐겁게 내려오고 있는데 앞에서 한 무리의 사람들이 자전거를 탄 채로 길을 다 점거하며 오고 있었다. 부딪히지 않으려고 급하게 브레이크를 잡았다. 몸이 앞으로 돌며 길바닥에 떨어졌다. 얼굴이 노면에 긁혔다. 자전거는 다행히 부러지지는 않았으나 핸들이 휘었다. 그때 난 얼굴의 상처가 아직 희미하게 남아 있다.

스키장 가는 길에서 자전거 훈련을 한 적이 있다. 여름에는 그 산길에 차들이 거의 없다. 낑낑 올라갔다가 쌩쌩 내려오는 그 기분이 좋아서 몇 번 했는데, 어느 순간 퍼뜩 이런 생각이 들었다. 내리막길을 달리다 갑자기 장애물이 나타나면, 돌멩이 하나라도 굴러와 있으면, 한적한 시골길 교차로에서 차가 정지 표지판을 무시하고 들어온다면, 혹은 음주 운전자가 한눈을 팔다가 나를 친다면, 이 속도로 나가떨어질 경우 부상은 심각할 것이다. 골절은 기본이고, 머리나 목뼈를 다치면 끝이다. 그때부터 겁을 내기 시작했다. 사고가 늘 나는 것은 아니다. 하지만 한 번 날 때 크게 날 수도 있다. 그렇기 때문에 사고(accident)다.

미치의 말이 이해가 되었다. 이 나이에 사고 나면 힘들지. 그래서 나도 훈련은 거의 실내에서만 한다. 밖에서 자전거를 타는 경우는 초보에게 시범을 보일 때, 날씨가 아주 좋을 때 대회 훈련을 겸해 차량이 없는 도로를 달릴 때, 그리고 실제 대회에 참가할 때다. 대회에서는 주최 측이 교통을 통제해 주기 때문에 차량이나 보행자와 부딪힐 가능성이 거의 없다. 물론 투르 드 프랑스에서처럼 흥분한 관중들이 라이더 바로 옆까지 붙어 응원하다 사고를 내는 경우도 있지만, 우리 같은 아마추어 대회에서는 그럴 일이 없다. 그렇다고 해서 위험이 사라지는 건 아니다. 자전거에서 가장 중요한 '나', 나와 별개의 기계인 '자전거', 그리고 '길'. 이 셋의 조합이 늘 변수를 만든다. 셋이 어긋날 때, 사고는 일어난다. 내가 겪은 가장 큰 사고를 이야기하려면, RAMROD 대회를 말하지 않을 수 없다.

RAMROD

    RAMROD는 Ride Around Mount Rainier in One Day의 머릿글자를 딴 대회 이름으로, 말 그대로 '하루 만에 레이니어산을 일주하기'라는 뜻이다. 보통명사 ramrod는 '쑤셔 넣는'(ram) 쇠막대기(rod)를 뜻하며, 옛날 대포에 화약을 넣을 때 사용하던 막대기에서 유래했다. 이름부터 강렬한 이 대회는 내가 사는 워싱턴주에서 가장 어렵기로 손꼽히는 자전거 라이딩 대회로, 이를테면 자전거계의 울트라 마라톤이라 할 수 있다. 자전거 스핀 클래스에 RAMROD 완주 티셔츠를 입고 나가면 뭣 좀 아는 사람들은 대단하시다고 아는 척해 준다.

    레이니어산은 워싱턴주에서 가장 높은 산이다. 고도는 1만 4,411피트(4,392m)로, 주변 지형 대비 단일 산의 높이를 나타내는 '지형 돌출도(topographical prominence)' 기준으로는 알래스카를 제외하고 미국에서 가장 높다. 시애틀 어디서나 보인다. 이 산의 주위를 도는 데 거리가 162마일(260km), 고도 게인이 1만 피트(3,000m)다. 이 거리를 하루 동안에 완주하는 것이다. 오전 5시에 시작해서 저녁 8시 안에는 들어와야 한다.

　참가 인원은 정확하게 800명으로 제한하기 때문에 추첨을 한다. 10여 년 전 추첨에 떨어졌는데 혹시나 하고 2022년에 신청을 했더니 당첨이 되었다. 2022년 7월 28일. 대회를 앞두고 염려를 많이 했다. 과연 할 수 있을까. 길고 가파르다. 오래 타는 훈련과 올라가는 훈련을 다 해야 했다. 이 모든 것을 실내 자전거로 했다.

　출발점이 집에서 가까운 곳에 있어서 아침에 여유를 부리다 늦어 버렸다. 주차할 자리를 찾느라 시간을 소비하고 출발선에 가서 섰을 때는 이미 거의 모든 라이더들이 다 출발한 뒤였다. 당황하지 않고 침착하게, 페이스를 찾아 잘 달리고 있는데, 선글라스를 차에 두고 온 것을 깨달았다. 아뿔싸. 해가 나면 어떻게 달릴 것인가. 달리는 내내 누가 흘리고 가는 선글라스가 있는지, 혹시 선글라스를 파는 가게가 있는지 살폈으나 없었다. 그래서 하루 종일 눈을 게슴츠레 뜨고 달렸다.

　내 등록번호는 224번. 이 대회는 번호를 등에 붙이게 되어 있고 그 번호는 정확하게 생년월일 순으로 매겨진다. 1번이 최고령자, 800번이 최연소자. 내가 800명 중에 224번째로 나이가 많다. 적어도 223명은 나보다 먼저 태어났다는 말이다. 길에서 만난 222번, 225번 두 여자는 실제로 나와 생일이 앞뒤로 며칠 차이였다. 이 여인들은 엉덩이가 함지박만 하고 살도 접혀져 나오는 사람들인데 나와 앞서거니 뒤서거니 재밌게 가다가 어느 순간 앞으로 사라져 내내 보이지 않았다. 이들은 20년 전부터 RAMROD에 참가했다고 했다. 뭐든지 실력이다.

　등번호를 보면 앞에 가는 사람이 나보다 나이가 많은지 적은지 한눈에 알 수 있도록 해 놓은 대회의 저의는 분명했다. 나보다 젊은 사람을 추월할 때는 기분이 좋고, 나보다 나이가 많은 사람이 나를 제치고 가면 분발한다. 재밌는 대회로구나. 휴게소에서 아침 식사와 물을 주는데 거기서 1번을 달고 있는 참가자를 보았다. 등이 약간 굽은 할아버지로, 80대였다. 이 대회에 열세 번 참가하셨다고. 모두가 존경의 눈으로 쳐다본다. 말을 나누어 본 14번 참가자는 72세였다.

어떤 여성 라이더는 전해에 암 수술을 네 번이나 받았다고 했다. 그런데 불과 한 달 전에는 하와이에서 하프 아이언맨을 완주하고, 또 이렇게 대회에 나온 것이다. 그녀는 내내 웃음을 잃지 않고 신나게 달리고 있었다. 이런 사람들 속에서 자전거를 타다 보면, 영감을 얻지 않을 수 없다.

가파른 산길을 오른 뒤 내리막길을 신나게 달리고 있었다. 겨울에 얼었다가 봄에 녹는 길이라서 아스팔트가 울퉁불퉁하고 파인 곳들이 있다. 옆에서 달리는 어떤 라이더는 장착해 놓은 GPS가 떨어졌다. 다시 주우려고 설 수도 없다. '비싼 거 버렸네, 안 됐다.' 그런 뒤에 나는 신나게 달리고 있는데 갑자기 자전거가 이상하다. 속도가 줄고 툴툴거리기 시작한다. 펑크가 난 것이다. 72마일 되는 지점이었다. 내려서 튜브를 갈아 끼우느라고 시간을 소비했다. 나중에 되돌아보니 그때 휴식을 한 것이 오히려 득이 되었다. 그 이후에 별로 힘들지 않았다.

문제는 더위였다. 살인적인 여름 더위에 산을 기어오르는 것이다. 대회 전날 웹사이트를 보니 "경고: 기온이 매우 높다는 예보. 탈수와 열사로 쓰러지지 않도록 수분 섭취. 그리고 긴 양말을 갖고 오시오. 거기다 채울 수 있는 얼음을 주최 측에서 제공합니다."라고 쓰여 있었다. 안 신는 긴 양말을 갖고 나왔다. 30년 전 아틀란타에서 조기 축구를 할 때 신던 긴 양말인데, 이사 다니는 동안 왜 버리지 않았는지 모르겠다. 이날 쓰려고 그랬나 보다.

해가 중천에 오르니 기온이 높아진다. 오르막을 오를 때는 바람도 쐴 수 없다. 고도 게인이 3,000미터가 넘는다. 싣고 가는 물로는 탈수를 감당하기 힘들다. 무엇보다 열사를 피할 수 없다. 주최 측은 과연 20~30마일마다 보급소에 얼음을 무더기로 쌓아 놓았다. 얼음을 양말에 채우고 목에 감았다. 냉기가 목을 두르고 차가운 물이 등과 가슴으로 흘러내리니 더위가 가시기 시작했다. 그다음 보급소까지 갈 동안 얼음은 다 녹는다.

팬티스타킹에 얼음을 담아 두르고 달리는 사람도 있었다. 주최 측의 경고를 못 보고 양말과 스타킹을 가져오지 않은 사람들 여럿이 중간에 포기했다. 내가 어쩌다가 대회 전날 저녁에 웹사이트를 확인했을까. 평소에는 안 하던 일인데. 그런데 그게 정말 내 목숨을 건진 셈이었다.

코스의 거의 정상 부근에는 냇물이 흐르고 바위를 따라 떨어지는 물이 자그마한 폭포를 이루고 있다. 염치 불구하고 신발만 벗고 물속에 뛰어들었다. 폭포를 머리로 맞으며 몸을 식혔다. 눈 녹은 물이니 시원하기야 말할 수 없다. 이렇게 몸을 식히며 자전거를 탔다. 오르막이 있으면 내리막이 있는 법. 오르막에서는 속도를 시속 5마일까지 떨어뜨리며 끙끙대며 오래 올랐는데, 내려갈 때는 시속 40마일까지 찍으며 씽씽 달려간다. 이렇게 RAMROD 첫 대회를 무사히 마쳤다. 2022년 여름이었다.

필름이
끊기다

다음 해에도 혹시나 해서 RAMROD에 참가 신청을 했다. 설마 2년 연거푸 당첨이 될까. 이번에는 후배 의사 백순만에게 같이 하자고 꼬셨다. 나보다 자전거를 더 잘 타는 그도 등록을 했다. 결과는 둘 다 당첨이었다. 그래서 2023년 7월 27일 목요일, 두 번째로 RAMROD에 출전하게 된 것이다.

지난 해의 경험 덕분에 마음에 여유가 있었다. 완주는 문제없었다. 이제 관건은 얼마나 빨리 들어오느냐였다. 예보에 따르면 올해는 기온이 전해보다 낮았다. 물론 선글라스는 잊지 않고 챙겼다. 함께 달리는 친구도 있었고, 모든 것이 완벽했다. 무엇보다 마음이 느긋했다. 첫 해처럼 늦지 않고 제시간에 출발했다. 경치를 즐기며 달렸다. 32마일 지점의 첫 보급소에서 머핀으로 아침을 든든히 먹었다. '오늘도 좋은 날이구나.' 앞서거니 뒤서거니 하던 백을 뒤에 두고 신나게 페달을 밟았다. 그리고… 그다음에 무슨 일이 있었는지는 기억나지 않는다.

앰뷸런스가 와 있었다. 정확히 기억나는 것은 앰뷸런스 안이다. 내가 넘어졌구나. 응급실로 가고 있다고 했다. 손과 발을 움직일 수 있으니 목이나 허리 척추가 상하지 않았고 골절된 곳도 없다. 오른쪽 얼굴과 어깨에 찰과상이 있는 것 외에는 큰 외상도 없다. 헬멧도 깨지지 않았다.

뇌진탕이었다. 자전거에서 떨어지면서 머리를 도로에 부딪힌 것이다. 어떻게 된 일인지 도무지 기억이 나지 않는다. 나중에 들으니 목격자에 따르면, 내가 도로 변에 앉아 있더란다. 의식도 있고 묻는 말에 대답도 하더라고. 하나도 기억이 나지 않는다. 뒤따라온 백이 앰뷸런스가 와 있길래 누가 다쳤나 보니 나더라고 했다. 내가 앰뷸런스에 실리는 것을 보면서 나와 말을 했다고 했다. 내가 괜찮다며 빨리 마저 달리라고 했다는데 그 기억이 가물가물하다.

난생처음 앰뷸런스에 실려 병원으로 가는 동안 내가 자전거 대회에 나왔다는 것, 오늘이 목요일임을 기억해 냈다. 마치 스펀지에 물이 스며들듯 기억이 스르르 돌아오고 있었다. 아내가 집에 있다는 생각이 났다. 아내에게 언제 알려야 하나. 응급실에서 모든 조치가 끝난 후 전화를 할까 하다가 미리 알리는 게 낫겠다 싶어 앰뷸런스 안에서 전화를 했다. 그런데 아내는 내가 다친 것을 알고 있었다! 내가 넘어진 즉시 주최 측이 등록 정보에 있는 비상 연락처를 보고 아내에게 전화를 했던 것이다.

고약하게도 알려 주는 사람은 '아무개가 다쳤는데 의식은 있다.'라고 간략하게만 말했다. 하기야 더 이상의 정보는 알 수가 없었겠지. 내게 여러 번 전화를 했으나 받지 않더란다. 내가 전화할 때까지 거의 1시간 동안 아내는 별별 생각을 다 했다. 내가 사지가 마비가 된 것인지 어디가 부러진 것인지 알 수 없었으니 얼마나 속이 탔을까. 아내는 침착했다. 병원 응급실에서 만나기로 했다.

머리 CT를 찍었다. 뇌 내 출혈이 있는지 확실히 해야 했기 때문이다.

예상한 대로 아무런 이상이 없었다. 그냥 뇌가 속에서 흔들려 의식을 잃은 것뿐이다. 60세, 환갑을 3주 남겨 놓고, 태어나서 처음으로 뇌진탕으로 의식을 잃어 봤다. 과연 오래 살고 볼 일이다. 그리하여 내 인생 두 번째 RAMROD는 중도하차로 끝났다. 수많은 대회에 참가하며 단 한 번도 완주를 놓친 적 없었는데, 이번이 처음이었다. 체력이 부족해서가 아니라, 사고 때문이었다.

전화를 해 보니 닥터 백은 열심히 잘 달리고 있다고 했다. 출발지로 돌아와 아내를 집으로 보내고 자전거를 픽업했다. 주최 측이 수습해서 가져다 놨는데 허브가 심하게 돌아가 있는 것 외에는 크게 고장 난 것이 없었다. 그날부터 정상생활을 하는 데 아무런 문제가 없었다. 하지만 어떻게 해서 그런 사고가 났는지 도무지 기억이 나지 않는다. 기억나는 것은 내가 한적한 시골의 도로를 신나게 빨리 달리고 있었다는 것뿐. 차량이나 다른 자전거와 부딪힌 것도 아니다. 어쩌다 넘어져 떨어진 걸까.

나중에 그 지점에 가 보니 기찻길이 있었다. 기차 레일이 자동차 노면과 같은 평면에 있기 때문에 그 좌우에 홈이 파여 있다. 그래야 기차 바퀴가 구르는 것이다. 오래전에 이런 기차 레일 홈에 자전거 바퀴가 끼어 넘어진 적이 있었다. 그때부터 자전거 레일이 있는 곳에서는 언제나 정신을 차리고 의도적으로 직각에 가까운 각도로 레일을 넘으려고 했다. 홈과 평행하게 가거나 각이 작으면 바퀴가 홈에 낄 수 있기 때문이다. 그런데 RAMROD 레이스를 하는 동안 몸에 힘이 팍팍 나고 날씨 경치 기분 삼박자가 착착 맞아 길에 기찻길이 있는지 모르고 달리던 중에 레일을 비스듬히 건너다가 홈에 바퀴가 끼어 넘어진 것이다.

자전거를 타면 다치는 일은 반드시 있다. 빠른 탈 것 위에 몸이 무방비로 얹혀 있는 형국이라 크게 다칠 수도 있다. 물론 안전 수칙을 준수

하고 조심하면 많은 사고를 예방할 수 있다. 그러나 사고는 의도와 계획과 상관없이 일어난다. 나, 다른 라이더, 차량, 도로의 상태, 날씨 등등 여러 요소들이 얽혀 있기 때문에 언젠가는 반드시 사고가 난다. 그리고 또 분명한 것 하나는, 그렇게 사고를 겪은 사람도 반드시 다시 자전거를 타더라는 것이다. 자전거 좀 오래 탔다는 사람들이 모인 데서 이야기해 보라. 머리와 얼굴의 외상, 각종 찰과상, 각종 골절을 당한 이야기를 신나게 안 하는 사람이 없다.

3종경기를
시작했다

　　　　　　　　　　　서른 넘어 달리기를 시작했고 37세에 처음 마라톤을 했다. 40세가 넘어 자전거를 제대로 타기 시작했다. 수영은 20대 이후 가끔씩 하고 있었다. 3종경기를 해 봐야겠다는 생각이 언제 들었는지 모르겠다. 민들레 꽃씨가 어느 바람에 어디서 불어와 앉았는지 잘 모르는 것처럼 그렇게 시작되었을 것이다.

　먼저 3종경기(triathlon)라는 것이 무엇인지 정확히 알고 가자. 수영, 자전거, 달리기 세 종목을 이 차례대로 연이어 하는 것을 3종경기라고 한다. 각 종목의 거리는 여러 조합이 가능하다. 대회를 여는 주최 측이 마음대로 정할 수 있다. 그런데 오랜 세월 동안 대체로 몇 가지로 추려졌다. 그냥 유행 따라 이렇게 된 것이라 생각하면 된다. 많이 열리는 대회들은 짧은 순서대로 스프린트(sprint), 올림픽 3종, 하프 아이언맨, 아이언맨이다.

　이 외에도 더 짧게, 더 길게, 각 종목의 거리를 바꿔서 엿장수 마음대로 늘이고 줄일 수 있다. 그러나 같은 물건이라도 시중에 많이 팔리는 상표가 있듯이, 요즘 3종경기는 보통 네 대회가 시장을 대부분 점유하고 있다. 각 대회의 거리를 살펴보자. 수영-자전거-달리기 순이다.

    스프린트: 750m(0.5mile)-20km(12.4mile)-5km(3.1mile)
    올림픽: 1.5km(0.93mile)-40km(25mile)-10km(6.2mile)
    하프 아이언맨: 1.9km(1.2mile)-90km(56mile)-21.1km(13.1mile)
    아이언맨: 3.8km(2.4mile)-180km(112mile)-42.2km(26.2mile)

이 거리를 보면 알겠지만 올림픽은 스프린트의 두 배다. 올림픽 3종이라는 이름이 붙게 된 것은 2000년 시드니 올림픽에서 3종경기를 최초로 정식 종목으로 채택했는데 그때 수영-자전거-달리기 거리가 1.5km-40km-10km였기 때문이다. 올림픽 3종은 그래서 국제 표준 대회라 불리기도 한다.

  Ironman(아이언맨), Half Ironman(하프 아이언맨)이라는 것은 특정한 등록상표 이름이다. 누군가가 3종경기를 이렇게 해 보자 생각해서 만든 대회다. 그러니 이 대회의 각 종목의 거리는 누군가가 임의로 정한 것이다. 하프 아이언맨에서 달리는 거리는 하프 마라톤 거리이고, 아이언맨은 풀 마라톤 거리이다.

  아이언맨은 총 140.6마일이고, 하프 아이언맨은 딱 그 절반인 70.3마일이다. 그래서 요즘은 하프 아이언맨을 Ironman 70.3이라 부르기도 한다. 반이라는 말을 빼고 그냥 철인이라 부르는 것은 현명한 상술이다. 어쨌든 아이언맨이라는 대회가 인기가 있어서 세계 3종경기 시장을 지배하게 되자 사람들은 '3종경기' 하면 아이언맨, 즉 철인을 생각하게 된 것이다. 다시 말하지만 Ironman은 상표다. 마치 우리 어렸을 때 인공조

미료 하면 미원이라고 했고, 미국에서 휴대용 티슈를 크리넥스라고 부르듯, 특정 상표가 일반 명사화된 것이다.

한국에서는 일반적으로 3종경기를 '철인3종'이라고 부른다. 한국에서 보통 철인3종이라고 하는 경기들은 대부분 올림픽 3종이다. 예를 들어, 오세훈 서울시장이 완주한 '철인3종'은 올림픽 3종(1.5km-40km-10km)이었다. 문자 그대로의 철인, '진짜' 철인, 혹은 '원조' 철인이라 할 수 있는 Ironman은 위에 말한 대로 3.8km-180km-42.2km이다.

이 코스를 완주하고 결승선에 들어올 때, 아나운서가 주자의 이름을 부르며 "Dennis Kim, you are an ironman!"이라고 소리친다. "데니스 김, 당신은 철인입니다!"라는 뜻이다. 그게 원래 철인이다. 이런 아이언맨(Ironman) 대회를 완주한 사람이 보기에는 그보다 훨씬 짧은 올림픽 3종을 완주한 사람에게도 똑같이 철인이라는 호칭을 붙이는 것이 왠지 불합리하다는 느낌이 든다. 비슷한 예로, 앞에서 말한 대로 마라톤 하면 풀 마라톤이지 5K나 10K는 마라톤이 아니다. 그런데 어떤 사람들은 길게 달리는 것을 다 마라톤이라고 부른다. 이런 것과 마찬가지다. 물론 크게 중요한 것은 아니다. 그냥 확실히 용어의 정의는 하고 지나가자는 뜻일 뿐.

세계 3종경기의 대명사가 된 아이언맨 대회의 유래에 관해 이런 전설을 들은 적이 있다. 하와이에 수영 선수, 사이클링 선수, 육상 선수 세 친구가 있었는데 각자 자기가 하는 스포츠가 최고이며 가장 어렵다고 뻐겼다고 한다. 그래서 셋이 의논하기를, 그 모든 것을 함께해 보자고 해서 시작되었다는 것이다. 전설이다. Ironman 웹사이트에 나오는 공식 역사에 따르면, 캘리포니아에 살다가 하와이로 이사를 간 부부가 시작한 대회라고 한다. 마지막 달리기가 마라톤 거리인 것은 이해하겠는데,

수영과 자전거는 어째서 그런 거리가 나왔는지 모르겠다. 앞에 말한 대로 엿장수 마음이다.

1978년, 처음으로 하와이에서 Ironman 대회가 열렸다. 1980년부터 이 대회가 ABC 방송을 타기 시작했고, 1982년에 참가자 중 줄리라는 여대생이 결승선 몇 미터 앞에서 쓰러진 후 기어서 결승선을 넘어가는 극적인 모습이 방영되자 Ironman 대회는 명실공히 인간의 한계에 도전하는 극한의 대회라는 강렬한 인상을 남기게 되었다. 그 이후 3종경기는 들판의 불길처럼 퍼지기 시작했다.

이 대회를 개최하고 주관하는 회사는 World Ironman Corporation인데, 2015년에 중국의 기업이 매입하여 100% 지분을 소유하고 있다. 현재 세계 50개국이 넘는 나라에서 총 150개 이상의 대회가 Ironman(풀 아이언맨) 혹은 Ironman 70.3(하프 아이언맨)이라는 이름으로 열리고 있다. 선수권 대회는 대개 발상지인 하와이의 코나에서 열린다.

매년 전 세계에 이 대회를 완주하는 사람이 5만 명이 넘는다고 한다. 한 사람이 여러 대회에 참가하기 때문에 절대 숫자는 이것보다 작다. 그래도 엄청나게 많은 것이다. 전에는 운동 엘리트 내지는 괴물 같은 사람들만 완주할 수 있는 대회라고 여겼는데, 문이 넓어졌다. 그 덕에 나 같은 두부살도 참여하고 완주할 수 있게 되었다. 감사한 일이다.

올림픽 3종경기에
처음으로 참여하다

　　　　　　　　　　내가 첫 3종경기에 출전한 것은 만 46세 때다. 올림픽 3종이라는 것이 있다는 말을 들었는데 그런 대회가 내가 사는 동네 아주 가까이서 열리고 있었다. 10km 정도야 아무 때나 부담 없이 달릴 수 있을 정도였고, 자전거도 이미 하루에 100마일(160km)을 타 본 적이 있으니 40km야 식은 죽 먹기였다. 수영 1.5km도 실내 수영장을 30번 조금 넘게 왕복하는 것이니 어렵지 않았다. 문제는 이 셋을 연달아서 한꺼번에 해야 한다는 것이다. 하지만 각 종목을 쉽게 할 수 있을 수준이니 많이 힘들지는 않을 것 같았다. 그래서 선뜻 등록을 했다.

　그나마 가장 걱정된 것은 수영이었다. 야외에서 오픈 수영을 길게 해 본 적이 없었다. 웨트슈트는 바다에서 수영을 해 보려고 오래전에 사 둔 것이 있었다. 늘 그랬듯이 '설마 죽기야 하겠나. 남들 다 하는데.' 하는 생각으로 블랙 다이아몬드(Black Diamond)라는 멋진 이름이 붙은 마을에서 열린 올림픽 3종경기에 출전했다.

　그날은 올림픽 3종경기뿐 아니라, 그보다 짧은 스프린트 3종과 수영·자전거 2종 경기(duathlon)도 함께 열렸다. 등록자들에게 나눠 주는 수영 캡은 종목과 성별에 따라 색깔이 달랐다. 초록, 분홍, 하양, 오렌지, 금색… 이렇게 여러 색으로 구분한 것이다.

아침 공기가 쌀쌀해 몸을 잔뜩 웅크린 채 호숫가에서 출발 신호를 기다렸다. 종목별로 순서를 두어 차례차례 물에 들어가게 한다. 가장 긴 거리인 올림픽 3종경기 참가자들, 그중에서도 남자 부문부터 먼저 출발시켰다.

초록 모자를 쓴 나는 첫 번째 무리 속에서 입수했다. 이 호수는 발을 들이는 순간 바로 수심이 키를 훌쩍 넘는다. 물속은 그림자가 짙어 시야가 캄캄하다. 나는 나름 힘을 내서 스트로크를 이어 갔고, 무사히 앞으로 나아가고 있었다. 그런데 얼마 지나지 않아 핑크 모자를 쓴 무리들이 우르르 몰려왔다. 우리 뒤에 입수한 올림픽 3종 여자들이다. 또 얼마 지나니 하얀색 캡(스프린트 남자)이 몰려와 나를 지나가고, 그다음은 오렌지색(스프린트 여자)들이 몰려와 패스하고…. 이런 식으로 여러 그룹이 나를 패스해 갔다.

나는 자전거 코스의 절반도 채우지 않았는데, 벌써 결승선에 들어오는 사람들이 있었다. 기록에 신경을 쓰는 엘리트 선수들이다. 이런 사람들이 있는가 하면, 나처럼 완주를 목표로 하는 초심자들도 있다. 그리고 모든 장거리 경주에는 언제나 나보다 느린 사람이 한두 명쯤은 있다. 자전거를 마친 뒤, 10km를 가볍게 달렸다.

금방 끝났다. 올림픽 3종이 좋은 것은 크게 고되지 않다는 것이다. 각 종목마다 쓰는 근육이 다 다르기 때문에 피로가 덜하다. 끝나고 나서 기분이 산뜻하다. 하프 마라톤을 열심히 뛴 것보다 힘이 덜 든 느낌이다. 이렇게 첫 3종경기를 즐겁게 마쳤다.

하프 아이언맨 출전기

　　　　　　　　　　모든 것이 그렇듯이 익숙해지면 조금 더 나아가고 싶은 마음이 생기는 법. 다음 해에는 하프 아이언맨(Ironman 70.3)에 출전했다. '이러다가 아이언맨까지 가는 거 아니야?' 하는 생각이 들었지만 그건 그때 가서 생각하기로 하고 일단 하프에 등록했다.

　시애틀 북쪽에 위치한 도시 에버렛(Everett)의 레이크 스티븐스(Lake Stevens)에서 열린 이 대회는 공교롭게도 날짜가 딱 내 생일에 걸렸다. 나름 의미 있는 생일이 된 것이다. 그렇게 만 47세가 되는 그날에 하프 아이언맨에 출전했다. 주말에 차로 가면 1시간 좀 넘는 가까운 곳이지만 편안한 경기를 위해 근처 호텔에 투숙했다.

　하프 아이언맨의 수영 거리는 1.9km로, 올림픽 3종의 1.5km와 큰 차이가 나지 않는다. 새벽에 힘차게 물속으로 들어갔는데 패닉을 겪었다. 앞에서 말한 대로 옥외 수영이나 3종경기를 해 본 사람들은 누구나 다 한 번은 겪는 일임을 나중에 알았다. 무라카미 하루키의 책에서 읽은 것이다.

어쨌든 수영 초반에 찾아온, 이름도 정체도 몰랐던 패닉을 무사히 극복하고 물에서 나와서 자전거를 탔다. 주최 측은 경기 시작 전에 참가자들 종아리에 매직 펜으로 나이를 쓴다. 뒤에서 보면 앞 사람이 몇 살인지 알 수 있다. 연령별로 기록 순위를 매기기 때문이다. 내 앞에 가는 사람이 내 연령대의 사람이라면, 예를 들어 45~49세 그룹이라면 그 사람을 추월해야 내 순위가 올라가는 것이다. 순위에 전혀 관심이 없이 그저 완주만을 목표로 하는 나에게는 그게 별 상관이 없지만, 그래도 나보다 나이 어린 사람을 추월할 때의 통쾌함은 이루 말할 수 없다.

자전거 페달을 열심히 밟고 있는데 내 앞에 하늘색 저지를 입은, 바비인형같이 날씬한 여자가 보였다. 군살이라고는 하나도 없어 보이는 미녀를 앞세우고 자전거를 타게 되다니 이 무슨 행운인가. 구릿빛 늘씬한 종아리에 써 있는 나이는 62! '아니, 세상에 이럴 수가. 어째 나를 앞서 있는 것이냐? 수영을 일찍 끝낸 모양이군. 왕년에 수영 좀 하셨나 보네.' 나이를 알고 나서는 계속 미녀 뒤를 졸졸 따라갈 생각은 접었다. 이럴 수 없다. 나보다 나이 많은, 그것도 여자를! 수영이야 뭐 그랬다 치고 자전거부터는 좀 다르겠지. 저 할머니야 내가 가볍게 추월할 수 있겠지. 내가 60세를 넘고 보니 나를 할배라 하면 안 되듯 그녀를 할머니라 부르지 않을 것이다. 그러나 그때는 그랬다.

힘차게 페달을 밟아 추월하며 인사를 했다. 얼마를 가다 보니 그 바비인형이 다시 나를 앞선다. '햐, 요것 봐라. 왜 이러시나.' 다시 페달을 빨리 밟아 앞섰다. 흘끗 보니 살짝 미소를 짓는 듯. 오늘 재미있겠구나. 그러나 문제는 바비인형은 가볍게, 힘도 들이지 않고 자전거를 타는 것처럼 보이는데 나는 있는 힘을 다해 페달을 밟고 있다는 것이었다. 곧 숨이 차고 지쳤다. 어떤 조그만 바위산이 보이는 완만한 오르막에서 다시 할머니가 나를 앞선다. 어, 이러면 안 되는데. 속으로 기합을 넣어 가며 페달을 밟았으나 거리는 좀처럼 좁혀지지 않는다. 미치지 못함, 역부족이라는 말을 몸으로 느끼는 순간이었다. 결국 그 바비인형은 시야에서 사라지고 다시는 보이지 않았다.

마라톤이든 3종경기든 장거리 대회에서는 이런 일이 다반사다. 나이도 나보다 많은데, 체구도 나보다 큰데, 여자인데, 그래서 그러면 안 되는데…. 나보다 잘 달리고 빨리 골인하는 사람들이 있다. 그러니 겸손할 수밖에 없다. 그날의 바비인형은 아마 젊은 시절부터 꾸준히 운동을 한 사람일 것이다.

그날 하프 아이언맨의 가장 큰 기억은 더웠다는 것이다. 원래 시애틀 지역 여름은 심하게 덥지 않다. 맑은 날이 계속되고 비교적 시원한 여름은 시애틀의 천국이다. 그런데 가끔 심하게 더운 날이 있는데 하필 그날이 그랬다. 해가 하늘 높이 올라오니 까만 아스팔트가 끓기 시작한다. 찻길에 서 있기만 해도 익을 것 같은 살인적인 더위다. 간혹 내리막길에서 불어오는 바람도 뜨겁다. 그럴 리야 없겠지만 아스팔트에 닿는 타이어가 녹을 것 같다. 그래서 길 위에 그어진 하얀 차선을 따라 자전거를 몰았다. 그만큼 더웠다.

수영 때 패닉을 겪었고, 열댓 살 연상의 바비인형에게 추월당했고, 죽도록 더웠다는 기억으로 남는 생일날의 하프 아이언맨을 무사히 완주했다. 나중에 깨닫게 된 것이지만 하프 아이언맨을 했다는 말은 아이언맨을 하게 될 것이라는 뜻과 다르지 않았다. 중학교에 간다는 것은 고등학교에 갈 예정이라는 뜻인 것처럼. 대전, 대구를 찍으면 부산으로 빠져야 하는 것처럼. 아이언맨이 먼저고 하프는 그쪽으로 가는 길이었다고 할 수 있다. 용어를 보라. 짧은 것을 아이언맨, 긴 것을 더블 아이언맨이라 하지 않는다. 아이언맨이 먼저고 거기에서 나온 것이 하프 아이언맨이다. 다시 말해, 하프 아이언맨 속에는 이미 아이언맨이라는 목적지가 내포되어 있었던 셈이다.

첫 아이언맨에
참가하다

하프 아이언맨을 한 번 하고 아이언맨에 나간 것이 3년 후였다. 씨는 심겨졌지만 자신이 없었던 것 같다. 그러나 방향은 이미 정해져 있었다. 내가 사는 곳에서 가장 가까운 아이언맨 대회는 바로 아이다호(Idaho)주의 코딜레인(Ceur D'Alene)에서 열리고 있었다. 워싱턴주의 동쪽에 있는 아이다호주는 감자로 유명하다. 한국 강원도 감자바우처럼 아이다호의 고랭지에서 나오는 감자들이 전국의 시장에 쫙 깔려 있다. 지도에 집의 굴뚝처럼 보이는 이 주의 북서쪽 코너에 코딜레인이 있다. 내가 사는 곳에서 자동차로 5~6시간 걸리는 곳이다. 거리는 딱 좋다.

나는 2013년, 만 50세가 되던 해에 처음으로 아이언맨 대회에 참가했다. 늘 그랬듯, 먼저 등록부터 해 놓고 '참가비도 냈으니 본전은 뽑아야지.'라는 생각으로 훈련 계획을 세웠다. 풀타임으로 일하면서 훈련하는 건 분명 쉽지 않지만 불가능한 일은 아니다. 시간을 잘 관리하면 된다. 다른 잡다한 일을 줄이고, 그 시간을 운동에 쓰면 된다. 그렇지만 인생이 어디 계획대로만 흘러가나. 시급하고 중요한 일, 의미 있는 일들이 언제나 우리 시간을 차지한다. 해야 할 일은 늘 많다. 문제는 그 무렵 내가 다른 일에 관심을 갖게 되었다는 것이다. 그것은 집 수리였다.

    나는 목수들에 대한 부러움과 존경의 염을 늘 가지고 있다. 자기 손으로 집을 지었다는 사람을 나는 숭배한다. 나도 언젠가는 내 손으로 집을 지어 보겠다는 꿈은 감히 못 품지만, 집을 수리하고 꾸미는 일의 일체를 내손으로 하는 것이 나의 로망이다. 내가 생각하는 남자다움에는 건축과 목수의 일을 잘하는 것이 포함되어 있다. 물론, 여자는 요리를 잘해야 한다는 생각이 잘못된 것처럼, '진짜 사나이'라면 못을 박거나 콘크리트를 치는 일을 잘해야 한다는 것도 사실이 아니다. 하지만 적어도 내 기준에서는 그렇다고 믿었다. 젊을 때 못 해 본 일들이라 더 그랬다. 나는 모든 학생들이 목공, 건축, 배관, 전기, 자동차 수리 등의 일을 배워야 한다고 생각하는 쪽이다. 살아 보니 학교에서 가르치는 대부분의 과목들은 실생활에서 쓸 데가 없다. 손으로 하는 일들이 더 실용적이고 가치가 있다. 그래서 울타리를 세우거나 페인트칠을 하거나, 클리닉에 캐비닛을 다는 일까지 내 손으로 해 왔다.

    집 여기저기 수리할 것이 눈에 띄었다. 집안 전체 페인트칠을 다시 했다. 부엌 찬장을 바꾸는 것과 집안 카펫을 마루로 바꾸는 것은 아내의 결사반대로 목수를 불러서 했다. 전문가와 비전문가의 차이는 과정의 속도가 엄청 다르다는 것 외에도 결과가 뚜렷하게 다르다. 화장실 두 개 모두 바닥 카펫을 벗겨 내고 타일을 까는 일은 내가 했다. 유튜브로 보니 별것 아니었는데 막상 해 보니 쉽지가 않았다. 수학 문제를 푸는 것처럼 딱딱 맞아 떨어지는 일이 아니라 힘과 요령으로 해결해야 하는 부분들이 많았다.

어쨌건 생전 처음으로 바닥에 타일을, 그것도 다이아몬드 형으로 깔아 놓으니, 시간이 엄청 걸리고 타일을 자르느라 차고에 먼지 많이 쌓였지만 뿌듯했다. 운동처럼 집수리도 하면 늘고 더 하고 싶어진다. 더 강도 높은 일을 찾게 된다. 손에 망치를 든 사람에게는 세상 모든 것이 못대가리로 보인다더니 집에 고칠 것들만 보이기 시작했다.

그러던 중에 한결같이 떠오르는 프로젝트는 집 뒤편의 덱(발코니) 바닥을 다시 까는 거였다. 전 주인이 나무 덱에 카펫을 깔아 놓았는데 비가 많이 오는 이 동네에서는 이끼도 끼고 청소도 귀찮았다. 나는 카펫은 세균의 온상이라 원래 싫어하는 터라서 늘 눈에 걸렸다. 그래서 날 잡아서 모든 카펫을 벗겨 버렸는데, 접착제로 나무에 붙인 것이라 바닥이 보기 흉했다. 이것을 뜯어내고 다시 해야 한다. 나는 한 번도 해 보지 않은 큰 공사다. 게다가 덱이 꽤 넓고 높이 달려 있어서 밖에서 진입하는 것이 쉽지 않다. 일이 많을 것이고, 몸도 많이 써야 할 것이었다.

철인3종과 눈을 맞추자 그것이 마음에서 떠나지 않는 것처럼 덱 수리도 그랬다. 물론 아내는 반대였다. '사람을 불러서 시키면 힘도 안 들고 더 잘할 텐데 왜 그러느냐. 몸을 생각해라. 안 해 본 일을 하면 병이 난다.' '아 괜찮아, 내가 할 수 있어. 내가 학벌이 얼만데 이런 일을 못하겠어?' '학벌과 이게 무슨 상관이야?' 이렇게 오손도손 다투는 중에 시간은 가고 덱은 매일 눈에 밟히고. 그러다가 큰 결심을 했다.

이에 관해 구체적이고 시시콜콜한 이야기는 삼가겠지만 2013년 봄에 나는 덱 바닥의 나무를 뜯어내고 합성수지 제품으로 새로 깔고 계단까지 만들어 붙이는 일을 했다. 직장에서 돌아와 틈틈이, 주말은 길게. 아내 말대로 처음 해 보는 일이라 온몸이 골고루 고생했다. 다른 것은 생각할 겨를이 없었다. 누우면 온통 그다음 작업 생각이었다. 아이언맨이 6월인데 그달 초에야 덱이 겨우 완성되었으니 훈련을 제대로 하지 못했다. 하지만 다행히도 그 일을 하는 동안 육체노동을 많이 했다. 자재를 사다가 지고 들고 비탈을 내려가 집 뒤로 부리고 덱으로 올리는 것은 중노동이었다. 이 모든 것을 혼자 했다. 철인이라는 칭호가 있다면 이런 일을 하는 분들에게 주어야 할 것이라고 믿는다.

그래서 훈련보다는 노동으로 단련된 몸으로 생애 첫 번째의 아이언맨에 참가하게 된다. 2013년 6월 23일이었다. 코딜레인 시내가 북적거렸다. 참가자와 가족들까지 1만 명 이상이 이 작은 도시를 찾은 것이다. 이 도시로서는 대목이다. 그 많은 사람들 중에 참가자들은 대번에 알아볼 수 있었다. 대부분 단단하고 날렵하게 생겼다. 풍기는 분위기도 다르다. 허리를 꼿꼿이 세우고 목과 어깨를 펴고 걷는다. 대부분이 백인이다. 도도하면서도 느긋해 보이는 이들은 출전자고 촐랑거리는 사람들은 가족이다. 나는 어떤가. 거울을 보고 싶었다. 어쩌다 내가 여기까지 왔나. 두부살 초로의 동양인인 나도 이들 틈에서 달리면 철인이 되는 건가.

토요일에 자전거 체크인을 하는데 세상의 모든 맵시 있고 날렵한 자전거들은 다 나왔다. 사진으로만 보던 1만 달러가 넘는 자전거들이 줄을 지어 서 있었다. 그 사이에 내 자전거는 소박했다. 희한한 것은 그런 비싼 자전거를 갖고 다니는 자들은 더 여유 있고 자신만만하게 보이더라는 것. 자전거 체크인이 끝나면 밤새도록 경비원이 그 구역을 지킨다. 거기 있는 자전거들의 총액만 해도 수백만 달러다.

한 페이지를 가득 채운 준비물 목록을 챙기는 일부터 신경이 쓰였다. 필요한 것은 빠짐없이, 불필요한 것은 하나도 없이 챙겨야 했다. 트랜지션을 잘해야 하는데, 어떻게 해야 할지 머릿속에서 수없이 도상 연습을 했다. 몇 번이고 상상의 비디오 속에서 시뮬레이션을 반복했다.

토요일 저녁에 참가자 리셉션이 있었다. 탄수화물이 많이 들어간 스파게티 등을 저녁으로 먹으며 주최 측의 환영과 당부의 말을 들었다. 누가 무슨 말을 했는지는 잘 기억이 나지 않는데, 거기서 들은 참가자들의 프로필이 인상적이었다. 아이언맨에 참가하는 사람들은 학력과 평균 소득이 높은 편이었다. 세상 모든 일이 그렇듯 돈 안 드는 게 없다. 자전거도 사야 하고, 웨트슈트도 있어야 하고, 참가비도 700달러가 넘었다. 요즘은 900달러가 넘는다. 가장 많은 직업은 엔지니어. 그 외 여러 전문직, 하이테크 종사자들이 많았다. 여자 3대가 같이 나온 가족도 있었다. 할머니, 엄마, 손녀. 손녀는 18세, 학교 수영선수라 했다. 자랑할 만한 가풍이다.

경기 전 리셉션에 참여한 것은 이번이 첫 번이자 마지막이었다. 그리고 요즘의 대회에서는 대개 그런 리셉션이 열리지 않는다. 문제는 잠인데, 첫 아이언맨에 잠이 올 리가 없다. 걱정이 되는 것은 물론이고, 내일 각 종목 간에 트랜지션은 어떻게 해야 할지 생각하느라고 머리는 계속 돌아간다. 게다가 평소에는 잘 안 먹는 저녁을 먹었으니 (안 먹고는 경주가 힘들다) 배도 부르고. 자는 둥 마는 둥 하고 아침 일찍 일어나 대회장으로 갔다. 아내는 첫 회부터 내내 같이 가서 나를 싣고 출발점에 데려다준다. 새벽잠이 많은 아내는 호텔로 돌아와 다시 자고 하루 종일 혼자 돌아다니다가 끝날 때쯤 결승선에 와서 골인하는 나를 환호하며 맞이하고 사진을 찍고 픽업해 간다. 지난 10년 동안 한결같이 이렇게 했다.

남들이 하는 것을 곁눈질하며 장비를 갖다 놓고 웨트슈트를 입었다. 수영 예상 시간 '2시간 이상' 푯말은 맨 뒤였다. 개회가 선언되고 수영 라인이 움직이기 시작하는데 갑자기 목이 마르다. '이런, 물 마시는 것을 잊었구나.' 긴장을 하니 더 갈증이 난다. 잠시 패닉에 빠지려 한다. 주위를 둘러보니 누가 버린 물병이 있기에 그것을 주워 물을 마셨다.

3종경기 세 종목 중 수영을 하기 전에는 마음껏 물을 많이 마실 수 있다. 화장실 가는 시간이 따로 필요 없기 때문이다. 옥외 수영이 좋은 것은 소변이 마려우면 그냥 내보내면 된다는 것이다. 따뜻한 오줌이 웨트슈트 안에서 배로, 가슴으로 올라오는 느낌이 좋다. 손 안 대고 코 푸는 것보다 더 쉬운 게 옥외 수영 중 자연 방뇨다. 내가 이런 이야기를 하면 아내는 비명을 지른다. '이건 나만 그런 거 아니야. 첫 아이언맨 오리엔테이션에서 전문가가 공식적으로 한 말이야. 그래도 된다고. 오줌의 따뜻함을 즐기라고.'

절반쯤 지나면 수영 동작이 자연스럽게 리듬을 탄다. 해가 떠오르기 시작하는 가운데, 내 스트로크 소리를 들으며 몸을 스치는 물살을 헤쳐 나가는 기분은 직접 경험해 본 사람만이 안다. Runner's High는 널리 알려져 있지만, Swimmer's High도 있다. 하루 종일이라도 수영할 수 있을 것 같은 기분이다. 도버 해협도 현해탄도 건널 수 있을 것 같다. 그런데 혀끝에 혓바늘이 돋는다. 깨어 있는 동안 실시간으로 혓바늘이 돋는 것을 처음 경험했다. 주위는 조용하다. 이 넓은 호수에 나만 남은 느낌이다. '이러다 제한 시간 넘어 탈락하는 거 아니야? 혹시 벌써 종 친 것은 아니야?' 카약을 타고 있는 진행요원에게 묻는다. "내 뒤에 오는 사람 있소?" 노인 자원봉사자가 대답한다. "Plenty! 많아!" 완영할 수 있으니까 걱정하지 말라는 말로 들린다. 안심하고 계속 수영한다.

제한 시간을 충분히 남기고 나왔다. 다행이다. 비틀거리며 걷는다. 트랜지션 텐트에 들어가 천천히 자전거 옷으로 갈아입었다. 자전거 주차장은 텅 비었다. 남아 있는 자전거는 몇 안 된다. 자전거를 타고 출발해서 처음 3~4마일 정도에는 시가지를 지나므로 커브가 많아 조심해야 한다. 시가를 빠져나와 호숫가를 달린다. 리듬을 타기 시작한다. 작전대로 아침을 먹는다. 자전거 셔츠 뒷주머니에 가득 담아 온 쿠키가 입에 짝짝 붙는다. 호숫가 길은 아름답다. 해가 제법 올라와 있다. 싸늘하던 공기가 따뜻해지며 감미롭게 와닿기 시작한다. Rider's High도 분명히 있다. 콧노래가 흘러나온다. 이미 대부분의 참가자들은 앞서 간 터라 길은 한산하다. 초반에 약간의 오르막이 있다. 가다 보면 가끔씩 느리게 가는 사람들이 있다. 추월해서 달린다. 후미에서 시작하는 것의 묘미는 도중에 추월하는 것이다. 내가 추월하는 사람을 세기 시작한다.

아이다호 아이언맨의 자전거 코스는 긴 루프를 두 번 돌게 되어 있다. 길고 가파른 언덕들이 있다. 길의 기울기가 조금만 달라져도 금방 느낌이 온다. 언덕을 오르며 몇 사람을 추월한다. 대부분 고급 자전거를 타고 있는 사람들이다. 현대차로(제네시스, 팰리세이드, 아이오닉이 나오기 전이었다) 롤스로이스나 BMW를 넘어서는 기분이었다.

달리기도 그렇거니와 특히 자전거는 비탈을 금방 느낀다. 간혹 중간에 자전거를 끌고 올라가는 사람들이 있다. 계속 내가 패스하는 사람 숫자를 센다. 오르막에서는 모두가 거북이다. 시속 5마일 밑으로 줄어드는 때도 있다. 그런데 뒤에서 달려오는 놈들이 있다. 코스가 루프로 되어 있으므로 벌써 두 번째 바퀴로 접어든 선수들이다. 오르막도 씽씽 오른다. 한결같이 몸이 가늘고 다리가 긴 젊은이들이다.

달리기도 그렇지만 자전거는 더욱 체중이 중요하다. 투르 드 프랑스에 나오는 세계적인 선수들은 하나같이 말랐다. 체중 1kg만 줄여도 시속이 얼마나 빨라진다던가? 생각만 해도 아찔하다. 체중은 나의 영원한 숙제다. 두부살 체질에 먹는 걸 좋아하는 나는, 아무리 운동을 해도 마라토너나 사이클 선수 같은 체형이 나오지 않는다.

두 번째 바퀴에 자전거 코스 중간지점에 미리 갖다 놓은 보급품 봉지가 있다. 자원봉사자들이 찾아서 갖다준다. 처음 참가하는 대회라 나는 무엇을 넣을지 생각하다가 지미 잔스(Jimmy John's) 샌드위치를 두 개나 넣었다. 내가 원래 먹는 것을 잘 챙기는 타입 아닌가. 나처럼 거창하게 갖고 온 사람 못 봤다.

땅에 주저앉아 샌드위치를 먹었다. 땅에 앉아 먹는 사람은 나밖에 없다. 그래도 어떠냐. 스타일은 중요하지 않다. 쉬는 게 남는 것이다. 지금 쉬어 절약된 에너지는 나중에 쓸 수 있다. 지미 쟌스의 로스트 비프 샌드위치는 꿀맛이다. 뜨거운 여름날 비닐봉지 안에서 상하지 않은 게 다행이다. 남은 샌드위치 하나는 뒷주머니에 넣었다. 내가 추월한 어떤 여자가 '샌드위치 맛있게 보이네요.' 한다. 엄지를 들어 보이며 'Jimmy John's!'라고 했다. 남은 샌드위치는 결국 먹지 않고 버렸다.

첫 대회라 이렇게 많이 준비했는데 참가 횟수가 거듭될수록 보급품의 양이 줄어든다. 소금기가 있는 크래커, 열량을 위한 대추도 보급품 봉지에 있다가 뒷주머니로 옮긴다. 두 번째 루프에서 언덕을 오를 때, 크래커와 대추가 큰 힘이 되었다. 그렇게 첫 대회에서 7시간 37분 동안 자전거를 타며 112마일(180km)을 달렸다. 수영에서는 거의 마지막이었지만, 자전거 구간에서는 제법 많은 사람을 추월했다

나는 늦은 오후에 달리기를 시작한다. 이미 3종 모두를 끝내고 완주한 사람들이 골인했다는 방송을 들으며 나는 그제야 마라톤을 시작하는 것이다. 8시간대에 완주하는 사람들은 도대체 어떤 괴물들인가. 수영을 1시간, 자전거 4시간 30분, 마라톤 3시간. 뭐 한 가지는 그렇게 할 수 있다고 치자. 셋 모두를 연달아 하는데 그 시간에? 어떻게 그럴 수 있나? 그런데 이 질문은 다른 사람들이 나에게 '어떻게 그 세 가지를 다 이

어서 할 수 있어요?'라고 묻는 것과 다르지 않다. 개인의 능력이 그만큼 다른 것이다. 나 정도 수준은 웬만한 사람이면 훈련으로 할 수 있다고 믿는다. 두부살인 내가 이렇게 하고 있으니.

아이다호 아이언맨의 마라톤 코스는 같은 길을 네 번 돌게 되어 있다. 시내를 벗어나 호숫가를 달린다. 경치는 멋있는데 감상할 여유가 없다. 약간의 언덕이 있다. 네 번을 돌다 보니 처음에는 오고 가는 트래픽이 많다. 이미 두세 바퀴를 돈 사람들도 나란히 달린다. 한 바퀴, 두 바퀴 거듭될수록 교통량이 줄어든다. 두 바퀴를 마칠 때쯤 해가 진다. 아침 해가 뜨기 전에 물에 들어갔는데 해가 지고 나서도 나는 계속 이러고 있다. 캄캄해진다. 마라톤은 달밤의 체조가 된다.

마라톤 중간에도 개인 보급품 봉지를 놓아두었다. 조그만 피자 한 판을 통째로 박스에 넣어 놓았다. 언젠가 산악 마라톤을 하는 사람이 중간에 피자를 먹었다는 기사를 읽은 적이 있어서다. 나도 그런 흉내를 내 보고 싶었다. 웬걸. 아무것도 먹기가 싫다. 아니 먹을 수가 없다. 봉지를 받아서 음료만 꺼내고 피자 상자는 만지지도 않고 봉지를 돌려준다. 중간 보급품 봉지는 나중에 모두 버려진다. 내게 봉지를 건네주고 받은 자원봉사자 아이가 분명 나중에 그랬을 것이다. '어떤 사람은 여기 피자를 넣어 뒀더라고. 통째로 다시 버렸어. 낄낄낄'.

음료는 무슨 생각이었는지 콤부차 한 병을 넣었다. 마시면 속이 편할 것 같아서 그랬던 것 같다. 하루 종일 땡볕 아래 부글거리던 병을 여니 거품이 뿜어져 나온다. 좀 마시고 병을 들고 달린다. 달리며 흔들린 까닭에 병을 열 때마다 거품이 나온다. 큰 병 하나를 뛰면서 다 마셨다. 곧 방귀가 나온다. 다행히 사람들이 줄어 주자들이 드문드문 있어서 마음대로 분출할 수 있다. 달밤에 호숫가에서 가스를 붕붕 뿜으며 달린다.

제트 엔진이라면 속도라도 오를 텐데.

세 바퀴를 돌고 네 바퀴째 접어들면 길은 한산하다 못해 적막하다. 중간중간에 가로등이 있지만 어떤 구간은 캄캄하다. 여전히 보급소에는 자원봉사자들이 남아 있다. 코딜레인 시민 전체가 대회 참가자들을 반기는 것 같다. 늦게까지 남아서 음료수와 간식을 건네주며 미소를 보이는 자원봉사자들이 정말 고맙다. 가슴이 뿌듯하다. 10km만 더 가면 끝이다. 여기까지 오다니.

노래를 부르기 시작한다. '사나이로 태어나서 할 일도 많다만'은 기본이다. '태산을 넘어 험곡에 가도 빛 가운데로 걸어가면….' '내가 매일 기쁘게 순례길을 행함은….' 찬송가도 부른다. 입 안에서 흥얼거리던 노래들이 밖으로 터져 나온다. 큰 소리로 부른다. 내가 추월해서 뒤떨어지는 사람들이 엄지를 들어올린다. 힘들어 죽겠는데 노래를 부르며 앞질러 가는 사람이 있다니. 그들의 비애에 내가 한몫하는 것이다. 많은 사람을 추월해서 달린다. 한 사람 추월할 때마다 힘이 더 펄펄 난다. 저 앞에 사람이 보이면 그 사람을 추월할 목적으로 달린다. 난생처음 50세의 나이에 아이언맨을 완주한다는 감격에 다리가 아픈 것도 잊는다. 그저 신나고 감사할 뿐이다. 마지막 3~4마일은 걷는 사람들이 많다. 노래를 부르며 그들을 앞질러 달린다. 지금 와서 생각하면 낯이 좀 뜨끈한데 그때는 너무 감격했다. 소리 내서 노래를 부른 것은 그때가 처음이자 마지막이다.

가장 길게 느껴지는 구간은 마지막 2마일이다. '마일 표시, 제대로 된 거 맞아? 누가 옮겨 놓은 것 아니야?' 그런 생각이 들 정도로 길다. 꼭 누가 일부러 그런 것 같다. 그리고 적막하다. 오리엔테이션을 할 때 진행자가 한 말이 있다. "처음 참가하는 분은 손을 들어 보세요." 손이 꽤 많이 올라간다. 다들 표정이 진지하다. "중간에 포기하고 싶은 생각이 들 때가 반드시 옵니다. 한 가지만 기억하세요. 여기까지 왔습니다. 그냥 한 발 한 발 앞으로만 디디세요. 그러면 끝납니다." 이 말을 듣는데 울컥했었다. 그걸 실천할 때다.

저 멀리 아이언맨 빌리지가 보이는데 마치 먼 항구의 불빛 같다. 시가지에 들어와 결승점으로 다가간다. 길가에 사람들이 점점 많아지기 시작한다. 불빛이 점점 더 밝아진다. 결승점의 아나운서의 목소리가 들린다. 골인하는 사람의 이름을 부르며 "You are an Ironman!"이라고 외친다. 군중의 함성이 들려온다. 마지막 스트레치는 양쪽에 철책이 쳐져 있고 관중들이 소리를 지르며 응원한다. 우아하게 들어가야지. 프로 선수처럼 허리를 펴고 팔을 벌려 들어 올리고 하나도 힘들지 않았던 사람처럼 마지막 100미터를 고함을 지르며 달린다. 나의 고함에 관중들이 더 크게 소리를 지른다. 아내가 보인다. 뒤에서 누가 달려 들어온다. 추월당하지 않으려고 마지막 힘을 다해 달렸다. 곧 결승점을 넘는다. "Dennis Kim from Auburn, Washington! You are an Ironman!!"

자원봉사자들이 메달을 걸어 주고 칩을 벗겨 간다. 물 한 병을 집어 들고 마시며 시간을 보니 15시간 16분 50초. 17시간 내로 들어오면 철인이라는 칭호를 받는다. 너그럽다. 그 대회는 2,273명이 레이스를 시작해서 2,122명이 완주했다. 나는 전체에서 1,794등을 했다. 1위는 8시간 17분 31초. 17시간 전에 들어온 마지막 주자는 16시간 59분 52초였다. 나보다 빠른 사람들이 많지만 나보다 느린 사람들도 늘 있다. 수영에서 거의 맨 마지막에 들어온 것을 생각하면 자전거와 마라톤, 특히 마라톤에서 선전했다.

아내는 내가 달려 들어오는 것을 보는 순간 울컥 눈물이 났다고 했다. 남편이 자랑스러웠다고 했다. "기어서 들어오는 사람도 있더라고…. 다들 힘들어 보이는데 웃으며 들어오는 것은 자기뿐이더라." 그렇게 두부살이 철인이 되었다.

아이다호 아이언맨에는 두 번 더 참가했고(2014, 2016), 나중에 하프 아이언맨에 친구들 셋을 데리고 와서 상투를 틀어 준 적이 있다(2022). 자전거 코스는 똑같았다. 아이언맨에서는 두 번 돌고 하프 아이언맨에서는 한 번 도는 코스다. 나중에 알게 된 것이지만 아이다호 대회는 어려운 코스에 속한다. 자전거 코스의 언덕 때문이고 무엇보다도 더위가 문제였다.

2016년 대회 때는 정말 더웠다. 바람도 뜨거웠다. 자전거를 타는 8시간 내내 '더워도 더럽게 덥다.'는 느낌으로 달렸다. 그 살인적인 더위 때문에 중간에 포기한 사람들도 많았다. 찾아보니 2016년에는 포기율이 14%였다. 날씨 때문이다. 나의 첫 대회인 2013년 대회는 포기율이 6%였다.

그런데 역설적으로 2016년에 그때까지 중에 제일 좋은 기록을 세웠다. 그해에 세상을 떠난 강종형 선배를 추모하며 사진을 셔츠에 프린트해서 입고 달렸다. 운동 선수였던 종형 형님. 나를 처음으로 산에 데리고 가며 좋아라 하던 인자한 그분의 기억이 나를 밀어 주었다.

마라톤이나 장거리 자전거 경주에서는 날씨가 매우 중요한 변수다. 햇빛, 바람, 비, 흙. 그리스인들이 생각하던 4원소(elements), 동양의 지수화풍(地水火風), 그 원초적인 환경에서 최소한의 옷으로 몸을 감싸고 서서 달리는 나. 이보다 더 원시적이고 낭만적이고 처절할 수 없는 것이 3종경기다.

기후 변화 때문인지 아이다호 대회는 점점 더 더워졌다. 해마다 6월에 열리는 대회인데 2015년은 포기율이 18%였다. 내가 다니는 자전거포 직원이 참가했다가 더워서 포기했다. 2016년은 14%, 2017년은 15%로 중도 포기율이 고공행진을 한다. 더위 먹고 쓰러진 사람들이 많았다. 그래서 그런지 2017년 이후 아이다호 아이언맨은 중단되었다. 나로서는 집에서 가까운 대회가 없어진 것이 애석했다. 나만 그런 것이 아니었는지, 워싱턴·오리건·캘리포니아 선수들의 염원으로 2021년 이 대회가 다시 열렸다. 그런데 웬걸, 그해의 중도 포기율은 무려 21%! 다섯 명 중 한 명이 포기한, 엽기적인 대회가 되고 말았다. 그리고 2023년 이후 이 대회는 역사 속으로 사라졌다.

만 50세가 되던 2013년, 나는 첫 아이언맨 대회에 출전했다. 그 이후 매년 한 번씩은 꼭 아이언맨 대회에 참가해 왔다. 그래서 60세인 환갑 해인 2023년에는 아홉 번째 대회를 치르게 된 것이다. 횟수가 비는 이유는 2020년에는 COVID-19로 전국에서 단 한 건의 대회도 열리지 않았고, 2021년에는 캘리포니아 새크라멘토 대회가 폭우로 취소되었기 때문이다.

캐나다 휘슬러에서
열린 아이언맨

2013~2014년 연달아 아이다호에 참가하고 나서 2015년은 해외로 진출했다. 하긴 바다를 건너지 않았으니 해외는 아닌 건가? 그해에는 캐나다 아이언맨이 휘슬러에서 열렸다. 동계 올림픽 스키 대회가 열린 이곳도 집에서 차로 갈 수 있는 곳이다. 여름에도 관광객이 많다. 산이 높아 시원하다. 건물들은 이국적이다. 호텔 상가 식당들이 즐비한 빌리지를 걸어 돌아다니는 것도 재미있다. 이런 일류 휴양지에서 아이언맨을 하는 호사를 누리게 된 것이다.

대회는 일요일에 열리고 아내와 나는 여느 때처럼 목요일 오후에 도착했다. 그런데 호텔에 와서 짐을 확인해 보니, 가방 하나를 통째로 안 가지고 왔다. 웨트슈트, 자전거 헬멧, 자전거 신발 등 필수 품목들이 없었다. 잠시 패닉에 빠질 뻔했다. 집에 다시 갔다 오려면 왕복 12시간, 하루가 다 간다. 아내는 다 새로 사라고 한다. 어떻게 할까 하다가 집에 있는 아이들에게 전화해서 갖다달라고 했다. 아이언맨 빌리지에서 파는 물건들은 가격이 턱없이 높을 뿐 아니라 내가 쓰던 것을 써야 편할 것 같았다. 그래서 아이들에게 민폐를 끼친 것이다. 국경을 넘어 여기까지 왔다 가려면 아이들도 12시간을 운전해야 한다. 중간에 만나기로 했다. 우리가 국경을 넘어 미국으로 돌아가 어느 중간에서 만났다. 은별이와 바위가 함께 내가 두고 온 가방을 가지고 왔다. 귀찮은 기색도 보이지 않는 고마운 녀석들. 아이들을 돌려보내고 다시 국경을 넘어 휘슬러로 돌아왔다.

휘슬러 산이 속한 캐나다 브리티시 콜럼비아(British Columbia)에는 산악 호수들(alpine lakes)이 많은데 흔히 사진에서 보는 옥색의 호수들은 빙하가 녹은 물이라 차가워서 수영할 수 없다. 대회가 열리는 호수는 물이 훨씬 따뜻한 곳이다. 물 색깔은 짙게 보인다. 통상 줄 서서 차례로 들어가는 다른 대회와는 달리 여기서는 참가자들을 물에 들어가게 해놓고 시작한다. 잠시 당황했다. 물에 들어가서 출발을 기다리려면 좀 떠 있어야 하는데 그동안 에너지가 소비되지 않을까. 다행히 그러지는 않았다. 그날 수영 기록이 좋았다. 단지 센 바람에 호수에 물결이 일어 부표가 잘 보이지 않은 때가 있었다. 수면의 눈높이로는 조그만 물결에도 먼 곳의 부표가 가려지기 십상이다.

자전거 코스는 결코 만만치 않다. 아이언맨 대회마다 달리기와 자전거 코스는 세 가지로 분류된다. 플랫(Flat, 평탄), 롤링(Rolling, 완만한 경사), 힐리(Hilly, 비탈짐)이다. 아이다호와 휘슬러의 자전거 코스는 단연 '힐리'에 속한다. 올림픽 스키장 입구까지 자전거를 타고 올라가야 하는데, 고도가 높아 한여름에도 공기가 서늘하다. 곳곳에 긴 오르막이 이어져 체력 소모가 심하다. 나는 처음으로 '과락'을 걱정하며 여덟 시간 넘게 페달을 밟았다.

마라톤 코스에는 약간의 경사가 있다. 달리는 동안 한국에서 온 분들을 만났다. 대구의 동호회에서 왔다는데 리더는 꽤 연세가 있는 분이었고 다른 남자 한 분에 여자분 너덧 명이 왔다. 그들은 매해 아이언맨 대회를 찾아 해외로 다닌다 했다. 대단한 열정이다. 밤에 달릴 때 이 코스는 불빛이 없어 캄캄한 곳이 있다. 뛰다가 보니 대구에서 온 한 여자분이 아무 불빛도 없이 달리고 있길래 갖고 있던 작은 플래시를 주었다. 도움이 되었기를. 그날 오리건에 사는 내 후배 한국인 의사 몇이 참가했다고 들었는데 완주를 못했다고 했다.

캐나다 휘슬러 대회는 2017년에 다시 왔다. 그해는 빠진 물건 없이 다 챙겨 왔고 아이들까지 데려와서 함께 자면서 휘슬러 관광을 했다. 아이들은 내가 아이언맨을 하는 데 와 보지 않는다. 아주 어렸을 때 10K 결승점에는 아내와 같이 나왔었다. 마라톤 초기에는 어릴 때라 따라다니더니 (따라다녀야 했으니까) 학교에 다니기 시작하자 아내와 둘만 다녔다. 아이언맨을 시작할 때쯤에는 '아빠가 또 뭐 하나 보다.' 하는 수준이었다. 어떻게 보면 내 생활 방식이 이렇게 자연스럽게 받아들여지는 것이 내가 잘하고 있다는 뜻이리라. 아이들도 중년이 되면 내가 하던 것을 기억해 내서 스스로 이런 비슷한 일들을 하게 되기를 바란다.

겨울에 스키를 타러 왔었던 휘슬러 빌리지에 가족을 데리고 여름에 왔다. 스키 리프트를 타고 산꼭대기에 올라가 찍은 사진이 아직도 집에 걸려 있다. 산에 올라가면 시원해서 여름 피서로는 아주 좋은 곳이다. 자전거를 타는 사람들이 많다. 스키 빌려주듯 산악자전거를 빌려주는데 그걸 리프트에 싣고 올라와 스키 코스를 타고 내려가는 것이다. '언젠가는 저걸 해 봐야 하는데.' 할 일은 많고 인생은 짧다.

2017년 대회는 7월인데도 몹시 추웠다. 일기예보를 보고 자전거 탈 때 꽤 추울 것 같아 긴 옷을 입은 게 다행이었다. 자전거 코스 정상인 올림픽 스키장 입구쯤에 갔을 때는 정말 추웠다. 가볍게 입고 자전거를 타다가 저체온증으로 쓰러져 앰뷸런스에 실려 가는 사람을 보았다. 어느 대회는 더워서 문제고 어느 대회는 추워서 어렵고. 날씨와 더불어 잘 지내야 한다.

애리조나
아이언맨

애리조나 아이언맨은 평평하기로 이름이 난 대회다. 비탈이 없다. 바로 그 이유 때문에 등록이 어렵다고 했다. 등록을 시작하자마자 매진된다고. 그래서 어떤 사람들은 참가하려는 해 1년 전에 자원봉사자로 참여한다고 했다. 자원봉사자들에게는 다음 해 대회에 참가할 수 있는 우선권을 주기 때문이다. 나는 그 먼 곳에 가서 자원할 수는 없으니, 일반 등록을 해야 했다. 웹사이트에 등록 개시 일자가 나와 있다. 그날 오전 10시, 등록 시작 시간에 맞춰 일하던 도중에 컴퓨터 앞에 앉았다. 미리 정보를 다 입력해 놓고 기다리다가 10시가 되자마자 확인 버튼을 눌렀다. 등록에 성공했다. 역시 사람은 부지런해야 한다.

비행기를 타고 가야 하니 자전거 운반이 문제였다. 자전거를 배달해 주는 서비스가 있었다. 온라인으로 등록해 놓고 지정된 근처 자전거포에 갖다 주면, 이 회사의 트럭이 전국을 돌면서 자전거를 픽업해서 대회 개최지에 갖다주는 것이다. 참 별 사업이 다 있구나. 가격은 꽤 비싼 편이지만 다른 좋은 방법이 생각나지 않아서 그렇게 했다.

2018년 11월. 추수감사절 바로 전 일요일에 대회가 열렸다. 피닉스(Phoenix) 근처 템피(Tempe)에 있는 애리조나주립대학 옆에 아이언맨 빌리지가 차려졌다. 고속도로를 달리다 보면 사막의 민둥산을 배경으로 애리조나주립대학 풋볼 스탠드가 우뚝 솟아 있는 게 인상적이다.

가장 평탄하기로 이름난 이 대회에서 나는 고전했다. 기록을 보니 내가 참가했던 모든 아이언맨 대회에서 가장 낮은 기록이다. 자전거 코스가 평탄하다고 무리했던 것 같다. 자전거에서 내리니 달릴 수가 없었다. 이런 경우는 없었다. 처음 1.5마일은 계속 걷기만 했다. 그러고 나자 겨우 다리가 풀려서 달릴 수 있었다. 달리는 내내 힘들었다. 기록을 보니 자전거 기록은 좋은데 마라톤 기록이 최악이다. 자전거에서 무리했고, 쉬운 코스라 생각해서 훈련도 적었다. 한마디로 힘들었다.

더구나 고약한 것은 내가 그날 아이언맨에 나가는 것을 친구들이 알게 된 것이다. 나는 혹시, 어쩌다가, 만에 하나, 원숭이가 나무에서 떨어지는 확률로, 완주하지 못하는 상황이 생기면 막말로 쪽팔리니까, 경기 전에는 친구들에게 알리지 않고 끝나고 나서야 알렸다. 다행히 완주를 못 한 대회는 한 번도 없었다. 그런데 이번에는 어쩌다 기밀이 샜는지 캘리포니아에 사는 권세경이 그 사실을 알게 되어서, 내가 애리조나 아이언맨에 참가하고 있다고 동창 밴드에 광고를 한 것이다. 친구들의 관심과 응원이 시작됐다. 식구들과 함께 깨어 컴퓨터 앞에 앉아 나의 완주를 응원한 친구들도 있었다고 했다. 아이언맨 경기에서는 참가자 번호만 알면 실시간으로 위치를 알 수 있다. 응원을 하러 마중 나오는 가족과 친지들을 위한 것이다. 그런데 세경이는 그걸 어떻게 알아냈는지 실시간으로 나를 추적하며 밴드에 중계를 시작한 것이었다.

이왕 이렇게 된 거, 나는 달리면서 사진을 찍어 전송했다. 아이언맨

경기 중에는 사진을 못 찍게 되어 있는데 마라톤을 하는 밤중에는 누구 볼 사람도 없다. 코스의 경치 사진을 보내고 내가 지금 헉헉거리고 있다는 멘트도 전송했다. 현재 위치와 결승점 도착 예상시간이 시시각각 동창 밴드에 중계되는 가운데 나는 달리기 막판에서 힘들게 허덕였다. 예상 시간은 점점 늦어지고 친구들은 궁금해 하고…. 지금도 기억나는 죽을 맛 나는 마라톤 길이었다. 그러나 결승선을 넘을 때는 우아하게, 양팔을 벌려 높이 들고 늘 그렇게 달린 것처럼 만면에 미소를 띠며 들어왔다.

기록은 최악이었다. 평탄하기로 이름난 이 대회가 나에게 가장 어려운 대회가 되다니. 문제는 코스가 아니다. 나 자신이다. 언덕도 많고 폭염 속에서 달려야 했던 아이다호 대회에서 내 최고 기록이 나왔고, 평탄해서 쉽다는 애리조나에서 최악 기록이 나왔다. 삶도 이와 같은 것인가? 평탄하다고 저절로 쉽게 되는 것이 없고 가파르다고 실패하는 것도 아니다.

집에 돌아와 추수감사절을 보내고 일요일에, 그러니까 아이언맨 바로 일주일 후에 시애틀 마라톤에 참가했다. 방학으로 집에 오는 딸 은별이가 하고 싶다고 해서 미리 등록을 해 놨던 것이다. 딸이 같이 하자는데 어느 아버지가 마다할 것인가. 시애틀 마라톤은 오래전에 자주 참가했던 대회였는데 코스가 바뀌어서 새로운 느낌이었다. 은별이와 나란히 달렸다. 그때의 경험은 앞에 썼다.

나중에 애리조나에 다시 돌아왔다. 이 책의 프롤로그로 쓴 참가기가 2023년 애리조나 아이언맨, 그러니까 만 60세가 지나서 참가한, 아홉 번째 아이언맨 대회다. 기록은 향상되었다. 그런데 아직도 갈 길이 멀다. 아이다호 세 번, 캐나다 휘슬러 두 번, 애리조나 두 번, 나머지 둘은 캘리포니아였다. 아홉 번 모두 서부 대회였다. 동부로 가면 거리도 멀거니와 시차 때문에 힘들 것 같아서 고려하지 않았다.

캘리포니아 아이언맨

2019년, 나는 캘리포니아 산타 로사(Santa Rosa) 대회에 참가했다. 마침 그곳에 처남이 살고 있어, 숙소 문제는 덕분에 손쉽게 해결됐다. 낯선 대회에서 가장 큰 걱정거리 중 하나를 미리 내려놓은 셈이었다. 문제는 자전거인데 다시는 운송회사를 이용하고 싶지 않았다. 돌아온 자전거 타이어가 펑크가 나 있었기 때문이었다. 미치가 사용하던 트라이바이크였는데 튜브식이 아니라 타이어 전체가 드럼에 접착제로 붙어 있는 것이라 쉽게 움직일 수 없어서 자전거포에서 수리를 해 주어야 했다.

그래서 이번에는 자전거를 현지에서 빌리기로 했다. 인터넷에서 자전거를 대여해 주는 현지 자전거포를 찾으니 과연 있었다. 자전거포는 아이언맨 빌리지 바로 앞이었다. 내 자전거가 아닌 다른 자전거를 타야 한다는 부담이 있었지만, 트렉(Trek) 신형 모델은 가볍고 성능이 뛰어났다. 한때 랜스 암스트롱(Lance Armstrong)이 전속 모델로 활동했던 회사다. 자전거포에서 내 체형에 맞춰 길이와 높이를 조정해 주었기에

경기 내내 전혀 불편함이 없었다.

이때부터 경기 전날인 토요일에는 관광보다 낮잠을 택하는 습관이 생겼다. 포도주로 유명한 나파 밸리의 시골길을 달렸고, 결승선에서는 처남 가족이 밤늦게까지 나와 응원해 주었다. 여러모로 기억에 남는 좋은 대회였다. 2020년은 COVID-19로 아무 대회도 열리지 않았다. 2021년 다시 캘리포니아로 갔는데 개최지가 산타 로사에서 새크라멘토(Sacramento)로 옮겨져 있었다. 새크라멘토는 캘리포니아주의 수도다. 2021년은 개인사의 중한 사연으로 유독 훈련을 못 했던 해였다. 아내는 걱정을 했지만 나는 해야 했다. 그런데 초반부터 버벅거릴 일이 생겼다. 목요일 저녁 비행기를 타는데 비행기 시간이 3~4시간 늦어지는 바람에 밤늦게 호텔에 도착한 것이다.

이번에도 자전거를 현지에서 빌렸다. 새크라멘토는 자전거 대여해 주는 유일한 자전거포가 15마일 떨어진 곳에 있었다. 그것도 괜찮았다. 이번에도 트렉 신형 자전거를 빌려 몸에 맞추고 시내 코스에 가서 시운전을 해 보고 만반의 준비를 끝냈다. 캘리포니아에 7년 살면서도 가 보지 않은 본 주청사 견학을 가서 아놀드 슈와제네거(Arnold Schwarzenegger: 근육질의 터미네이터 슈와제네거는 2003년부터 2011년까지 캘리포니아 주지사였다.) 초상화 앞에서 사진을 찍고 주 상원과 하원 회의장도 견학했다. 마음이 편안했다.

그런데 갑자기 비가 내렸다. 일기예보는 불길했다. 폭우가 온다고 했다. 비가 그치지 않는다. 자전거 체크인도 마쳤다. 실시간으로 아이언맨 웹사이트를 지켜보았다. 경기는 예정대로 열리게 된단다. 홍수 소식이 들려왔다. 오랫동안 캘리포니아는 가물어서 몇 년 동안 여름마다 큰 산불도 났었고 늘 물이 없다고 난리였는데, 반가운 비가 억수로 쏟아지는 것은 좋았다. 하지만 하필 대회 날짜에 맞춰 내리다니. 두보의 시구에 "좋은 비는 때를 알고 내린다(好雨知時節)."고 했지만, 이건 도대체 무슨 비람?

자정쯤에 주최 측은 자전거 코스를 반으로 줄인다고 발표했다. 비에 젖고 물이 고인 도로에서 자전거는 자칫하면 살인 틀이 될 수도 있다. 다행이로구나. 훈련이 부족했는데 이런 복이 따르는구나. 아침에 일어났는데 여전히 비가 내린다. 아내가 차를 운전하여 경기 본부인 새크라멘토 시내의 야구장으로 향했다. 여기서 참가자들을 스쿨버스에 태워 수영 출발지까지 운송하는 것이다. 참가자들이 타고 온 차량들과 스쿨버스들로 경기장 주위는 번잡한데 비까지 오니 어수선하기 짝이 없었다.

비를 맞으며 웨트슈트와 옷 봉지들을 들고 야구장으로 들어갔다. 젖은 몸으로 웨트슈트를 입을 생각을 하니 기가 찼다. 이미 웨트슈트를 입고 있는 부지런한 사람들도 있었다. 악천후 속에 오늘 고생 좀 하겠다고 생각하고 있는데 웅성거리는 소리가 들린다. 경기요원들이 돌아다니며 소리를 지른다. 오늘 경기가 취소되었다는 것이다. 폭우 때문에 참가자들의 안전을 보장할 수 없어서 경기가 취소되었다고. 거의 모든 참가자들이 이미 야구장에 들어와 있는데. 막판에 내린 결정이었다.

주최 측은 얼마나 고심했을까. 이런 대회는 한 번 치르는 데 드는 경비가 어마어마하다. 경기 취소로 드는 경제적 손실이 클 것이다. 참가자의 가족까지 1만 명이 넘는 사람이 여행 비용을 지불했는데. 그러나 이런 날 경기를 강행하면 부상을 당하거나 사망하는 사람도 나올 수 있다. 물이 불어나는 강에서 수영도 문제지만 자전거가 가장 큰 문제다.

그래서 나는 다시 짐을 들고 경기장을 나왔다. 아내는 호텔로 돌아가는 길에 이 소식을 듣고 기수를 돌려 다시 경기장으로 왔다. 비를 쫄딱 맞고 나서 아내를 만나 차에 탔다. "아니 취소할 거면 어제 했어야지, 다 준비해서 아침에 도착했는데 취소하면 어쩌라고." 돌아오면서 아내는 다행이라고 했다. "오늘 했으면 자기는 엄청 힘들었을 거야." 맞다. 최악의 몸 상태였다. 자전거 거리가 반으로 줄었어도 고생을 많이 했을 것이다. 모든 게 은혜다.

주최 측은 체크인한 참가자들을 위해서는 그해나 다음 해 미국에서 열리는 어느 아이언맨이든 참가할 수 있도록 해 주겠다고 했다. 환불은 없다. 나는 다음 해에 다시 새크라멘토에서 참여하기로 했다. 강물에서 물결을 따라 하류로 내려오며 수영한다는 유혹을 떨칠 수 없었고 자전거 코스가 평탄했기 때문이다. 그렇게 2022년 다시 새크라멘토로 갔다. COVID-19 이후 악천후로 2년을 빼먹고 참가하는 대회다. 나는 1년에 한 번씩이지만, 다니다 보면 한 해에 3~4번씩 아이언맨 대회에 참가하는 사람들도 자주 본다. 이런 사람은 중증이고 나는 지극히 정상이다.

이번에는 내 자전거를 가지고 가기로 했다. 분해해서 자전거 캐리어에 넣어 비행기로 부치기로 한 것이다. 아이언맨 대회에 참가하다 보니 그런 사람들이 있는데 내가 그걸 고려 하지 않은 이유는 내가 기계치라서 자신이 없었기 때문이다. 조립해 놨는데 타는 중에 자전거가 분해되면 어쩌나 걱정이 되었다. 그런데 이번엔 달리 선택할 길이 없었다. 자전거 운송 서비스에서 자전거가 펑크 난 경험이 있고, 새크라멘토에서 자전거를 빌려주던 유일한 가게가 이제는 그 서비스를 안 한다고 했다.

인터넷에서 소박한 중고 캐리어를 저렴하게 샀다. 집에서 자전거를 분해하고 조립해 보니 아무것도 아니었다. 이렇게 쉬운 걸. 그렇게 새크라멘토 대회부터는 비행기 탈 때 내 자전거를 갖고 다니기 시작하게 됐다. 캘리포니아라서 그런지 동양인이 많이 눈에 띄었다. 아이다호나 캐나다 대회는 거의 백인 일색이었는데. 반갑고 좋았다. 한국인이 얼마나 되나 알아보려면 참가자 명단 중에 김 씨를 찾아보면 된다. 몇 있었다. 이 씨는 미국인, 중국인들의 성이기도 해서 가늠이 안 된다.

이날은 수영이 단연 압권이었다. 새크라멘토강 상류에서 시작해서 2.4마일을 하류로 내려간다. 유람선 선착장과 새크라멘토의 명물(내가 보기엔 흉물) 타워 브리지(Tower Bridge) 사이에서 땅으로 올라온다. 수영을 끝내고 시계를 보니, 이런, 평소 기록보다 35분이 단축되었다! 강물의 도움이 크긴 크구나. 세상에 이런 횡재가 있나. 몸에 힘이 펄펄 났다. 강에서 나와 자전거가 있는 경기장까지는 한참을 달려야 한다. 웨트슈트를 들고 수영 팬티만 입고 신나게 그 길을 달리는데 꽤 멀었다. 수영에서 깎아 준 시간을 여기서 되돌려받는구나. 주최 측의 농간이로다. 그래도 수영 35분 단축이 어디냐.

자전거를 타고 신나게 출발했다. 그러나 수영의 황홀함은 일장춘몽이었고 그날의 주제는 자전거의 기나긴 악몽이었다. 평탄하여 조금의 언덕도 없는 코스였는데, 바람이, 그놈의 바람이, 무자비하게 불었다. 한 루프를 두 번 도는 코스였다. 주행의 방향에 따라 바람은 나갈 때는 등 뒤에서 돌아올 때는 맞바람으로 불었다. 같은 속도로 부는 바람이면 뒤에서 받쳐 주는 영향과 앞에서 방해하는 영향이 서로 상쇄되어 손익은 제로여야 한다. 이론적으로는 그런데 아무래도 맞바람의 영향이 더 큰 것 같다. 이건 과학적으로 사실이 아니겠지만 그렇게 느껴진다.

자전거 타는 사람의 99.99%는 내 말에 동의할 것이다. 설상가상으로 시간이 지날수록 바람이 더 세게 불었다. 이 말은 두 번째 루프에서 돌아오는 길이 무척 힘들었다는 말이다. 지금까지 겪어 본 것 중에 가장 센 맞바람이었다. 자전거가 옆으로 밀리기도 했다. 나중에 알고 보니 기록적인 강풍이라고 했다. 그런데도 이상한 것은 그런 맞바람 속에서도 씽씽 달리는 사람들이 있다는 것. 한결같이 늘씬하고 다리 긴 젊은이들이다. 모든 것은 자신의 능력이다.

수영의 단꿈과 자전거의 악몽이 하도 진해서 달리기에서 생각나는 것은 별로 없다. 결승점은 캘리포니아 주청사 앞이다. 코스는 시내로 들어와서 막판에 주청사 캠퍼스를 두 번 돌고 끝나게 되어 있다. 결승선 주위는 불이 환하지만 어두운 곳이 있다. 경내에 서 있는 높은 야자나무 등걸에 시원하게 방뇨를 했다. 조금만 가면 간이화장실이 줄지어 있는데 꼭 이렇게 하고 싶었다. 야외 방뇨는 남자의 특권이자 의무다. 이런 대단한 곳에 왔으니 성의를 표시해야지. 나중에 친구들에게 "나 이래 봬도 캘리포니아 주청사에 오줌을 갈긴 몸이야. 흐흐흐!" 이러고 싶었다. 대낮에는 못 하고 야음을 틈타서 했지만.

새크라멘토에는 나중에 다시 올 것 같다. 교통이 편하고 코스가 평평하고, 무엇보다도 강물을 따라 하류로 수영하는 이득을 떨쳐 버릴 수 없다. 바람만 없으면 내 기록을 엄청 향상시킬 수 있으리.

그리고 작년인 2023년, 만 60세 생일이 지나고 다시 애리조나 아이언맨에 화려하게 복귀한 것이다. 그 이야기가 이 책을 열었다. 2024년 8월에는 캐나다로 다시 돌아간다. 휘슬러가 아니라 펜틱턴(Penticton)이라는 곳이다.

달리는 의사의 운동 의학 요점 정리

　　　　　　　　종목을 바꾸자. 지금부터는 운동복을 벗고 흰 가운을 입은 채 하는 이야기다. 의사를 영어로 'physician'이라고 한다. 몸의 병을 고치는 사람이다. 그 일을 '전문'으로 일 삼아 하는 나는 몸의 일인 운동에 관해 하고 싶은 말, 해야 할 말들이 많다. 그중에 누구나 꼭 알아야 할 중요하고 쓸모 있는 이야기를 요점만 말하려 한다. 하품 나지 않게, 쉽게 읽히고 머리에 쏙쏙 박히게 쓰여지기를.

생로병사

생로병사는 매우 불온한 말이다. 삶과 죽음의 사이에 왜 늙고 병듦만이 있는가? 늙고 병들어 죽기 전 9할의 사연은 어디로 갔나? 그 누구의 삶도 '났는데 늙더니 병들어 죽었더라.'라고 요약할 수 없지 않은가? 생로병사는 단연 의사를 위한 말이다. 질병이 있기에 의사가 있다. 나 같은 사람이 먹고 사는 일의 이유를 산뜻하게 요약해 준 고마운 말이다.

사실 늙어서 병들어 죽었다면 잘 산 것이다. 문제는 늙지 않았는데 병이 생기고 죽는 것이다. 사실 이것 때문에 의사가 먹고 산다. 그러고 보니 의사, 간호사, 약사, 검사, 판사, 변호사, 심지어 목사… 하여간 사자 들어가는 직업은 대부분 인간의 불행에 빌붙어 먹고 사는 일이다. 이렇게 말하고 보니 매우 저속하다. 사람과 사회의 망가진 것을 고치는 일을 하면서 사는 게 '사' 자 들어가는 전문직의 일이다(직업에 들어가는 '사' 자는 한자로 다 같지 않다. 여러 '사'가 있다).

직업상 사망확인서(death certificate)를 자주 작성한다. 의과대학을 졸업해 MD라는 칭호를 달고 인턴이 되었을 때, 애틀란타 시내 그레디

메모리얼 병원(Grady Memorial Hospital) 병동에서 처음 받은 야간 콜은 환자의 사망을 확인해 달라는 간호사의 전화였다. 9층 병동 병실 문을 열자 마른 흑인 할머니가 누워 있었다. 앙상한 가지처럼 보이는 그분은 한눈에도 이미 생명이 떠난 것이 확실했다. 그러고 보니 의과대학 시절에도 방금 사망한 사람을 본 적은 없었다.

엄숙하면서도 쓸쓸했던 그 기분, 의사로서 처음 사망을 확인하던 순간을 나는 잊을 수 없다. 사람을 살리겠다고 선택한 길이었는데, 첫 대면에서 삶은 나에게 한 방을 제대로 날린 셈이었다. '아, 결국에는 다 죽는구나.' 바깥 고속도로를 달리는 자동차 불빛이 창을 스치며 들어오는 불 꺼진 병실 안에서, 나는 한참을 서 있었다.

내과 환자의 절대 다수는 노령이다. 게다가 주로 노인들의 재활 시설에서 일을 하는 요즈음은 사망 확인서를 더 자주 쓴다. '사망 원인'을 써야 하는 칸이 있다. 이는 쉽지 않다. 보통 '노환'으로 돌아가신다. 어제도 95세까지 사신 분이 촛불 꺼지듯 숨을 거두셨다. 사망 원인을 'old age'라 쓰고 싶은데 그렇게 쓰면 안 된다. 노환은 진단명도 아니므로 관청에서 받아주지 않는다. 게다가 몇 살에 노환이 시작되는 건가. 얼마나 사는 것이 천수를 누리는 건가.

20세기 이전까지 사람을 죽게 한 가장 큰 원인은 단연 감염성 질환이었다. 사람의 평균 수명이 40세를 넘지 않던 시절의 이야기다. 흑사병, 말라리아, 홍역, 디프테리아, 천연두, 콜레라, 결핵, 폐렴… 이런 질병들이 사람의 생명을 앗아갔다.

눈에 보이지 않는 미생물과의 싸움에서 인류가 백전백패하던 전세가 뒤바뀐 것은 항생제와 백신 덕분이다. 그런데 이들이 등장한 지는 백 년도 채 되지 않는다. 첫 항생제인 페니실린이 광범위하게 사용되기 시작한 것은 제2차 세계대전 이후다. 세균과의 전투에서 인류가 비로소 승기를 잡은 것은 정말로 최근의 일이다.

내가 어릴 때 많이 보던 소아마비가 백신으로 퇴치되고, 천연두는 백신으로 아예 근절된 것은, 인간이 달에 간 것이나 컴퓨터를 발명한 것 이상으로 기념해야 할 위대한 업적이다. 물론 전투는 이기고 있으나 전쟁은 끝나지 않았다. 에이즈, 사스, COVID-19처럼 대규모로 피해를 주는 새로운 적들이 끊임없이 모습을 드러낸다. 결핵과 말라리아는 여전히 인류 곁에서 생명을 위협하고, 독감은 매년 새로운 얼굴로 변신해 찾아온다. 미생물 병원균과의 전쟁은 결코 끝나지 않을, 영원한 싸움이다.

미생물이 변이를 일으켜 진화하는 속도만큼이나 사람의 기술도 눈부시게 발전했다. 치명적인 것으로만 알았던 에이즈도 약물로 다스리고 있다. 신종 전염병 바이러스가 나올 때마다 신속히 그 단백질과 핵산 구조를 샅샅이 밝혀내어 몇 달 만에 치료제나 백신을 만들고 있다. 희생이 많은 싸움은 앞으로도 계속될 것이다. COVID-19가 무서웠지만 다음에 올 더 독한 놈은 변이된 조류독감일 것이라 한다. 인류는 모든 지혜와 지식을 동원하여 싸울 것이다.

현대 사회, 특히 공중보건이 어느 정도 정착된 나라들에서 사망 원인의 으뜸은 심혈관질환과 암이다. 한국도 미국도 심혈관질환과 암이 나란히 1, 2위의 사망 원인이다. 심혈관질환을 흔히 성인병이라고 한다. 여기에 뇌혈관까지 더하면 심뇌혈관질환이다. 같은 뿌리에서 나온 것이다. 사람이 100세까지 살면 결국 심뇌혈관질환, 즉 심부전증이나 중풍으로 세상을 떠나게 된다. 각종 암도 나이가 많아질수록 발생 빈도가 높아지니 성인병이라고 할 수 있겠다. 90세를 넘긴 남자들은 대다수가 전립선암을 갖고 있다. 모르고 살았고 치명적이지 않았던 것뿐이다.

문제는 언제 성인병에 걸리느냐 하는 것이다. 90세 넘어서 성인병으로 돌아가시면 잘 사신 것이다. 80대도 양호한가? 70대는 어떤가? 늙는 게 어느 시점에서 불현듯 시작되는 게 아니라 하나의 과정이듯, 성인병도 그렇다. 어떤 사람들은 30~40대에 심혈관질환이나 암에 걸려 고생하고 일찍 세상을 떠난다. 어떻게 하면 이를 피할 수 있는가. 운동하는 의사가 하고 싶은 이야기가 바로 이것이다.

성인병,
80/20 법칙

질병의 8할은 예방할 수 있다. 동네 의사인 나의 말이 아니라 전문가들의 말이다. 여기서 예방한다는 말은 심뇌혈관 질환이라는 속칭 성인병들, 그리고 여러 종류의 암들이 40대, 50대, 60대에 일찍 찾아와 괴롭히고 제 명대로 살지 못하게 하는 것을 예방한다는 말이다. 질병의 8할은 예방할 수 있다. 얼마나 좋은 뉴스인가?

그리고 더 좋은 뉴스는 뭔가 하면, 그 예방의 방법은 단순하고 쉽다는 것이다. 의사 노릇하며 늘 깨닫는 중요한 사실이다. 다시 말한다. 질병 예방의 비결은 쉽다. 누구나 할 수 있다. 첨단 과학과 의학이 천문학적인 돈을 들여 알아낸 질병 예방 방식은 진부하리만큼 단순하다. 건강한 라이프 스타일로 살라는 것이다. 그 라이프 스타일이란 무엇인가?

몸에 해로운 것(흡연, 음주 등)을 삼가고, 단순한 방식으로 먹고, 규칙적으로 몸을 움직이고, 충분한 휴식을 취하고, 스트레스에 시달리지 말고 마음을 편안히 먹고 살라는 것이다. 복잡하고 어려운 것 하나 없다. 돈이 많이 드는 것도 아니고, 심산유곡에 가서 찾아오거나 첨단 실험실에서 발견해야 하는 것도 아니다. 지금 누구나, 너도, 나도 다 할 수 있는 것이다.

"건강에 대해 내가 아는 모든 것은 유치원에서 배웠다." 이보다 쉬울 수 없다. 질병의 경로는 복잡하지만 건강의 길은 단순하다. 이것이 의사 노릇 30년 하면서 깨달은 중요한 진실이다. 톨스토이의 소설 안나 카레리나의 첫 문장, "행복한 가정은 모두 비슷하다. 불행한 집안은 각기 그만의 이유로 불행하다(All happy families are alike; each unhappy family is unhappy in its own way)."을 보자. 이 심오한 통찰은 가정 문제뿐 아니라 몸의 건강에도 들어 맞는다. 질병의 길, 몸이 망가지는 기전은 복잡다단하다. 그래서 의대 교과서는 두껍다. 배우고 외워야 할 게 많다. 병에는 법칙이 없다. 제멋대로다. 그래서 치료와 재활이 어렵다. 그런데 건강의 길은 단순하다.

80/20이면 나머지 20%는 어떻게 하나? 그건 그때 그때 대처하고 해결하면 된다. 그래서 의사와 병원이 있다. 어차피 이 몸을 벗고 세상을 떠나야 하는 것 아닌가? 생로병사가 아니라 생생생사라고 해도 결국 가야 할 길이 정해져 있으니 병에 걸려야 떠날 수 있다.

암도
예방할 수 있을까

　　　　　　　　　　　암에 대해 잠깐 언급하고 지나가겠다. 미국에서 성인 남자가 평생 암에 걸릴 확률은 50%다. 무시무시한 확률이다. 암에 이렇게 많이 걸리는 가장 큰 이유는 오래 살기 때문이다. 암도 성인병이다. 나이가 많아질수록 세포가 낡아 암세포가 될 확률이 높아지는 것이다. 다행인 것은, 암이라고 다 같지 않다는 것. 사람을 죽이는 암이 있고 좀 덜한 암도 있다.

　치명적인 암 중에 가장 빈번한 것은 단연 폐암이다. 폐암의 주범은 흡연이다. 물론 담배를 피우지 않아도 폐암에 걸릴 수 있지만, 그것은 80/20에서 20에도 못 미친다. 흡연은 머리끝부터 발끝까지 많은 암의 원인이 된다. 담배 연기가 지나가는 구강, 후두, 폐뿐 아니라 식도와 위는 물론 저 멀리 있는 췌장, 신장, 방광에도 암을 일으킨다. 담배만 안 피워도 죽을 암에 걸릴 확률은 매우 낮아진다.

　한국에 많은 위암은 어떤가. 대부분이 헬리코박터라는 세균 때문이다. 감염병이라는 말이다. 이것을 퇴치하면 위암은 거의 다 예방할 수 있다. 역시 한국에 많은 간암을 보자. 간암의 대부분이 B형 간염에서 온다. 신생아 접종으로 B형 간염과 간암은 다음 세대에서는 크게 줄어들 것이다.

미생물과 연관이 있던 위암, 간암이 많던 한국에도 이제는 선진국형 암이 늘어나고 있다. 대장암, 유방암, 전립선암이 그런 것들이다. 소위 '라이프 스타일'이 크게 영향을 미치는 암들이다. 물론 유전적인 요소를 피할 수 없다. 다행히 조기 발견하는 검사들이 발달했기 때문에 정기 검진을 하면 위험이 줄어든다. 물론 두 눈 부릅뜨고 지켰는데도 암에 걸릴 수 있다. 로또에 당첨되는 사람도 있지 않은가? 다시 말하지만 오래 살다 보면 암에도 걸린다. 그러나 암도 80%는 예방할 수 있다. 나머지는 상황에 따라 대처하면 된다.

첨단 의학이 말하는 암 예방 수칙은 놀랍게도 성인병 예방 수칙과 똑같다. 대한 암학회, 미국의 National Cancer Institute(국립 암 연구소), American Cancer Society(미국 암 협회) 등 권위 있는 암 학회들이 말하는 암 예방법은 놀랍게도 성인병 예방 수칙과 똑같다. 앞서 말한 대로 유치원에서 배운 단순한 라이프 스타일로 사는 것이다. 그러면 빈번한 암, 치명적인 암들의 8할은 예방할 수 있다. 인체의 조직 수만큼이나 다양한, 200가지가 넘는 암 하나하나를 100% 막는 방법은 없다. 80/20이다. 이만하면 아주 괜찮은 승률이다.

다시 요약해 보자. 감염병은 더 이상 인류의 최대 사망 원인이 아니다. 이제 사람들은 오래 살기 때문에 병에 걸린다. 요즘은 심뇌혈관질환과 암이 가장 큰 사망 요인인데, 이 경우의 8할은 단순하고 건강한 생활 습관만으로 예방이 가능하며, 이런 질환을 피하면 천수를 누릴 수 있다.

대사증후군

조금만 더 깊이 들어가 보자. 성인병의 기전을 요즘은 대사증후군(metabolic syndrome)이라고 한다. 이는 비교적 새로운 개념이다. 21세기에 들어와서야 널리 통용되기 시작한 이 단어와 개념은 모두 정립 완성된 것이 아니라 아직도 계속 자라나고 다듬어지는 중이다. 내가 의과대학에 다니던 20세기 말에는 X 증후군(syndrome X)이라는 신비하고 불길한 이름으로 불리기도 했다. 또는 죽음의 사중주(deadly quartet)라고도 했다. 복부비만, 고혈당, 고지혈, 고혈압, 이 네 공범이 함께 연주하는 고약한 음악이라는 것이다. 그 치명적 사중주 곡의 마지막 악장은 동맥경화이고, 그 피날레는 중풍과 심근경색이다. 여기다 흡연까지 더하면 이건 시한폭탄 5중주가 된다.

지금쯤이면 독자들은 집중이 안 될 것이다. 마라톤 3종경기를 이야기하다 왜 이런 이야기를 하는가. 그러나 잠시 참으시라. 여러분이 쏙쏙 알아듣도록 쉽게 정리해 올릴 것이다. 그래도 하품 나면 대충 읽고 넘어가시면 된다. 그러나 중요하기 때문에 언젠가는 다시 읽고 익히시기를 바란다. 당신도 언젠가는 늙고 병들게 될 것이고, 아니면 불행하게 늙기

전에 병들 수도 있기 때문이다.

대사증후군을 좀 쉽게 설명해 보자. 대사(metabolism)란 몸이 에너지를 사용하는 과정을 말한다. 자동차에 휘발유가 들어와 산화되어 그 에너지로 차가 달리듯, 몸에 음식이 들어와 인체에서 각종 일을 하며 산화되는 과정을 이르는 말이다. 자동차의 연료는 휘발유다. 몸의 연료는 포도당(glucose)이다. 각종 음식으로 들어온 열량/영양은 포도당으로 전환되어 사용된다. 포도당은 우리 몸의 통용화폐.

물론 칼로리/에너지가 부족하면 몸이 망가질 것이다. 그러나 영양실조는 21세기 문명사회에서는 찾아보기 힘들다. 현대의 문제는 과잉 에너지다. 20세기 이후 인체 건강의 문제는 칼로리/에너지가 너무 많이 섭취된다는 것이다. 이게 문제가 되어 대사증후군이라는 이름이 붙은 것이다.

"칼로리는 부족하지 않지만 필수 영양은 부족하답니다." "요즘 세상에서 골고루 잘 갖춰 먹기 힘들잖아요." "부족한 비타민과 희소 영양소는 보충해 줘야 해요."

이런 말을 들어 보았을 것이다. 건강보조제 파는 사람들이 하는 말이다. 비만한 사람이 실상은 영양부족이 되어 버리는 해괴한 세상이다. 솔직히 말하자. 상술이다. 21세기 한국이나 미국 사회에서 극도로 괴상한 다이어트를 고집하지 않고 대충 골고루 먹으면 영양결핍이 될 수 없다. 기억하시라. 문제는 결핍이 아니라 과잉이다.

우리 몸은
절약과 저축밖에 모른다

아니, 많이 들어오면 좋은 거 아닌가? 다 쓰지 않고 쌓아 놨다가 나중에 쓰면 되잖아? 사실 몸이 그래 왔다. 사람의 몸은 지난 오랜 세월 동안 여분의 에너지를 착실하게 챙겨 차곡차곡 쌓아 두는 방향으로 진화, 발달했다. 인류 역사에서 대부분 먹을 것은 늘 귀했기 때문이다. 그래서 인체는 반짝 먹거리가 있을 때 섭취한 영양/칼로리/에너지를 가능한 한 절약해서 쓰고 나머지는 저장하는 방향으로 발전한 것이다.

그리고 남보다 더 잘 절약하는 몸을 가진 사람은 덜 절약하는 체질보다 굶주림과 보릿고개에서 더 잘 살아남아 자손을 퍼뜨렸다. 우리는 모두 이런 절약성 체질이 우수한 유전자를 가진 조상의 자손들이다. 인체의 디폴드 모드는 에너지 절약이다. 덜 쓰고 많이 쌓는 것이다. 게다가 몸은 남는 것을 버리는 법을 모른다. 몸에는 남은 칼로리를 버리는 메커니즘이 없다. 신기하지 않은가? 버리려면 몸 안으로 흡수되기 전에 버려야 한다.

구토나 설사가 그런 과정이다. 로마 시대에 주지육림에서 난장판 잔치를 벌이던 사람들은 배불리 먹고 더 먹기 위해 밖에 나가 토하고 나서 들어와 또 먹었다고 했다. 10여 년 전에 나온 어떤 다이어트 약은 기름진 식사에서 섭취된 지방이 장에서 몸으로 흡수되지 않도록 해 주는 약이었다. 설사로 내보내는 것이다. 문제는 조용한 데서 가스를 내보내려고 방귀를 뀌었는데 설사가 나오는 부작용이 심했다는 것이다. 칼로리가 장에서 일단 몸으로 흡수되면 몸은 그것을 버리지 못한다. 이처럼 우리의 몸은 들어온 것은 모두 다 절약해서 쓰고 남는 것은 다 쌓아 놓는다.

문제는 세상이 달라졌다는 것이다. 세상은 먹을 것으로 넘쳐난다. 당신의 냉장고를 열어 보라. TV는 먹거리들을 유혹적으로 선전하고, 유튜브, 틱톡, 인스타그램은 요리 채널 천지다. 먹방이라는 것도 있더라. 사람들은 맛집을 찾아다니며 먹는다. 하지만 인체는 여전히 대대로 전수받은 유전자대로 절약과 저장의 습관을 충실하게 계속한다. 여분의 에너지는 차곡차곡 쌓인다. 남는 포도당은 금방 쓰기 위해 글리코겐으로 바꾸어 단기간으로 근육과 간에 저장하고, 오래 넣어 두어야 할 것은 지방으로 바꾸어 저장한다. 가장 거대하고 깊숙한 은행들은 배 둘레에 있다.

지출보다 수입이 월등하게 많으면 은행 잔고가 쑥쑥 늘어나듯, 21세기 사람들의 몸무게와 허리둘레도 급속히 늘어나고 있다. 현재 미국 인구의 3분의 2가 과체중이고, 그중의 반, 즉 전체 인구의 3분의 1이 비만이다. 이렇게 쓰고 보니 이것도 이미 철 지난 뉴스다. 미국 인구의 절반이 비만에 접어들었다. 이런 대사의 와중에 바쁘게 일하는 것이 우리 몸의 호르몬들이다. 대사에서 현재 알려진 가장 중요한 호르몬은 인슐린이다. 인슐린은 몸으로 들어온 연료 포도당이 인체 곳곳에 공급되어 일하도록 하고 나머지는 저장되도록 하는 신호물질이다. 인슐린은 인체 대사의 지휘자다. 그래서 인슐린 이야기를 하지 않을 수 없다.

인슐린 저항

대사증후군의 중요한 기전은 인슐린 저항(insulin resistance)이다. 몸이 말을 듣지 않아 인슐린이 일을 제대로 하지 못하는 상황이다. 독자들 머리에 쥐나지 않도록 쉽게 설명해 보겠다.

김씨 가족이 휴가를 갔다. 점심 때 맥도날드에 들러 햄버거와 감자튀김에다가 아이스크림까지 먹었다. 이렇게 들어온 열량은 몸의 에너지 통화인 포도당으로 바뀐다. 고칼로리 음식을 먹었으니 시중에 돈이 넘쳐나듯 혈관 안에 당이 넘쳐난다. 중앙은행 췌장이 인슐린을 분비해 몸의 각 조직에 보내 세포들이 포도당을 받아들여 사용하도록 종용한다. 세포들은 인슐린이 닿으면 문을 열어 포도당을 받아들여 각자 역할에 따라 자기 할 일을 한다. 인슐린은 남는 포도당을 호주머니/지갑인 근육과, 당좌구좌(체킹 어카운트)인 간에 저장하고, 그래도 남는 열량은 예금 계좌(세이빙스 어카운트)인 지방으로 저장한다.

일을 마쳤다 싶은데 몇 시간 안 돼서 또 돈이 들어온다. 점심은 패스트푸드로 대충 먹었으니 저녁은 정식으로 분위기 좋은 데서 먹자는 미세스 김의 제안에 따라 식구들은 이태리 식당으로 간 것이다. 버터(지방)에 버무린 파스타(탄수화물)에, 맛과 열량이 듬뿍인 디저트까지 먹는다. 다시 시장에 돈이 물밀듯 넘친다. 혈관은 피 반 포도당 반이다. 췌장은 인슐린을 더 많이 내보낸다. 처리해야 할 통화량이 많기 때문이다.

밤늦게 숙소에 돌아와서는 낮에 양식만 먹어 느끼하니까 얼큰한 게 먹고 싶다는 가장의 말에 식구들은 매콤한 라면을 끓여 먹는다. 밀려드는 탄수화물에 포도당은 다시 넘쳐난다. 췌장은 또 인슐린을 내보내 일을 시킨다. 김씨네는 휴가 내내, 집에 돌아와서도, 그다음 날도, 또 그다음 날도, 잘 먹는다.

이렇게 열량이 넘쳐나다 보면 인플레이션이 생긴다. 통화 과잉 공급으로 통화 가치가 하락한다. 세포들은 인슐린이 아무리 문을 두드려도 더 이상 포도당을 받아들이지 않는다. 필요가 없기 때문이다. 이게 인슐린 저항이다. 인슐린의 말발이 먹혀들어가지 않는다는 말이다. 세포들은 게을러져 자기 할 일을 하지 않는다. 포도당은 계속 쌓인다. 지방이 눈덩이처럼 불어난다. 당좌구좌(체킹 어카운트)였던 간마저 예금구좌(세이빙스 어카운트)처럼 되어 기름이 낀다. 지방간이다.

사실 지방 조직은 그냥 무식해 보이는 누런 덩어리가 아니다. 지방 세포도 대사를 조절하는 중요한 물질들을 분비한다. 주로 뇌에 그만 먹어도 된다는 신호를 보낸다. 지방이 분비하는 이런 호르몬들은 20세기 말에 의과대학에서는 배우지 못한 것들이다. 아직도 우리가 모르는 것들이 많다. 췌장도 지방도 뇌도 밀려드는 예금을 조절해 보려 하지만 이미 선을 넘었다.

혈관에 기름이 낀다. 동맥경화다. 혈관이 좁아지고 막힌다. 심혈관,

뇌혈관 질환이라는게 뒤따른다. 요약하면 대사의 과정에 영양이 과잉 공급되어 오는 현상이 대사증후군이다. 대사에서 중요한 역할을 하는 인슐린의 약발이 듣지 않아서 세포들은 방만해지고 몸은 풍요 속에 시들어간다.

당뇨,
성인병의 교과서

　　　　　　　　　　인슐린이 나왔으니 당뇨 이야기를 하지 않을 수 없다. '당뇨' 하면 인슐린이 떠오르지 않는 사람은 없을 것이다. 인슐린 주사를 맞는 당뇨 환자를 보셨을 것이다. 성인 당뇨(제2형 당뇨)의 기전은 인슐린 저항이다. 인슐린 부족이 아니다. 앞에서 말한 대로 몸에 영양/칼로리가 들어오면 췌장은 인슐린을 만들어 내보낸다. 에너지 과잉 공급으로 혈중에 당이 늘어나면 분비되는 인슐린도 늘어난다.

　그런 상황이 오래 계속되어 만성 통화 과잉으로 세포들이 인슐린의 말을 듣지 않는 현상(인슐린 저항)이 생기면 췌장은 일단 인슐린을 더 내보내 세포의 문을 더 많이 두드리도록 한다. 잠든 세포를 깨우려면 부지런히 두드리는 수밖에 없다. 이전에는 전화 한 통으로 해결되던 것들인데 이제는 거듭 독촉 전화를 하는 것이다. 그래도 듣지 않는다. 세포는 아예 전화(인슐린 수용체)를 꺼 놓고 있다.

　그래서 세포로 들어가 사용되지 못한 포도당은 혈중에 남아돌다가 신장을 통해 오줌으로 빠져 나간다. 이게 인류가 알아낸 최초의 당뇨의 모습이다. 소변에 당이 나오게 될 때까지 몸은 여러 날 동안 여러 곡절을 거쳐 망가진 것이다.

이 악순환이 오래 지속되면 췌장은 지치고 더 이상 인슐린을 분비할 수 없게 된다. 인슐린 생산을 늘려 오버 타임으로 돌리던 췌장이 일생 만들 인슐린을 다 만들어 내보내느라 기계는 닳았고 공장은 문을 닫을 지경이 된 것이다. 인슐린 없이는 몸의 대사가 이루어질 수 없으므로 이제는 인슐린 주사를 맞아야 한다. 영양 과잉–인슐린 저항–인슐린 과잉 분비–인슐린 고갈이 당뇨의 경로다.

인슐린 저항과 당뇨는 20세기 이후 성인병의 전형이다. 군대 말로 'FM'이다. 영양 과잉과 더불어 당뇨 환자들은 늘어나고 있다. 학자들은 이게 전염병 수준이라고 경고한다. 한국도 마찬가지다. 꼭 비만해야 당뇨가 되는 것이 아니다. 한국인은 비만하지 않아도 당뇨가 쉽게 걸리는 체질이다. 왜냐? 태생이 그렇기 때문이다. 우리는 기아에서 살아남는 좋은 유전자, 절약형 체질을 가졌기 때문이다.

내가 의과대학에 다닐 때만 해도 당뇨 유병률의 순위는 미국에 사는 한국인이 가장 높고, 그다음이 미국에 사는 백인, 마지막이 한국에 사는 한국인 순위였다. 소박하게 먹던 조국을 떠나 영양이 넘쳐나는 미국에 사는 한국인들이 절약/저축이라는 체질적 이유로 미국에 원래 살던 미국인들보다 당뇨에 더 쉽게 걸리는 것이었다. 그러나 이제는 이 셋이 비슷해지고 있다. 한국도 선진국으로 영양 과잉이 되고 비만 인구도 늘어나기 때문이다.

죽음의 사중주의
마지막 악장, 동맥경화

다음은 내가 당뇨 환자와 나누는 전형적인 대화다. 처음 진단을 받았든 오래된 당뇨 환자든 이런 대화를 반복한다.

나: 당뇨에 대해서 아시는 게 무언지 말씀해 보세요.

환자: 소변에 당이 나오는 병이죠.

나: 그래서 그게 왜 나쁜 걸까요?

환자: ….

나: (좀 더 부드럽게) 당뇨는 왜 나쁜 병이라고 하지요?

환자: 합병증 때문이지요. (이렇게 대답하는 분은 우수한 학생이다.)

나: 네, 맞습니다. 무슨 합병증이 있지요?

환자: 발가락 잘라내고…. (비교적 드문, 이런 최악의 경우를 대개 첫 번으로 꼽는다.)

나: 당뇨 합병증은 머리끝부터 발끝까지 다 있어요. 그래서 당뇨가

무서운 겁니다. 머리에서 시작하면 중풍, 치매, 실명, 심장질환, 신장질환, 위 무력증, 더 밑으로 내려오면 당뇨 신경통, 아까 말씀하신 발가락 잘라내는 문제까지.

환자: (놀라는 눈치)

나: 이 모든 것의 공통적인 문제는 혈관이 막히는 거예요. 뇌로 가는 혈관이 막히면 중풍과 치매가 오고, 눈의 혈관이 막히니까 실명이 되고, 심장으로 가는 혈관(관상동맥)이 막히면 심근 경색이 오고, 신장으로 가는 혈관이 막히니까 신부전증이 오고, 발가락으로 가는 혈관이 막히니까 감염이 되어도 낫지 않아서 절단해야 하는 겁니다.

환자: 아, 네.

나: 당뇨 신경통도 혈관의 문제예요. 신경 세포들에 산소와 영양을 공급하는 작은 혈관들이 막히니까 신경이 부실해져 저리고 아픈 겁니다. 혈액 공급이 안 되니 나중에는 신경도 죽어 느낌도 없어질 정도가 되죠. 발이 못에 찔려도 아프지 않아요. 그래서 감염이 되는 겁니다. 위 무력증도 심지어 발기부전도 위나 그곳의 신경이 제대로 공급을 못 받아서 그래요.

환자: 아! (도가 통하는 소리?)

나: 이걸 잘 기억하셔야 해요. 말씀하신 대로 당뇨는 합병증 때문에 무섭다. 합병증은 머리끝부터 발끝까지 다 온다. 그 모든 합병증은 혈관이 막혀서 생긴다. 그러므로 당뇨가 무서운 이유는 혈관을 막기 때문이다. 이걸 꼭 기억하세요.

환자: 아, 네.

나: 당뇨가 왜 무섭다고요?

환자: 혈관을 막기 때문에.

다소 단순화한 면이 있지만 사실이 그렇다. 문제는 동맥경화다. 혈관이 막히는 게 문제다. 대사도 혈액순환도 원활히 흘러야 한다. 쌓이거나 막히면 안 된다. 인체를 기의 흐름으로 이해한 우리 조상들은 현명했다.

그러면 어떻게 해야 하나? 에너지 공급과 소비가 균형을 맞춰 잘 흘러가게 해야 한다. 자금도 회전이 돼야 사업이 잘되고, 물도 잘 빠져야 농사가 잘 된다. 에너지도 마찬가지다. 많이 쌓아 둔다고 절대 좋은 것 아니다. 몸의 경우는 이것이 만병의 원인이다. 수입과 지출의 균형을 맞춰야 한다.

수지가 맞는 장사를 하라는 말이다. 대차대조표가 항상 0으로 끝나듯 양변이 맞아야 한다. 자산만 많이 쌓아 두는 것은 안 된다. 들어온 만큼 나가게 해야 한다. 나갈 만큼만 들어오게 해야 한다. 들어오는 것은 섭생이고 나가는 것은 활동/운동이다.

무엇을
먹을 것인가

먹는 것, 즉 섭생에 대해 먼저 정리하고 넘어가자. 어떤 병을 진단하면 많은 분들이 가장 먼저 묻는 것은 "그럼 무엇을 먹어야 하나요?"이다. 사람들은 먹는 것이 건강에 지대한 영향을 미친다고 믿는다. 어떤 약이나, 아니면 약이 될 수 있는 무슨 음식을 통해 질병을 치료하고 예방할 수 있는지 늘 궁금해한다. 이런 이유로 각종 식이요법이 쏟아져 나왔다. 음식 궁합, 사상의학의 체질식, 신토불이 다이어트, 혈액형별 식단, 항산화 식품, 앳킨스 다이어트(지금은 한물갔다), 석기시대 수렵·동굴인 다이어트, 지중해식, 사우스 비치식, 히말라야식, 발효식, 키토산 다이어트, 간헐적 단식 등등, 섭생에 관한 설과 처방은 끝이 없다.

식물성 동물성 광물성의 각종 건강보조제들은 또 얼마나 많은가? 가끔 나도 저런 것을 만들어 인터넷에서 팔면 노후 경제 대책은 확실할 텐데 하는 느낌이 든다. 아닌 게 아니라, 내가 다닌 의과대학 출신 심장 전문의 한 사람이 항산화제·프로바이오틱·프리바이오틱을 결합한 건강보조제를 만들어 국제적으로 판매하며 떼돈을 벌고 있다.

통계를 보니 미국에서만 건강보조제 시장 규모가 1조 달러가 넘는다. 2027년에 가면 1조 5,000억 달러가 될 것이라 한다. 집집마다 건강보조제 대여섯 개 없는 집이 없다. 의사가 주는 처방약은 안 먹고, 약 값도 비싸다고 불평하는 분들이 듣보잡 건강보조제들은 얼마나 잘 챙겨 드시는지 모른다.

얼마 전에도 친구가 카톡으로 건강보조제 사진을 보냈다. "이거 먹어도 되니?" 난 처음 보는 것이다. "모르겠는데."라고 대답하면, 사실이기는 하지만 너무 성의가 없는 것 같다. 나의 대답은 대개 "먹어도 해는 없을 것 같아."이다. 그래서 알아들으면 좋은데 "이거 어디에 좋은 거니?"라고 물으면 곤란하다. 정말 모르겠는 것들이 많다.

먹는 문제에 관해서 얼마나 방대하고 잡다한 지식이 넘쳐나는지 내 환자들은 명색이 의사인 나보다 더 많이 알고 있다. 감히 무슨 조언을 할 수 없을 정도다. 사실 건강보조제나 새로운 식이법에 대해 사람들은 의사의 말을 별로 믿지 않는다. 의사는 학교에서 가르치는 전통적 고답적 교과서적 지식에 머물러 있다고 생각한다. 더구나 의학이라는 게 말이 바뀌더라는 것이다. 커피나 와인이 몸에 좋다고 하다가 안 좋다고 하다가, 시계 추 흔들리듯 몇 년 주기로 왔다 갔다 하지 않나. 갱년기 여성은 에스트로젠을 먹어야 한다고 하더니 이제는 암에 걸린다고 먹지 말라고 한다. 아스피린도 먹는 게 좋다 안 먹는 게 좋다 여러 번 설왕설래했다.

의학이 이 모양인 것은 이런 사항들은 확실한 것도 아니고 중요한 것도 아니라 그렇다. 이걸 눈치 채야 현명한 소비자다. 어쨌든 먹는 것에 관한 한 사람들은 의학/의사의 애매모호한 말 보다 더 확실하고 명쾌한 말을 듣고 싶다. 친구, 이모, 사촌, 직장동료, 유튜버들의 이야기들이 더 확실하고 분명하게 들린다. 그래서 온갖 기발한 지식을 갖고 있는 분들 많다. 의사보다 훨씬 더 많이 안다. 그래서 고전적인 진리, 아주 단순한 식사 원리를 이야기해 주면, 쇠귀에 경 읽기이거나 계란으로 바위치기다. 진리는 단순한데, 사람들이 찾는 섭생의 원리는 '사랑의 미로'만큼이나 복잡하다. 톨스토이의 말이 여기에도 적용되는구나.

식이에 대해서는 한 방으로 간단하게 정리하고 넘어가자. 매우 중요한 이야기다. 유명한 의과대학들과 권위 있는 의학협회에서 천문학적인 돈을 들여 연구해 알아낸 사실이다. 무엇을 어떻게 먹을까에 대한 만고불변의 철칙이니 꼭 숙지하기 바란다.

음식은 식물을 더 많이 섭취하되, 여러 종류와 색깔과 형태의 식물들을 골고루 먹을 것. 가능하면 가공된 정도가 적은 음식을 먹을 것. 속에서 잘 받지 않는 음식은 피하고, 맛있게 만들어 먹고, 감사하며 즐겁게 먹을 것. 특히나 21세기 풍요한 세상에서는 적게 먹는 게 좋다.

That's it! 그 이상은 무엇을 어떻게 드시든지 알아서들 하시라. 원리를 알면 적용은 각자 입맛에 맞게 하면 된다. 얼마나 좋은가. 또 하나 사족으로 첨가하자면, 건강보조제 같은 데 돈 많이 쓰실 필요 없다는 것.

잘살려면
많이 써야 한다

　　　　　　　　　　이 책을 쓰는 이유는 대사에 있어 소비를 어떻게 할 것인가를 알려 주기 위함이다. 건강을 위해, 질병 예방과 치료에 있어, 몸을 움직이는 것은 무엇을 먹느냐만큼, 아니 먹는 것보다 더 중요하다. 무엇을 먹는가에 대한 관심의 반만이라도 어떻게 움직여야 좋은가를 알고 실천한다면 사람들은 지금보다 훨씬 더 건강하고 행복할 것이다. 그리고 중요한 것은, 앞에서 말한 대로 섭생의 원리가 단순한 것처럼 소비하는 활동, 즉 운동의 원리도 단순하다는 것이다.

　아니, 섭생보다 더 단순하고 명료하다. 그냥 움직이면 된다! 칼로리는 과잉 섭취하는데, 사람들의 움직임은 꾸준히 줄어들고 있다. 미국에 사는 사람은 걸을 일이 별로 없다. 가까운 가게도 차를 타고 간다. 물론 거리가 워낙 넓어서 그렇기도 하지만 걸어다니는 것 자체가 위험한 사회다. 대도시가 아닌 교외에 살면, 운동복을 입고 달리는 것은 괜찮은데, 평상복을 입고 걸으면 수상한 눈초리를 피할 수 없다. 가끔 한국에 나가면 지하철 역사 계단을 매일 걸어서 오르내리는 게 참 좋다. 안전하고 운동도 많이 된다.

　최근 세계보건기구(WHO)의 발표에 따르면, 전 세계 성인(18세 이상) 인구의 3분의 1이 신체 활동 권고 기준을 채우지 못한다. 그런데 한국은 이보다 더 심각하다. 한국은 운동 부족 비율에서 세계 최상위권이다. 영국의 권위 있는 의학지 《란셋 글로벌 헬스(Lancet Global Health)》의 최근 보고에 따르면, 한국 인구의 58%, 즉 거의 60%가 운동 부족 상태다. 아랍에미리트, 쿠웨이트, 쿠바, 레바논에 이어 세계 5위다.

　사실 나는 이 내용을 보고 기절할 뻔했다. 끼리끼리 논다고, 주말이면 같이 산에 다니는 사람들, 자전거 타는 친구들과 어울리고 살다 보니 사람들이 다 액티브한 줄 알았다. 뭐 눈에는 뭣만 보인다고, 한국에 가 보면 유니폼 맞춰 입고 달리는 클럽, 아침 일찍 공원에 와서 걷고 달리는 사람들, 쌈빡한 유니폼을 맞춰 입고 최고급 자전거로 쌩쌩 달리는 라이더들, 이런 이들이 눈에 많이 띄어서, '아 과연 한국 사람들은 이제 운동을 더 많이 하고 있구나.'라고 생각했었다.

　20여 년 전 한인타운에서 내 클리닉을 오픈할 때만 해도 세상에서 가장 운동 안 하는 족속은 한국인 아줌마들이라고 단언했는데, 내가 몇 년 전부터 나가기 시작한 주말 하이킹 클럽 회원의 7할이 50~80세 여성이라서 그런 생각은 접었었다. 그런데 이건 매우 편향된 샘플이었다. 아직도 대부분의 사람들은 몸을 충분히 움직이지 않는다. 오히려 운동 부족 인구는 꾸준히 늘고 있다는 것이다.

　영양과잉과 운동부족이 이렇게 같이 상승하고 있다는 사실은 매우 심각한 현실이다. 당뇨와 비만이 전염병처럼 늘어나고, 21세기에 들어와 인류는 처음으로 평균수명 감소를 경험하고 있다. "제발 움직이세요." 내가 매일 하는 말이다. 몸을 움직이는 것이 얼마나 중요한지 사람들은 모른다.

요즘은 의사가 환자에게 '침대에서 쉬라(bed rest)'는 처방을 내리는 경우가 거의 없다. 대신 곧바로 움직이라고 권한다. 심장 수술을 받은 환자도 침대에서 나와 걸음을 옮기게 하고, 대퇴골 골절 수술을 받은 환자도 일어나 움직이게 한다. 다리를 쓸 수 없다면 윗몸이라도 움직여야 한다. 움직일 수 있는 부위는 부지런히 움직여라. 이것이 현대 의학의 처방이다.

내가 환자들에게 매일 하는 말이 이것이다. "건강하게 살려면 움직이세요. 중요한 거니까 우선순위로 삼아 시간을 내서 움직이세요. 일 삼아 움직이세요. 싫으면 약이라고 생각해서라도 움직이세요."

잘 움직이는
비결

운동이라는 말이 부담되는 사람이 많아서 (하긴 나도 그랬으니까) 다른 좋은 말이 없을까 생각을 해 봤다. 몸짓이란 말도 그렇고, 움직인다는 말이 그중 나은 것 같아서 계속 여기저기 쓰고 있다. 어떻게 움직이는 것이 잘 움직이는 것인가? 이에 대한 대답은 뭘 먹어야 좋은가에 대한 나의 대답만큼이나 단순하다.

첫째, 할 줄 아는 것을 하라. 나처럼 공을 다루거나 균형을 잡는 고도의 기술이 어려운 사람은 굳이 그런 걸 억지로 할 필요 없다. 굼벵이도 구르는 재주가 있듯, 누구에게나 자기 몸이 기억하는 움직임이 있다.

둘째, 즐겁게 할 수 있는 것을 하라. 하이킹, 자전거, 수영, 테니스, 골프, 족구, 피클볼, 배드민턴, 댄스, 필라테스… 다 좋다. 세상에 먹을 것이 천지인데, 굳이 입맛에 안 맞는 걸 억지로 먹을 필요가 없듯이, 몸에 안 맞는 운동을 할 필요도 없다. 자신이 할 수 있고 즐길 수 있는 운동을 하면 된다. "그런 게 없는데요." 하는 사람은 걷기를 하면 된다. 걷기는 단순하지만 아주 훌륭한 운동이다.

여러 가지를 할 수 있으면 더 좋다. 음식도 한식, 양식, 일식, 중식, 베트남식, 태국식, 인도식, 이탈리아식, 지중해식 다 즐길 수 있으면 인생이 재미있듯이 운동도 그렇다. 그런데 그런 것은 만능 스포츠맨이나 가능한 것이 아니다. 이게 복음이다. 몸치인 내가 체득한 복음이다. 이것에 대해 할 말이 많으니까 나중으로 미루자.

셋째, 늘 하라는 것이다. 어제 먹은 음식으로 오늘을 살지 않듯 주말에 한 운동으로 일주일 때울 수 없다. 소싯적에 운동 깨나 했다고 중년 이후 건강한 것은 절대 아니다. 밥 먹듯이 숨 쉬듯이 늘 움직이는 것을 자연스런 일로 삼아 살아야 한다. 여기 또 하나의 복음이 있으니, 몸짓은 하면 할수록 늘어나고 즐거워진다는 것이다. 음악에 맞춰 몸을 흔들면 춤추고 싶다. 나가서 걸어 보면 더 걷고 싶어진다. 평지를 걷다 보면 언덕을 오르고 산에 가고 싶어진다. 달려 보면 더 빨리 더 길게 달리고 싶다. 처음에는 몇 백 미터 달리기가 힘들었는데 꾸준히 하다 보면 10K를 달릴 수 있다.

슬슬 걷는 것 보다는 빨리 걷는 게 몸에 좋고, 조깅을 하면 더 좋다. 심폐 기능을 향상시켜 주는 운동은 숨차고 심장 빨리 뛰고 땀나는 운동이다. 그러면 심장이 강해지고 혈관을 뚫어 피가 온몸에 골고루 잘 돈다. 처음에는 귀찮고 힘들 것 같지만 몸을 움직이다 보면 점점 더 길게 강하게 그리고 무엇보다 즐겁게 잘할 수 있다.

인터넷을 둘러보라. 숨쉬기 운동 외에는 할 줄 아는 게 없었다는 사람들이 몸을 꾸준히 움직이다 보니 10K를 완주하고 마라톤을 완주했다는 이야기가 넘쳐나지 않나. 내가 산 증인이다.

몸인가, 마음인가

　　　　　　　　　　　　　　지금까지는 운동을 대사의 관점에서 이야기했다. 열량이 쌓이기만 하면 만병의 원인이 되니, 부지런히 소모해야 한다는 것이었다. 그런데 몸을 움직이는 것은 단순히 대사의 수지를 맞추는 차원을 넘어선다. 두뇌, 정신, 마음에 미치는 영향이 훨씬 크다. 몸을 움직이는 것이 중요한 가장 큰 이유는 바로 마음에 주는 변화 때문이다.

　의사로서 내가 깨달은 두 번째 중요한 사실은, 몸과 정신은 하나라는 점이다. (첫 번째 사실은 앞에서 말했듯, 질병의 길은 복잡다단하지만 건강의 길은 단순하다는 것이다.) 지난 30년 동안 나의 직업적 노력은 곧, 몸과 마음을 함께 이해하려는 과정이었다. 나에게 이것은 단순한 연구 주제를 넘어, 중요하고 절실한 문제였다.

　잘 산다는 게 뭐냐? 다석 류영모 선생 말씀처럼 "몸 성히 마음 조히" 사는 것이다. 몸이 성하고 마음이 좋은 것은 같이 맞물려 있다. 여기에 굳이 하나 더한다면 '더불어 잘 사는 것'이다. 사람과 세상과 더불어 잘 사는 것이 행복 아닌가. 그렇게 살려면 무엇보다도 나 자신과 더불어 잘 살아야 한다. 내 몸 내 마음과 더불어 잘 살아야 한다는 말이다.

나뿐 아니라 의사들, 특히 1차 진료를 하는 의사들은 다 동의할 것이다. 아프다고 의사를 찾아 왔지만 몸이 망가진 것인지 마음이 망가진 것인지, 어느 쪽이 먼저 망가진 것인지 모를 사람들이 많다. 물론 모든 병이 마음에서 온다고 말할 수는 없다. 그러나 많은 병은 마음에서 오고, 마음의 문제는 병을 키운다. 뒤집어도 사실이다. 몸이 망가지면 마음이 힘들다. 우리 다 겪어 보지 않았나? 다치거나 몸져누웠을 때, 아프고 약해지는 것이 어찌 몸뿐이던가?

의사를 영어로 'physician'이라고 한다. 같은 어근에서 나온 말로 'Physics'가 있다. 물리학이다. 물리치료는 'physical therapy'다. 'phys'라는 희랍어는 물질계를 의미한다. 'Physicis'가 물리학이라면 'physician'은 물사/물리사라 해야 할 것이다. 의사란 몸이라는 물질을 돌보고 고치는 사람이라는 뜻이다. 그래서 고등학교는 문과와 이과가 나뉘고 이과에서 과학을 공부해야 의과대학에 간다. 그 과학은 물질세계에 관한 탐구였다. 질병은 세포와 조직의 물질적인 병변으로 오는 것이었고, 그것을 약물이나 수술로, 즉 물리적으로 치료하는 것이 의학이다.

몸과 마음을 분리해 생각하게 된 뿌리는, 오래도록 학문의 바탕이었던 그리스의 이원론과 이를 잘못 계승한 서구 근대 문명의 폐해에 있다. 우리가 어려서부터 받아 온 교육은 서구의 근대적 과학과 교양 위에 세워져 있었다. 의학은 과학이다. 과학은 물질에 관한 학문이다. 서구 근대의 전통에서, 과학과 종교는 서로 간섭하지 말아야 한다고 가르쳤다. 영적인 문제는 승려, 사제, 목사의 영역이지 과학자나 의사의 몫이 아니었다.

잊혀진 유산

　그런데 동양의 생각은 다르다. 몸과 마음을 따로 나누는 것은 우리 동양의 방식이 아니다. 사실 여기서 몸이니 마음이니 말을 하는 것 자체가, 스님들의 말씀처럼 모든 고(苦)의 원인이 되는 분별지(分別智)에 속한다.

　중학생이라면 다 아는 "수신제가치국평천하(修身齊家治國平天下)"라는 말을 떠올려 보자. 자신을 닦는 것을 왜 '수심(修心)'이라 하지 않고 '수신(修身)'이라 했을까? 내 아버지 세대에는 '수신'이라는 과목이 있었다. 도덕과 교양을 배우는 과목명이 '수심'이 아니라 '수신'이었다. 우리가 '자신(自身)', '당신(當身)'이라며 개인을 가리킬 때도 '몸 신(身)' 자를 쓴다. 동양 사상이 물질적이어서 그런 것일까? 천만에, 전혀 그렇지 않다. 오히려 그와는 정반대다.

　동양 철학, 곧 유·불·선(儒·佛·仙) 삼교는 모두 마음을 탐구했다. 그러나 서구식 교육의 영향으로 나는 오랫동안 공자와 맹자의 유교를 그저 고루한 예절과 차별의 사상으로만 여겼다. 학교에서 배운 것은 주자학과 양명학이 서로 논쟁했다는 사실뿐이었다. 정작 두 학파 모두 '마음의 실체'를 깊이 탐구한 학문이었다는 점은 배우지 못했다. 예를 들어, 조선시대의 성리학은 인간의 '본성'을 탐구하는 학문이다. 퇴계 이황과 고봉 기대승이 논쟁했던 '사단(四端: 인·의·예·지) 칠정(七情: 희·로·애·락·애·오·욕)론' 역시 본성과 마음에 관한 이야기였다.

공자 사후 약 3대 뒤에 나온 『중용』의 첫 문장, 즉 "천명을 일컬어 성이라 한다(天命之謂性)."를 읽었을 때, 나는 정신이 번쩍 들었다. 하늘의 명을 성이라 부르다니! 인간 본성에 이렇게 간결하고 장엄한 정의를 내리다니 감탄하지 않을 수 없었다. 이어서 『중용』은 말한다. "희로애락이 나오지 않은 것을 중(中)이라 하고, 희로애락이 나와서 절도에 맞는 것을 화(和)라고 한다." 사람의 정서를 이처럼 근본적인 자리에 놓은 것이 바로 동양 사상이다.

나는 심리학이 프로이트(1856~1939)에서 비롯된 서구 근대 과학인 줄로만 알았다. 실제로 그렇게 배웠고, 그렇게 가르쳤다. 그러나 동양에서는 이미 수천 년 전부터 사람의 본성과 마음을 탐구의 대상으로 삼았다. 서구 심리학보다 훨씬 이전에 우리는 성리학을 하고 있었던 것이다. 불교는 그보다 더 치밀하다. 프로이트가 19세기에 비로소 말하기 시작한 '무의식'에 해당하는 개념을 유식불교는 이미 수천 년 전에 철저하게 체계화해 설명했다. 아니, 불교 자체가 본질적으로 마음을 다루는 학문 아닌가.

동양의 사상·철학·종교는 모두 마음을 다룬다. 탄허 스님은 "성현의 학문은 심성일 뿐"이라고 명쾌하게 말했다. 세상에 펼쳐진 수천만 권의 학설을 요약하면 '마음 심(心)' 자와 '성품 성(性)' 자 두 글자라는 것이다. 성철 스님 또한 팔만사천 대장경을 한 글자로 줄이면 '마음 심'이라고 했다.

　내가 얕은 지식으로도 이런 이야기를 하는 이유는, 우리에게 몸과 마음에 관한 엄청난 정신적 유산이 있다는 사실을 알았기 때문이다. 물질주의적 이분법에 사로잡혀 헤맨 수많은 세월이 아깝다는 생각이 들어서다.

몸, 맘

　　　　　　　　　　　　몸과 마음. 몸, 맘. 나는 자주 몸, 맘이라고 중얼거린다. 몸, 맘이라는 말이 기가 막히지 않은가? 'ㅁ'이라는 원초적 자음 두 개가 더 원초적인 모음 하나로 갈라졌다. 세상의 모든 다른 언어를 몰라서 하는 소리지만, 마음과 몸을 이렇게 거의 같은 단어로 가지고 있는 언어가 또 있을까? 몸이라고 하면 힌두교의 옴(om)이 생각난다. 우주 근원의 소리라고 하는 그 옴 말이다. 맘은 어느 인종 어떤 언어에서고 아기가 처음 하는 말, 엄마, 맘(mom, 젖은 mamm이다)라는 그 단어와 가깝다. 몸과 맘을 이렇게 근원적인 단어로, 모음 하나로 아슬아슬하게 바꿔 쓰고 있는 민족이 우리다. 우리는 몸과 마음을 탐구하며 살게 되어 있다.

　　몸과 마음의 관계는 동전의 양면도 아니고, 껍질과 알맹이도 아니다. 노자 『도덕경(道德經)』 제1장에 나오는 "차양자 동출이이명(此兩者 同出而異名)"이 더 맞는 것 같다. 그래서 나는 앞에서 예로 든 수신, 자신, 당신이라고 하는 말들이 절묘하다고 여긴다. 몸이라는 말로 몸과 마음을 다 아울렀다. 의사(physician)로서 고마운 말이다. 몸과 마음이 둘이 아니다.

    서구적 과학은 20세기 말에 와서야 물질과 정신의 경계를 허물기 시작했다. 양자물리학의 태두인 막스 플랑크(Max Planck, 1858~1947) 가 말했다. "물질보다 의식이 먼저다." 이야기가 다른 방향으로 흘러가려 한다.

두뇌도
몸이다

서구 과학으로 돌아와 보자. 정신이 어디 있나? 그렇게 물으면 사람들은 머리를 가리킨다. 머릿속에는 뇌가 있다. 두뇌는 몸 안에 있고 몸의 일부다. 해부학 시간에 처음 본 두뇌의 첫 인상은 지극히 소박하다 못해 못생겼다. 지식, 학문, 예술, 철학, 문학, 종교, 사랑… 이런 고상한 것들이 깃드는 곳이라면 좀 그에 걸맞은 세련된 모습이면 좋겠는데, 이건 순두부나 퉁퉁 불은 우동 같다. 뇌가 그런 모양으로 생긴 것은 뇌가 신경세포(neuron, 뉴런)와 그것을 보조해 주는 장치들의 뭉치이기 때문이다. '몸뚱아리'의 일부라는 말이다.

뇌에 집중적으로 모여 있는 신경세포는 온몸에 퍼져 있다. 자율신경 시스템은 몸의 여러 기관과 연결되어 있다. 발끝, 피부 말단에도 신경세포들이 있다. 신경 시스템이 가장 정교하게 설계된 곳 중 하나가 손가락 끝이다. 중앙에서 말단까지 신경이 닿지 않는 곳이 없다.

뇌 속에 있는 신경전달물질들은 인체의 다른 곳에서도 일한다. 예를 들어, 우울증과 관련되어 널리 알려진 세로토닌(serotonin)은 두뇌보다

소화기관에서 훨씬 더 많이 쓰인다. 몸에 있는 전체 세로토닌의 90%가 소화기관, 뱃속에 있다. 뇌는 1할만 쓴다. 사촌이 땅을 사면 배가 아프고, 미운 놈이 잘되는 것을 보면 배알이 꼬이는 것, 안타까울 때 애(창자)가 타는 것, 스트레스가 쌓이면 소화가 안 되고 변비나 설사가 일어나는 것이 그래서다.

쾌감과 중독을 매개하는 물질로 알려진 도파민(dopamine)은 어떤가? 이것이 뇌뿐 아니라 심장과 신장에도 작용한다는 것은 의과대학 1학년 때 배우는, 오래전부터 알려진 일이다. 그런데 도파민의 50%는 소화기에서 만들어진다. 뇌, 심장, 신장, 위, 장, 모두 같은 언어를 쓰고 있다. 신경도, 신경전달물질도 온몸에 다 퍼져 있고 몸의 여러 기관들이 같은 언어로 소통한다.

행복감, 근심, 쾌감, 공포 이런 것들은 정신적인 것이지만 즉각 반응하는 것은 몸이다. 생각이 일어나기 전에 소름이 돋고, 가슴이 내려앉고, 덜덜 떨리고, 놀라면 기절한다. 그래서 마음이 어디 있냐고 물으면 동서고금을 통해 사람들은 가슴에 손을 얹는 것이다. 우리는 가슴으로, 배로, 피부로 느끼고 반응한다. 몸과 정신, 머리와 가슴은 하나로 오롯한 전체다.

뇌는 몸의 일부다. 정신은 온몸에 깃들어 있다. 몸이 건강해야 정신이 건강하다. 반대로 정신이 건강해야 몸이 건강하다. 이렇게 말해 놓고 보면 매우 상투적인 말로 들리겠지만, 원래 진리는 단순한 것이다.

치매에 걸리지 않으려면 운동을 해라

극단적인 예로 치매를 생각해 보자. 치매는 인생 후반에 인지력, 기억력, 판단력이 흐려지는 병이다. 그런데 머리가 망가지면 몸도 망가진다. 실제로 치매 진단 이후 평균 수명은 약 10년 정도다. 이는 마치 대통령실이 부실하면 온 나라가 고생하는 것과 같은 이치다. 치매는 노화의 필연적인 결과가 아니라, 고령에서 흔히 발생하는 일종의 질병이다.

치매의 대부분은 알츠하이머병으로, 전체 환자의 약 70%를 차지한다. 다음으로 많은 것이 혈관성 치매로, 15~20% 정도 된다. 두 유형이 전체 치매의 90%를 이루며, 상당수 환자는 두 가지를 함께 가지고 있다.

혈관성 치매는 뇌에 영양과 산소를 공급하는 뇌혈관이 막혀 발생한다. 쉽게 말해, 뇌의 여러 부위로 가는 보급로가 끊겨 해당 부위가 '죽기 때문에' 나타나는 것이다. 뇌는 체중과 부피로는 인체의 2%에 불과하지만, 혈액의 20%를 소비하며, 인체에서 가장 많은 산소를 필요로 한다. 혈관이 막혀 산소 공급이 중단되면 뇌세포가 죽는다. 모세혈관이 막히면 바늘 끝 크기의 부위가, 조금 굵은 혈관이 막히면 더 큰 부위가 손상된다. 뇌 영상에서는 이런 부위들이 점처럼 경색된 모습을 보인다. 이런 경우 환자와 가족이 모르게 서서히 인지 기능이 떨어진다.

큰 혈관이 갑자기 막혀 광범위하게 손상되면 몸의 한쪽이 마비되거나 언어, 삼킴 등에 장애가 생기는데, 이를 중풍이라 한다. 중풍이 한 번 발생할 때마다 인지 기능은 크게 저하된다. 혈관이 막히는 원인은 동맥경화다. 혈관 내에 기름기가 끼고, 석회화가 진행되어 막히는 것이다. 경화된 혈관은 쉽게 터지기도 한다. 동맥경화는 모든 심뇌혈관질환의 공통 경로이며, 고혈압, 고지혈증, 당뇨, 흡연 등 이른바 성인병이 주된 원인이다. 성인병은 혈관을 막고, 이는 곧 치매와도 깊이 연결된다.

큰 혈관이 막히면 중풍이 온다. 중풍이 한 번 올 때마다 인지력은 급격히 떨어진다. 작은 혈관이 막히면 서서히 치매 증상이 나타난다. 이는 성인병으로 인한 동맥경화의 결과다. 그래서 앞서 말했듯, 운동을 하면 혈관성 치매를 확실히 예방할 수 있다.

이제 모든 치매의 최대 비중을 차지하는 알츠하이머성 치매를 살펴보자. 이 병은 뇌신경에 퇴행성 불순물이 쌓여 발생한다. 기전은 알려져 있지만 정확한 원인은 모른다. 같은 유전자를 가지고도 어떤 사람은 병변이 나타나고, 어떤 사람은 그렇지 않은 이유가 명확하지 않다. 아직 예방약도, 치료약도 없다. 시중에 몇 가지 약품이 있지만, 의사로서 양심적으로 말하건대 큰 효과는 없다. 그렇다면 약이 없는 상황에서 예방은 가능할까? 여기에 80/20 법칙을 적용할 수 있을까?

수백, 수천만 달러를 들여 수십만 명을 대상으로 연구한 결과, 현대 의학이 한결같이 밝혀낸 사실이 있다. 알츠하이머 치매 예방에 가장 확실한 방법은 단연 '운동'이라는 것이다. 몸을 움직이는 것이 곧 뇌를 건강하게 한다. 그 이유와 기전에는 여러 가능성이 있다. 운동을 하면 혈관이 건강해져 혈액순환이 원활해지고, 뇌에 산소가 잘 공급된다. 이는 혈관성 치매 예방과도 맞닿아 있다. 또한 혈액순환이 원활해지면 대사 찌꺼기가 잘 배출될 수 있고, 엔도르핀이 분비돼 기분이 좋아지고 스트레스가 완화될 수 있다. 이 모든 이유가 함께 작용할 수도 있고, 아직 모르는 다른 기전이 있을 수도 있다. 하지만 모든 연구가 한결같이 내린 결론은, 운동이 알츠하이머 치매를 예방하는 가장 확실한 방법이라는 점이다. 운동은 혈류 개선 이상의 방식으로 뇌 건강을 지킨다.

내 생각에 그 이유는 단순하다. 뇌는 몸의 일부다. 운동을 하면 몸 전체가 건강해지고, 따라서 뇌도 건강해진다. 마치 내 친구 치과 의사가 "몸이 건강해야 이도 건강하다."라고 말하는 것과 같은 이치다.

이 책을 쓰면서 알게 된 『길 위의 뇌』라는 책이 있다. 저자 정세희 박사는 뇌 손상 환자를 재활시키는 전문의다. 부제는 '뇌를 치료하는 의사 러너가 20년 동안 달리며 깨달은 것들'이다. 나 같은 일반 내과 의사의 말보다, 이 분야 전문의의 말을 들어 보자.

"뇌는 머리를 쓴다고 좋아지지 않는다. 뇌는 오히려 몸을 써야 건강해진다. 몸이 건강해지면 뇌도 함께 좋아진다. 이 사실을 잘 알기에 나는 시간이 나면, 아니 시간이 없어도 달렸다. 그리고 달릴 수 있는 환자에게는 달리도록, 그렇지 않은 환자에게는 달리기를 대신할 운동을 알려주었다."(『길 위의 뇌』, p. 6)

이보다 더 명확할 수 없다. 평생 맑은 정신으로 살고 싶은가? 움직이시라. 심장이 뛰게, 숨이 차게, 땀이 나게 움직이시라. 이보다 좋은 처방은 없다.

재미있게 살자고
하는 일이다

　　　　　　사실 무엇을 예방하기 위해 산다는 것은 피곤한 일이다. 성인병과 치매를 예방하기 위해 운동하는 것은 살을 빼기 위해 다이어트하며 운동하는 것만큼이나 힘들다. 작심삼일이고 끊임없이 도돌이표가 반복된다.

　1차 진료를 하는 내과 의사로서 환자들에게 건강한 삶의 방식에 대해 늘 이야기한다. 단순한 식단으로 건강하게 드시고 몸을 많이 움직이시라. 그렇게 말하면 어떤 환자는 화를 낸다. "그걸 몰라서 그러겠어요? 의사라면 특효약을 처방해 줘야지, 약은 안 주고 맨날 움직이라고만 하니 뭐 이런 돌팔이가 다 있나." 그런 식이다. 특히 안 움직이며 평생 살아온 분들에게 운동하라고 말하는 것은 생니를 뽑는 것 같이 힘들다. 살 길을 가르쳐 주는데, 특단의 처방을 해 주고 있는데, 사람들은 엉뚱한 것을 원한다.

　이건 살자고 하는 일이다. 그런데 죽지 않고 살아남기 위해 버둥거리는 게 아니라 재미있게 잘 살자고 하는 일이다. 이왕 사는 거 재미있게 살아야 되지 않겠나? 생로병사가 아니라 생희락사가 되면 안 되겠나?

몸을 움직이면 사는 게 재미있다. 물론 숨쉬기 운동만으로도 평생 살 수는 있지만 그렇게 살면 놓치는 재미가 너무 많다. 재미있고 몸에 좋고 질병도 예방하다니. 이런 좋은 게 어디 있나? 입맛에 짝짝 붙는 것들은 대개 몸에 안 좋은 것들이고, 좋은 약은 입에 쓴 법이지만, 몸을 움직이는 것은 몸에도 좋고 재미도 있다.

얼마 전에도 나와 비슷한 연배의 여성 환자와 이런 대화를 했다. '나는 운동이 싫어요!'를 표어 삼고 사는 사람이다.

"몸을 움직이면 재미가 있습니다. 흥이 나면 몸이 들썩여지잖아요."

"흥이 났으니 몸이 움직이는 거지, 몸이 움직여서 흥이 나는 게 아니지요."

"흥이 없어도 움직이면 흥이 납니다…. 춤 춰 보셨어요?"

"아뇨."

"저도 몸치라서 50 넘을 때까지 춤이란 것은 춰 본 적이 없는데, 한 번 해 보니까 재밌더라고요."

"박사님이 춤을 춘다고요?"

"춤이 아니라 그냥 흔드는 거죠. 막춤도 아닌 흔들기. 근데 몸을 흔들면 흥이 나더라는 말이죠. 기분이 좋아져요."

"그건 춤이라서 그렇지 운동은 다르잖아요. 저는 운동이 재미없어요. 못 해요."

"무엇이든지 좋아하는 것을 하면 돼요. 좋아하는 것 하나쯤은 있지 않나요? 에어로빅, 줌바, 요가, 볼링, 줄넘기…."

"그런 거 다 싫어요."

"(대책이 없군) 하나 만들어 봐요. 앞으로 살날이 얼마나 많이 남았는데 몸을 움직이지 않고 산다니 얼마나 억울해요?"

"…."

"걷는 것은 어때요? 산보! 혼자 걷든지 누구와 같이 걷든지."

"비 오잖아요." (시애틀은 비 많이 오기로 유명하다.)

이쯤 되면 더 이상 진도가 나가지 않는다. 오늘은 그냥 씨를 심은 것으로 만족해야 한다. 다 때가 있는 법. 언젠가는 머리에 '뻥' 하고 불이 들어오기를 바란다. 물론 확실하게 불이 뻥뻥뻥 환하게 켜지는 경우는 못 움직이게 됐을 때다.

몸을 움직일 수 있다는 것이 얼마나 감사한 일인지는, 다치거나 병에 걸렸을 때 절실히 깨닫게 된다. 오늘도 나는 중풍, 심부전, 만성 폐쇄성 폐질환, 고관절 골절 등으로 재활 요양병원에 입원한 환자분들을 회진했다. 이분들은 일어서기, 스스로 휠체어에 앉기, 화장실까지 가기 같은 동작을 연습하고 훈련하기 위해 입원해 있다. 걷는다는 것이 결코 아무렇지도 않거나 하찮은 일이 아님을, 이분들은 몸으로 안다. 지혜 있는 사람이라면 이런 날이 오기 전에 움직일지어다.

몸은
기계가 아니다

이렇게 말하면 어떤 사람은 "그렇게 운동을 많이 하면 오히려 몸이 빨리 망가지는 것 아닐까요? 닳아서 없어진다는 말도 있잖아요?"라고 묻는다. 절대로 그렇지 않다. 쇠나 플라스틱으로 만든 기계는 그렇지만 몸은 기계가 아니다. 살아있는 유기체다. 기계라면 70~80년, 90~100년 쓸 수 없다. 집 안에, 당신이 태어난 순간부터 지금까지 한순간도 쉬지 않고 일해 온 물건이 남아 있는가? 당신의 몸 말고는 없다. 쓸수록 새로워지는 게 인체다.

심장은 정기적으로 과부하를 주어야 더 건강해진다. 그래서 운동하는 사람이 심폐기능이 향상되는 것이다. "마라톤하면 빨리 죽는다던데요?"라고 하는 사람에게는 정말 할 말이 없다. 이웃 읍에도 가 보지 않은 사람이 서울이 이렇다 저렇다 하고 있는데 어떻게 말을 섞겠는가? 이런 사람에게는 그냥 영화 〈1947 보스턴〉을 한 번 보시라고 말할 뿐이다. 국뽕 향기가 짙기는 하지만 감동을 준다. 그런데 마라톤을 하면 일찍 죽는다는 분들이 그 영화를 꼭 봐야 할 이유는 끝에 나오는 자막 때문이다.

손기정, 남승룡, 서윤복, 그 영화의 주인공, 마라토너 세 분의 향년은 각각 91, 90, 95세였다.

근육도 계속 부하를 걸어 주어야 튼튼해진다. 다리 캐스트(깁스) 한 달 하고 풀어 보라. 종아리 근육이 얼마나 가늘어졌는지. 안 써서 약해진 것이다. 뼈는 스트레스를 받아야 단단해진다. 뼈는 단순한 막대기가 아니다. 살아있는 정교한 세포들의 조직이다. 뼈세포들은 끊임없이 리모델링을 한다. 무중력 상태에서 우주여행을 하고 돌아온 우주인들의 뼈는 밀도가 떨어진다. 골다공증이 된다는 말이다. 단단해야 할 필요가 없기 때문이다. 침대에 누워 있는 '절대안정'의 환자들은 이틀이면 벌써 뼈의 감소가 시작된다.

우리는 움직여야 살게 되어 있다. 머리도 자꾸 써야 더 잘 돌아가듯 몸도 그렇다. 세포들은 재생되고 재조직된다. 수퍼마켓에 가도 잘되는 집은 채소들이 늘 싱싱하지만 안 되는 집은 팔리지 않은 시들한 물건들이 오래 남아 있지 않던가? 몸도 그렇다. 재생, 재조직, 향상의 모든 기능은 활동할수록 더 활성화된다. 쓰지 않으면 잃어버린다(Use or lose it)는 말은 사람의 몸과 마음에 관한 기본적인 진리다.

운동에 중독될 수 있을까

 몸을 많이 쓰는 이야기를 하고 있으니 운동을 과하게 하는 것, 나아가 운동 중독을 생각해 보자. 운동에 중독될 수 있을까?

 중독(addiction)은 그 자체로 의학의 전문 분야가 될 만큼 큰 문제다. 인터넷, 게임, 포르노 등은 20세기 이후에 나타난 현상 같지만, 어찌 보면 사람은 원래 뭔가에 중독되어 살아온 듯하다. 그만큼 중독은 우리 본성 깊숙이 자리 잡고 있다. 현대 문명 속에서 우리는 이러한 집착 성향을 자극하고 중독에 빠뜨리는 요소들에 둘러싸여 있다. 대부분 사람이 만들어 낸 것들이다. 나중에 말하겠지만, 자연과 격리되어 살수록 이런 것들에 더 집착하게 된다.

 온갖 중독이 다 있으니 운동에도 중독될 수 있을 것이다. '일 중독(workaholism, 일 중독자는 workaholic)'이라는 말은 이미 일상 용어처럼 쓰인다. 운동 중독도 비슷한 의미로 이해할 수 있겠다. 그렇다면 얼마큼 해야 중독일까? 매일 달리기를 하는 사람은 중독된 걸까? 그렇지는 않다. 매일 독서나 명상을 하는 사람을 중독이라고 하진 않지 않은가.

또 '지나치게 하면 중독'이라고 단순히 말하기도 어렵다. 나에게 지나친 것이 다른 사람에게는 정상일 수도 있다. 나는 한 시간 독서하면 딱 맞는데, 저 사람은 하루 네 시간 책을 읽는다면 그게 지나친 걸까? 유발 하라리(Yuval Harari, 『호모 사피엔스』, 『호모 데우스』, 『넥서스』 저자)는 매일 두 시간 명상을 한다는데, 그것이 과한 것일까?

중독을 어떻게 정의하는가는 좀 더 전문적인 문제지만, 단순하고 거칠게 말하면, 어떤 습관적 행위든 그 자체로는 중립적이거나 혹은 좋은 것이라도 부정적인 열매를 맺고 있을 때 우리는 중독이 아닌가 의심할 수 있다. 용어의 바른 정의에 매달려 씨름할 필요 없다. 중독이라 부르든 과도한 몰입 혹은 탐닉이라고 하든, 우리가 상식과 직관으로 판단할 수 있다.

부정적인 열매라는 것은 자신에게, 그리고 그 사람과 관계된, 이를테면 가족들이 겪게 되는 것이다. 운동의 경우, 건강하게 잘 살려고 하는 일인데, 반대로 자신의 몸이 망가져 가는데도 집착하면 그건 중독이라 할 수 있을 것이다. 부상에도 불구하고 또 운동을 시작하는 프로 선수나 올림픽 선수는? 중독이라고 할 수 없다. 직업병 혹은 산업 재해라고 해 두자.

나는 재미있게 즐기고 있는데 나에게 의미 있는 사람들, 나의 가족, 즉 배우자, 자녀들이 그것으로 인해 소홀히 여겨지거나 피해를 본다면 중독일 수 있다. 직업상 중독된 환자들을 많이 보았다. 니코틴, 알코올 중독은 늘 있었고 요즘 약물 중독은 전염병 수준이다. 한국인 도박 중독 환자들도 은근히 많다. 그런데 굳이 운동 중독이라고 부를 만한 경우는 아무리 생각해 봐도 딱 둘이다.

한 분은 여자인데 삶과 관계의 여러 어려운 문제를 겪고 있었다. 그러다가 운동을 시작하여 아주 열심히 하고 있었다. 문제는 몸의 여러 군데가 고장 나기 시작했다는 것이다. 늘 아프다고 한다. 진통제를 달라고 하고, 정형외과에 갔더니 해 줄 게 없다고 하니 다른 정형외과로 보내 달라고 하고, 여기 가서 물리치료를 했는데 안 좋아지니까 다른 데로 또 보내 달라고 한다. 진단과 치료가 부실해서 아프다고 생각한다. 비싼 자전거를 사서 타다가 넘어져 심하게 다치기도 했다. 그런데도 운동에 집착하는 이유 중 하나는 몸매 관리였다. 자신의 가치의 큰 부분이 그것에 달렸다고 생각한다는 인상을 받았다.

다른 환자는 남자인데, 일과 운동을 모두 과하게 하고 있었다. 투잡(two jobs)을 뛰면서 매일 달리기를 한다. 잠은 서너 시간밖에 자지 않는데도 하루 10km는 꼭 달려야 한다는 사람이다. 아내도 일을 하기 때문에 형편이 궁색하지 않고, 갚아야 할 큰 빚이 있는 것도 아니다. 그런데도 일이란 일은 마다하지 않고 한다. 아니, 사람이 어떻게 풀타임 일을 두 가지나 제대로 할 수 있을까? 일터가 자주 바뀐다. 그런데도 달리기는 멈추지 않는다. 늘 몸이 아프고, 진통제를 처방해 달라고 자주 온다.

"제발 슬로 다운(slow down) 하세요." 아무리 말해도 이해하지 못한다. 이 사람은 왜 달릴까? 달리는 게 좋아서 달리는 것 같지는 않았다. 안 그러면 안 되기 때문에 달리는 것이다. 이것이 중독의 중요한 성질이다. 금단증상, 즉 멈추면 나타나는 갖가지 부정적 증상들 말이다. 우리가 가장 많이 보는 예가 흡연이다. 21세기 문명사회에서 대부분의 흡연자는 담배가 좋아서가 아니라 피우지 않을 수 없어서 피운다. 니코틴이 들어오지 않으면 불안하고 불편하기 때문이다.

약물도 처음에는 쾌감 때문에 사용하지만 나중에는 하지 않으면 안 되기 때문에 한다. 내 환자들 가운데 몰핀 계열의 진통제, 헤로인, 필로폰 중독자들이 많다. 안 하면 죽을 것처럼 아프고 괴로운 금단증상 때문에 무슨 수를 써서라도 약을 찾아서 몸에 집어넣어야 정상적으로 살 수 있다. 약을 사기 위해 오버타임으로 일을 하는 것으로도 안 되어 도둑질을 하거나 몸을 파는 사람들도 있다. 중독은 내 삶의 운전대를 약물/행동이 잡고 있는 상태다. 노예생활이다.

약물과는 다르지만 행동 중독(도박, 포르노 등)도 두뇌의 변화를 일으킨다는데 운동도 그렇게 될 수 있나? 이왕 중독될 것이라면 그나마 운동 중독은 나은 걸까? 약물처럼 직접적이고 신속한 해가 없고 도박만한 경제적 손실이 없어 다행일까? 다시 말하지만 우리가 무엇을 중독이라고 부를 때는 이미 그 부정적인 결과가 자신과 주위에 나타나고 있는 경우다. 그나마 다행인 것은 운동 중독의 경우 대개 몸이 망가지므로 자연스럽게 더 심하게 하지 못하게 된다는 것이다. 그런 면에서 일 중독과는 또 다른 것 같다.

중독은 복잡한 문제다. 유전, 기질, 환경, 관계, 사회적인 요소들이 얽혀 있다. 톨스토이의 말처럼 정상은 단순한데 망가지는 길은 제각각이다. 그래서 진단도 치료도 회복도 복잡하고 어려운 것이다. 다행히 내가 보는 환자들 가운데 운동 중독이 의심되는 사람은 매우 매우 적었다.

굳이 조언할 것이 있다면 남들이 '너무 과하게 하는 것 아니야?'라고 말할 때 자신을 돌아보라는 것이다. 내가 왜 이런 운동을 하는지. 그리고 주위 사람들, 특히 같이 사는 사람들과의 관계도 점검해 보라는 말이다. 배우자가 불평한다면 '왜 또 잔소리하나?' 하지 말고 잘 듣고 생각해 볼 기회라 여기는 게 좋다. 내가 좋아서 하는 행동 때문에 누군가 소홀해지고 불행하다면 빨간불이다. 물론 같이 사는 사람들의 취미와 기호가 크게 다를 수 있다. 그러나 건강한 정서를 가진 성인들이라면 서로의 차이를 존중하고 적응하며 잘 살 수 있다. 서로의 다름 때문에 같이 사는 삶이 더 흥미롭지 않은가? 삶도 사랑도 기술이다. 기술은 저절로 늘지 않는다. 살면서 배위야 하는 것이다.

다시 인용하는 류영모 선생 말씀처럼 '몸 성히 마음 조히' 사는 일인가? 덧붙여 더불어 잘 살고 있는가? 이런 잣대로 보면 자신이 운동에 중독된 것인지 아닌지 알 수 있을 것이다.

운동하면
관절이 망가질까

　　　　　　　　　　　운동을 지나치게 하는 문제를 말하고 있으니 관절로 넘어가자. 주로 달리기 이야기를 했으니까 중요한 무릎 관절을 말하지 않을 수 없다. 운동하다가 무릎 관절이 망가졌다는, 속칭 '도가니가 나갔다.'는 사람들이 있다. 관절의 연골이 닳아서 뼈와 뼈가 마찰이 되며 무릎 마디가 붓고 아프기도 하고, 오래되면 뼈가 톱니처럼 변형되는 과정을 퇴행성 관절염이라 한다. 물론 나이가 많아지면 몸의 모든 다른 부분들과 마찬가지로 관절도 퇴행한다. 문제는 일찍 퇴행하는 경우다. 무릎 관절이 일찍 망가지는 원인은 두 가지다. 하나는 학대(abuse)요, 하나는 방치/소홀(negligence)이다.

　자식들 힘들게 하는 부모의 행동에서 빌려온 단어다. 학대(abuse)는 마구 부려먹는 것이다. 쉬지 않고 관절을 혹사시키면 연골이 닳는다. 왕년의 투수왕 최동원 선수처럼 매 게임마다 연속 선발 등판을 시켜 공을 던지게 해서 어깨를 학대하면 어깨가 안 망가지겠는가? 상식에 속한 문제다. 운동하다가, 먹고 살기 위해서 노동을 하느라, 나라를 지키느라,

하여간 그 무슨 이유로든 무릎을 혹사하면 관절이 일찍 퇴행한다. 내 환자 중에 특전사에서 태권도 교관을 한 분은 몸의 모든 관절이 골고루 망가져 있었다. 나라를 위해 문자 그대로 몸을 다 바친 형국이다.

관절도 트라우마를 겪는다. 트라우마는 계속되는 학대일 수도 있고 한 번에 크게 올 때도 있다. 골절이 그 예다. 어릴 때 무릎이나 다른 관절에 골절이 있었으면 그 관절의 퇴행 작용이 더 일찍 시작될 수 있다.

방치/소홀(negligence)은 그 반대의 경우다. 안 써서 그렇다. 운동하지 않으면 무릎 주위의 근육, 힘줄, 인대가 약해지고, 관절 내의 연골 조직도 쇠퇴한다. 관절이 허약하면 금방 망가지지 않겠는가? 이것도 상식에 속한 문제다. 거기다 비만하여 무게가 더 실리면, 무릎 관절의 부담이 커진다. 연골이 빨리 닳지 않을 수 없다. 무릎 관절에 있어 운동을 안 하는 건, 아이를 굶기고 같이 놀아주지 않고 학교도 안 보내는 것과 같다.

관절도 살아있는 조직이라 계속 움직여야 신선해지고 기능이 유지되고 향상된다. 관절을 둘러싼 힘줄과 근육은 써야 강해진다. 퇴행성 관절염에 시달리는 분들에게 아예 운동하지 말라는 처방을 내리는 돌팔이 의사는 없다. 오히려 알맞은 운동을 정기적으로 해야 관절이 더 건강해진다. 이미 망가진 관절도 운동을 해야 기능을 보존할 수 있다. 그래서 관절이 약한 분들에게 운동을 권하는 것이다.

수련의를 마치고 내과 전문의가 되어 아틀란타 근처에서 4년간 일했다. 환자의 99%가 백인이었다. 그러다 워싱턴주 타코마(Tacoma) 한인 타운으로 옮겨왔다. 여러 문화 충격이 있었는데, 그중 하나는 한국인 아줌마와 할머니들 대부분이 무릎 퇴행성 관절염을 앓고 있다는 사실이었다. 백인 환자들은 무릎 관절보다 고관절(힙 관절)에 퇴행이 많은 반면, 한국인들은 단연 무릎이 많았다.

물론 생활 습관의 차이가 있다. 미국인들은 의자에 앉는 입식 생활을 하지만, 한국 사람들은 바닥에 쪼그려 앉아 살아왔다. 그러나 이런 생활 방식 때문만이 아니라, 다리 근육이 약해 관절에 부담이 커져 퇴행이 진행된 경우가 많다. 그래서 평생 노동한 남성보다 그렇지 않은 여성에게 무릎 퇴행성 관절염이 훨씬 많이 발생한다. 근육이 약해서다.

중년 이후 한국인 여성들은 허벅지 근육이 부실해진다. 그러면 무릎 관절에 실리는 하중이 크다. 여기에 복부 비만으로 배까지 동그랗게 나온, 이른바 '사과형' 체형이라면, 과체중과 부실한 다리 근육으로 인해 무릎은 이중의 스트레스를 받게 된다.

이렇게 되지 않으려면 다리 근육을 강화하는 운동을 해야 한다. '꿀벅지'라는 말이 유행하던데, 일리가 있다. 허벅지 근육이 튼튼하면 무릎 관절을 오래 보존할 수 있고, 대사에서 큰 근육 그룹이 하는 역할 덕분에 성인병도 예방할 수 있다.

이미 무릎의 연골이 닳기 시작한 사람도 꾸준히 운동을 해야 관절의 기능을 유지, 보존하고 향상시킬 수 있다. 달리기로 관절염의 고통에서 해방된 사람들 많다. 다시 말한다. 무릎 관절을 오래오래 보존하고 싶은 사람은 운동해야 한다. 걷기, 달리기, 자전거 등으로 다리 근육을 튼튼하게 해야 한다.

이 책을 쓰다가 인터넷에서 마라톤과 관절에 관한 전문가를 알게 됐다. 정형외과 전문의 서승우 박사는 40대에 달리기를 시작하여 마라톤을 500번 이상 완주했고, 산악 마라톤, 울트라 마라톤을 하는 분이다. 그러고도 무릎 관절이 건강하다. 무리하지만 않으면 마라톤을 70세 넘어해도(칠마회라는 것이 있고 그 회원들이 많은 것은 처음 알았다.) 관절 상하지 않는다고 그분의 연구가 분명히 밝혔다. 이분의 연구 결과로 달리기와 관절에 대한 의문에 종지부를 찍기 바란다.

미국 이야기를 좀 하겠다. 관절이 일찍 닳는, 조기 퇴행성 관절염을 가진 그룹 중에 학창 시절에 운동선수였던 사람들이 많다. 미국에서는 학교 다닐 때 스포츠를 많이 시킨다. 운동 잘하는 아이들은 그것으로 장학금을 받아 대학을 가기도 하고, 정말 탁월한 아이들은 프로 선수가 되기도 한다. 그런데 자라나는 아이들이 과도하게 운동을 하는 경향이 있다는 것이 문제다. 물불을 가리지 않는다. 예를 들어, 올림픽에 나가려고 어려서부터 체조를 한 아이들, 대회 우승을 위해, 장학금을 위해 몸을 사리지 않고 점프하고 뒹구는 배구선수들, 농구선수들 중에 30~40대가 되면 관절염으로 고생하는 경우가 많다. 자라나는 시절에 관절을 과하게 써서 연골이 일찍 닳아 퇴행성 관절염이 일찍 온 것이다. 관절을 학대했다는 말이다.

내가 본 환자들 가운데 가장 불건강한 그룹 중 하나는 왕년에 학교에서 풋볼을 했던 사람들이다. 미국 고등학교 남학생들의 서열에서 단연 풋볼 선수가 '갑'이다. 남학생은 풋볼 스타, 여학생은 치어리더, 이 둘이 사귀면 환상의 커플로 여겨진다.

풋볼은 달리고, 부딪히고, 구르고, 넘어뜨리는 야성적인 스포츠다. 근육도 키워야 하고, 운동 중 에너지 소모량이 많으니 많이 먹어야 한다. 문제는 이들이 학교를 졸업하고 사회에 나와 더 이상 풋볼을 하지 않을 때 생긴다. 당연히 에너지 소모량은 절반 이하로 줄어든다. 그런데도 선수 시절의 식습관을 그대로 유지한다. 고칼로리 음식을 과거 버릇대로 과식·폭식하며 계속 먹는 것이다.

무릎 관절은 이미 닳아 운동하기 힘들고, 그러다 보니 체중은 계속 늘어 비만해진다. 체중이 늘면 하중이 커져 관절은 더 닳는다. 관절이

나빠지니 운동은 더 어렵고, 그 결과 체중은 더 늘고 관절은 더 망가진다. 악순환이다. 게다가 머리를 부딪히는 게 다반사여서 거듭된 뇌진탕의 후유증까지 있으면 이건 정말 서글픈 경우다. 뇌에 충격이 거듭되면 우울증과 치매가 오기 쉽다.

학생 스포츠 스타들은 프로가 되는 꿈을 꾼다. 하지만 그 길은 낙타가 바늘귀를 통과하는 것만큼이나 어렵다. 잘하는 아이들이 너무 많기 때문이다. 경쟁 스포츠에서 부상 없이 몸을 지키는 것 또한 쉽지 않다. 고등학교 시절 인기만 누리다 프로 선수가 되지 못하고 몸만 망가진 사람들이 얼마나 많은지 모른다.

매주 NFL(National Football League) 풋볼 경기를 보며 열광하는 사람들은 그 이면에 수많은 희생자가 있음을 알았으면 한다. 물론 어떤 운동이든 과도하게 하면 부상을 입기 마련이지만, 풋볼을 예로 드는 이유는 이것이 '과도한 운동'의 대표적인 사례이기 때문이다.

엘리트 스포츠

　　　　　　　　　　　풋볼, 야구, 농구—이 세 가지 프로 스포츠는 미국 문화에서 중요한 기둥이다. 나 역시 한때 프로 농구(NBA)에 열광적으로 빠져 있던 시절이 있었다. 나는 카림 압둘자바, 매직 존슨, 래리 버드, 마이클 조던 세대다. 그들의 몸놀림과 기술은 예술의 경지였다.

　가끔 선수들끼리 싸움이 벌어진다. 농구에서 팔꿈치로 상대를 찌르거나, 야구에서 타자가 데드볼에 맞으면 벤치의 선수들이 몰려나와 패싸움을 하기도 한다. 스틱을 휘두르며 몸을 부딪치는 아이스하키는 싸움이 더 빈번하지 않은 게 신기할 정도다. 하지만 심하면 그들도 엉켜치고받는다. 특히 하키 선수들이 싸울 때는 심판도, 동료도 쉽게 말리지 못한다. 말리다 다칠 수 있기 때문이다. 결국 양쪽 모두 힘이 빠져야 겨우 떼어 놓는다.

　프로 선수들이 경기 중 싸우는 모습을 보면, 수백만 달러의 연봉을 받는 사람들이 왜 아이들처럼 싸울까 하는 생각이 든다. 프로답게 점잖

게 경기를 해도 될 텐데 말이다. 어쨌든 돈은 그대로 나오지 않는가. 하지만 몸이 부딪히는 팀 스포츠는 사람 안에 있는 동물적인 야성을 쉽게 자극한다. 어른들이, 그것도 갑부들이, 수많은 관중이 지켜보는 TV 생중계에서, 자기 자식도 볼 수 있는 자리에서 싸운다.

관중들은 피자, 치킨, 햄버거, 맥주를 먹고 마시며 카우치에 앉아 함성과 욕설을 보내고 그 장면을 즐긴다. 하긴, 구경 중에 싸움 구경만 한 것도 없지 않은가. 옛 로마의 검투사 경기를 보던 사람들도 그랬을까? 복싱이나 MMA(Mixed Martial Arts)야 그렇다 치더라도, 구기 종목 프로 스포츠도 마찬가지다. 프로 스포츠가 나쁘다는 뜻은 아니다. 그것들의 가치는 크다. 본질은 엔터테인먼트이며, 영화나 쇼 같은 '라이브 공연'이다. 물론 감동을 주는 순간도 많다. 나는 스포츠 다큐멘터리도 즐겨 본다. 인간의 승리, 패배, 좌절, 극복, 성취… 이런 것들이 경쟁 스포츠 세계에서 극명하게 드러난다. 프로 스포츠는 또 다른 차원이다. 프로가 아니었다면 오타니 쇼헤이처럼 입신의 경지에 오른 영감을 주는 선수가 나올 수 있었을까.

하지만 프로 스포츠의 번영은 국민 건강 증진과는 아무 관계가 없다. 거액의 몸값을 받는 극소수의 스포츠 엘리트들이 벌이는 몸의 향연 뒤에는, 그 꿈을 좇다 좌절하고 몸이 망가진 수많은 청년이 있다. 가장 인기 있는 프로 경기 이벤트가 열리는 시간이, 시청자들에게는 오히려 가장 불건강해지는 시간이다. 미국 평균 남성의 전형적인 모습은 만삭 같은 배를 흔들며 맥주를 마시고 풋볼 경기에 열광하는 모습이다.

로마 시민들이 검투사들의 싸움에 열광했듯, 현대판 콜로세움이 미국 프로 스포츠일지도 모른다. 농구나 풋볼 선수의 상당수는 흑인이다.

몸으로 성공해야 한다고 믿는 흑인 아이들이 많다. 지나치게 야비하게 들릴 수 있지만, 미국 프로 스포츠는 다수 흑인 선수들의 피와 땀과 눈물 위에 서 있다. 사람들은 돈으로 그 판을 더 부채질하며 키운다. 여기서 멈추자. 인종 문제는 논할 자리가 아니다.

보통 사람의
스포츠

　　　　　　　　　　　　이야기가 곁가지를 쳤다. 프로 스포츠, 엘리트 스포츠는 엔터테인먼트다. 가끔 영감을 주는 좋은 엔터테인먼트의 가치가 있지만, 국민 건강과는 상관없다는 말을 하고 싶었다. 스포츠가 '보는 것'이 아니라 '하는 것'이 될 때 훨씬 더 가치가 있다는 말이다. 그리고 재미있는 역설은, 내가 관찰한 바에 따르면, 등산·달리기·자전거·마라톤 등 자기 몸을 써서 하는 운동을 즐기는 사람들 중에 프로 스포츠에 열광하는 사람이 별로 없더라는 것이다. 무엇보다도 시간이 문제일 것이다. TV 앞에 앉아 하루 종일 몇 경기를 시청하기보다는 나가서 내 발로 달리는 것이 더 좋기 때문이다.

　그리고 이것은 연구로 드러난 사실인데, 하버드대학교의 연구에 의하면, 미국에서 건강하게 오래 사는 사람은 대개 중년 이후에 본격적으로 운동을 시작한 이들이라고 한다. 무슨 말이냐. 앞에 말한 대로, 운동을 잘하는 아이들(영어로 jock라 한다)은 학생 때 경쟁적인 스포츠를 하며 부상을 입기도 하고, 성장기에 관절이 상한다. 이렇게 되면 중년 이후에 퇴행성 관절염이 쉽게 온다. 그리고 한창 운동할 때 많이 먹던 식습관을 졸업 후에도 계속 유지하기 때문에 비만하기 쉽다. 비만하면 관절이 더 망가지고 성인병을 얻는다. 게다가 공부까지 게을리했으면 나중에 인생이 어렵게 된다.

그러나 학생 때 그러지 않고(못하고) 구석에 처져 있던 공부벌레들(영어로 nerd라 한다)은 졸업 후에 좋은 직장을 가지고 살다가, 중년이 되어 '몸이 이래서는 안 되겠다.' 하는 생각에 운동을 시작한다는 것이다. 이미 중년이 되었으므로 몸을 막 굴릴 수가 없다. 조심조심 살살 할 수밖에 없다. 그래서 심하게 다치지 않는다. 그리고 근면하고 성취욕이 있기 때문에 더 향상하고 싶어 한다. 안전하고, 특출한 소질이 필요 없고, 향상할 수 있는 운동은 지구력을 요하는 운동들이다. 마라톤 · 자전거 · 3종경기 참가자의 다수는 소득과 학력이 높은 중년 이상이다.

이런 농담이 있다. 고등학교 동창들이 모였는데 조크(jock)는 어느 하이테크 회사의 경비로 일하고 있고, 너드(nerd)는 그 회사의 CEO가 되어 있더라는 것. 물론 이것은 학창 시절 운명의 반전을 꿈꾸는 너드들의 희망 사항을 반영한 얘기다.

타고난 놈이 노력하는 놈을 못 이기고, 노력하는 놈이 즐기는 놈을 못 이긴다는 말이 있는데, 솔직히 정말 그런지는 모르겠다. 아무리 즐기고 노력해도, 타고난 사람을 이길 수는 없다. 그런데 중년 이후의 운동, 특히 오래 하는 운동은 누구를 이기려고 하는 게 아니니까 상관없다. 나를 이기려고 하는 거라고 할 수는 있다. 그런데 이 말도 어폐가 있다. 왜냐하면 하기만 하면 늘 이기기 때문이다. 1년 전의 나, 10년 전의 나보다 더 향상돼 있다면 이긴 것 아닌가? 하면 이기게 되어 있다.

몸을 움직이는 가장 큰 이유는 그걸 즐기기 위해서다. 나를 포함한 그 누구도 이기기 위한 게 아니고, 싫지만 약 삼아 억지로 하는 것은 더욱 아니다. 즐겁게 하는 것이다. 그러는 중에 향상하는 것이다. 얼마나 좋은가?

  돈을 많이 버는 사람은 부럽다. 그런데 자기가 좋아하는 일을 하며 돈을 많이 버는 사람은 더 부럽다. 돈을 벌기 위해 사는 것이 아니라 즐기면서 사는데 돈이 따라온다면, 이보다 더 좋은 일이 어디 있나. 운동이 그렇다. 몸을 움직이는 것은 건강에 좋다. 그러나 건강을 위해 사는 것은 피곤한 일이다. 건강해지기 위해, 질병을 예방하기 위해 억지로 몸을 움직여야 한다면 그 일은 오래가지 못한다. 아마 몸에도 안 좋을 것이다. 운동은 즐길 수 있다. 유익할 뿐 아니라 재미있는 것이다. 천하의 두부살 몸치인 내 입으로 운동은 재미있는 거라고 말하다니.

달리며 즐기며
　　　　　배운다

　　　　　　　　　　달리기를 예로 들어 보자. 내가 달리는 것은 건강해지려고, 건강을 유지하려고, 질병을 예방하려고 하는 것이 아니다. 즐기기 위해서 한다. 이렇게 말하면 많은 사람이 달리기처럼 지루하고 힘든 일이 어딨냐고 한다. 안 해 봐서 그런 소리를 한다. 마치 골프에 심취한 내 친구들이, 내가 "작은 공 때려서 작은 구멍에 넣으려고 몇 시간 걸어 다니는 게 무슨 재미가 있냐?"고 하면 답답해하는 것과 같은 이치다.

　달리기는 즐겁다. 내 몸이 이렇게 긴 거리를 내 발로 뛰어서 갈 수 있다니, 얼마나 즐거운 일인가? 여럿이 같이 달리는 것도 즐겁지만, 대개는 혼자 달려야 하는데 그래서 더 즐겁다. 햇볕과 바람이 피부에 닿을 때, 때로는 비도 맞아 가며, 하늘과 땅 사이에 홀로 길 위를 달리는 것은 존재론적 즐거움이다. 천·지·인이라고 하지 않았나. 이보다 더 근원적일 수는 없다.

　달리면 머리가 맑아진다. 달리다 보면 세상사, 인생사의 복잡다단한 변수들이 단순해지고 제자리를 찾는다. 난삽하던 삶이 명료해진다. 밖으로 나가 들과 해변을 달리면, 그동안 쌓였던 삶의 크고 작은 복잡한 문제들이 개미 언덕만 해진다. 중한 것은 인생의 사연들이 아니라 나였다는 것을 알게 된다.

게다가 러너스 하이(Runner's High)는 어떤가? 무척이나 기분 좋은 느낌이다. 구름 위를 노니는 것처럼 머리와 몸이 맑고 가볍다. 일종의 황홀경, 삼매, 이런 것이다. 달리기를 할 때 이런 것들이 온다. 여기에 대해서는 다음 장 '달리기 레슨'에서 좀 더 말하겠다.

이래서 달리는 일은 나에게 여러 종교에서 말하는 경건의 시간, quiet time, 명상의 시간들 같은 것이다. 무릎 꿇고만 기도하고, 가부좌해서만 명상하는 게 아니다. 하늘과 땅 사이에 서서 달리는 나, 바로 그 순간이 신과 자연과 삼라만상과 하나 되는 거룩한 순간이다.

나는 사는 법을 조깅 중에 많이 배웠다. 삶의 구상이 뛰는 중에 이루어졌다. 창조적인 생각들이 달릴 때 쏟아져 나온다. 강의를 자주 하던 때, 무엇을 어떻게 말해야 할지 아이디어들이 구름처럼 피어올랐다. 이 책도 많은 부분 뛰어다니면서 구상한 내용으로 작성하였다. 그래서 나는 실내 운동뿐 아니라 꼭 밖에 나가서, 가능하면 자연과 더불어 하는 운동을 적극 권한다. 자연 속에서 몸을 움직이면 여러분의 몸과 마음, 그리고 삶의 모든 문제의 7할은 사라진다. 장담한다.

달릴 때는 멍때리기 좋은 시간이다. 불멍, 물멍 등 무슨 무슨 '멍'이 있던데, 그중 '달멍'이 갑이다. 멍때리기가 정신 건강에 좋다고 한다. 사실 오랜 종교적 전통으로, 요즘 동서양을 막론하고 많은 사람들이 연습·실천하는 명상도 그런 것 아닌가? 생각 내려놓기, 마음 비우기―그걸 달리면서 할 수 있다.

멍때릴 때도 있고, 뭔가를 들을 때도 있다. 조깅할 때 뭔가를 들으며 공부도 한다. 세상이 어떻게 돌아가는지 TV로 보는 것보다 달리면서 알게 된 것들이 훨씬 더 많다. 몇 년 동안 NPR(National Public Radio)에서 Weekend Edition, All Things Considered, Fresh Air, Prairie Home Companion, Moth Radio 등을 통해 미국 사람들, 사회, 문화, 세상 돌아가는 일을 알게 됐다. 달리면서 전통 있는 Weekend Puzzle을 맞힌 적도 있다.

뛰면서 공부도 한다. 요즘은 팟캐스트와 오디오북이 있어서, 달리면서 들은 책과 방송의 양이 어마어마하다. 지난 20년 동안 읽은 책보다 들은 책이 훨씬 많다. 어느 동네, 어느 지점을 지날 때 어느 책의 어느 부분을 들었는지 기억에 남는 장면들도 많다. 물론 앉아서 줄 치고 메모하며 제대로 책을 읽을 때도 있지만, 나이가 드니 눈도 피곤하고 졸음이 쉽게 온다. 듣는 책은 콩나물시루에 물 흘러내리듯 생각을 키운다.

정세희 박사의 말을 다시 인용해 보자. "뇌는 머리를 쓴다고 좋아지지 않는다. 뇌는 오히려 몸을 써야 건강해진다. 몸이 건강해지면 뇌도 함께 좋아진다. 이 사실을 알기에 나는 시간이 날 때면, 아니, 시간이 없어도 달린다."

달려서 몸과 두뇌가 건강해지는 중이니, 공부가 얼마나 더 잘 되겠는가?

발로 보는
세상이 진짜다

달리면서 세상을 본다. 발로 누벼야 제대로 가 본 것이다. 시애틀로 이사 왔을 때, 주말마다 무작위로 코스를 잡아 시애틀 시내와 주변 동네 곳곳을 누볐다. 휴대폰 지도가 없던 시절이라 길을 잃고 예정보다 길게 달릴 때도 많았다. 그렇게 뛰어다녔어도 못 가 본 곳이 훨씬 많다. 세상은 넓고, 밟을 곳은 많다. 시애틀에 이소룡(Bruce Lee)의 묘가 있다는 것, 타코마 해변에 중국인 박해·추방 기념공원이 있다는 것, 스포캔(Spokane) 시가 한국의 제천시와 자매결연을 맺은 사이라는 것, 포틀랜드(Portland) 시가 울산시와 자매결연을 했다는 것도 달리다 알게 됐다.

휴가나 업무로 여행할 때, 낯선 곳에 가면 꼭 매일 조깅을 나간다. 발로 구석구석 달려 보면 내가 방문한 지역을 잘 알 수 있다. 테네시 클락스빌(Clarksville)이라는 작은 도시에 갔을 때, 그곳 대학교 캠퍼스에서 달린 적이 있다. 오랜 후에 만난 어떤 환자가 그 동네에서 왔다길래, 내가 거기를 발로 누볐다고 하니 그 학교 이름을 아는 사람은 처음 만났다며 반가워했다.

뉴욕에 사는 딸에게 갈 때마다 매일 아침 맨해튼 시내를 남·북·동·서, 문자 그대로 종횡무진 달린다. 유학 시절, 여름방학마다 야채가게, 식당, 도넛 가게 등에서 아르바이트를 한 적이 있어서 뉴욕은 추억이 많은 곳이다.

세계 최대의 도시 맨해튼 한가운데 센트럴파크(Central Park)를 만든 것은 하늘의 계시다. 벚꽃 피는 봄, 나무들이 짙푸른 여름, 낙엽 지는 가을에도 달려 봤다. 눈 덮인 센트럴파크를 크로스컨트리 스키로 달려 보는 것은 아직 희망 사항이다. 시가지에서 뛰는 것도 재미있다. 할렘, 리버사이드파크, 타임스스퀘어, 월스트리트, 그라운드 제로(9·11 때 무너진 쌍둥이 빌딩이 있던 곳), 차이나타운, 파크애비뉴, 브로드웨이… 이런 이름난 기관들과 건물들을 직접 발로 뛰어 지나면서 눈으로 보는 재미를 어디에 비할 수 있을까.

"내 발로 뛰어서 브루클린브리지를 건너 봤거든. 두 번이나 왕래해 봤지. 아, 지난번엔 조지워싱턴브리지 건너 뉴저지도 발로 갔다 왔어."

"나, 웃통을 벗고 뉴욕 시청 앞을 달려 본 몸이야."

나는 이런 게 자랑거리다. 맨해튼 남쪽에 더 베셀(The Vessel)이라는 신박한 빌딩이 생겼을 때, 초기에 꼭대기까지 올라가 봤다. 나중에 투신하는 사람들이 있어서 입장을 금지하고 있다. 나는 그러기 전에 해 봤다.

시내를 달릴 때는 무엇보다 사람 구경이 제일이다. 맨해튼은 단위 면적당 세계에서 가장 많은 국적과 인종이 모여 사는 곳이다. 큰 아파트 하나만 해도 미국 시골 한 동네 전체 인구보다 많은 사람이 산다. 트럼프 빌딩 앞에 아랍 사람이 운영하는 할랄 푸드(Halal food: 이슬람 전통에 따른 음식. 유대교의 코셔에 해당한다.) 포차가 서 있더라는 것, 리버사이드파크에는 어린이들보다 애완견이 훨씬 더 많다는 것, 매디슨스퀘어가든 옆에서 길거리에 방뇨하는 여자가 있더라는 것, 할렘에 가니 마틴 루터 킹 블러버드와 말콤 X 블러버드(둘은 흑인 민권 운동에서 노선이 달랐다.)가 교차하는 지점이 있더라는 것…. 발로 뛰면서 보는 세상은 인간사의 현장이다.

사실 그 어느 곳보다도 가장 발로 누벼 보고 싶은 곳은 나의 조국, 한국이다. 그래서 한국을 방문할 때마다 매일 조깅을 나간다. 서울, 부산, 제주, 경주 어디에 머물든 하루도 안 빠지고 매일 뛰었다. 서울에서는 숙소의 위치에 따라 수락산을 걷고 달려서 매일 오른 적도 있고, 남산, 올림픽공원에서도 뛰었다. 재래시장, 시내를 달리며 간판을 읽다가 친구들 이름이 나오면 사진을 찍었다. 영일전기, 성우육회, 광진농원… 내 이름이 붙은 학원과 가게들도 있다. 이런 것 수십 장을 찍어 동창 밴드에 올리기도 했다. 이 나이에 이런 어린아이 같은 놀이를 하다니. 나는 그런 게 즐겁다.

지난겨울에는 올림픽공원에 달리러 나갔다. 아무도 없을 거라고 생각했는데, 웬걸 걷는 사람들이 꽤 있었다. 어느 날 큰 그룹이 달리고 있었다. 그들과 보조를 맞추려고 해 봤는데, 나보다 젊은 사람들이라 따라가기가 쉽지 않았다.

"무슨 달리기회인가 보죠?"

"권은주 감독님이 지도하시는 그룹이에요."

한국 여자 마라톤의 레전드, 권은주 선수에게 직접 지도를 받는 사람들이 각자 5km, 10km, 하프 마라톤, 풀 마라톤을 목표로 두고 훈련하고 있었다. 멋지고 부러웠다.

"권 감독은 나오셨나요?"

"저기 계셔요."

가리키는데 보이지 않는 것이었다. 어느 여학생이 서 있는 줄 알았다. 미국에서 왔다고, 나도 달리는 사람이라고 인사를 했다. 그 휴가 기간 동안 송파둘레길 구간 일부를 매일 나눠서 달리다가, 출국(미국으로 귀국)하는 날 아침에 하프 마라톤 거리에 해당하는 송파둘레길 전 구간을 한 번에 완주하고 비행기를 탔다.

여성과 마라톤/3종경기

　　　　　　　　　워싱턴호수(Lake Washington)에서 조깅을 하고 있던 어느 날, 여자들이 무리를 지어 자전거를 타거나 달리고 있는 것이 보였다. 무슨 대회임이 분명했다. 그중에는 핑크색 리본을 단 사람들도 있었다. 유방암을 알리는 심볼이다. 대회 참가자들은 모두 여자들이었는데, 10대로 보이는 사람부터 노인까지, 그리고 전혀 3종경기를 할 것처럼 보이지 않는 체형의 사람들도 나와서 뛰고 있었다. 그 대회의 이름은 Danskin Triathlon. Danskin은 에어로빅·댄스복을 만드는 회사다. 여성만을 위한 3종경기이며, 거리는 스프린트 정도 된다. 이런 대회들이 꽤 있다. 여성만을 위한 달리기 대회들도 많다.

　　남자보다 잘하는 여자 선수들이 있는가 하면, 초보 중의 왕초보, 아니 아예 운동과는 담을 쌓고 사는 여자들도 많다. 이런 사람들도 부담 없이 참가할 수 있는 대회들이다. 여기 나오기 위해 수영을 배워서 참가한 사람들도 있다고 한다. 이런 대회의 좋은 점은 서로 도와주고 응원해 주는 분위기가 끈끈하다는 것이다. 여성들만이 편하고 즐겁게 서로를 배려하며 마음껏 달릴 수 있는 자리다.

살아 보니 남자보다는 여자들이 더 관계와 그룹에 강하다. 남자는 모이면 서로 들이받기 십상이지만, 여성들은 서로를 이해하고 배려하며 잘 어울린다. 남자는 나이 들어 외로운 늑대가 되기 쉽다. 지구상에서 가장 외로운 족속 중 하나가 한국 남자 노인이다. 관계에 소홀하고 서툴기 때문이다.

한때 여자는 마라톤 같은 운동을 하면 안 된다고 믿던 시절이 있었다. 체질상 근본적으로 안 된다는 것이었다. 미국에서 가장 유서 깊은 보스턴 마라톤은 남자들만 참가할 수 있었다. 이 대회에 나가고 싶은 여자는 등록하지 않고 참가하거나, 아예 남자로 가장하고 나오기도 했다. 이 이야기는 다음 장 '달리기 레슨'의 한 편에 나온다.

여자가 남자보다 약하다는 미신은 어디서 나왔을까. 고대 신화들에서 전쟁과 사냥은 여신의 일이었다. 아메리카 원주민('인디언'이라고 잘못 불리는)이나 다른 많은 전통 사회는 모계사회다. 아프리카 초원에서 사냥하는 것은 암사자들이다. 수사자는 갈기를 휘날리며 폼 잡고 쉬고 있다. 그의 중요한 일은 자손을 퍼뜨리는 것이다. 세상에서 제일 무서운 존재는 엄마 곰(mama bear)이다.

성염색체가 여자는 XX, 남자는 XY라고 배운 것을 기억하실 것이다. Y 염색체는 아주 작다. 남자가 뭔가 모자라는 형국이다. 여성이 더 오래 살고, 정서적으로도 안정되고 강하다. 원더우먼은 공상이 아니라 원래의 모습이다.

유방암을 치료한 여성들에게 달리기와 3종경기를 하도록 하는 그룹들이 있다. 달리면서 몸을 단련하고 집중하면 암에서 회복되고 건강하게 사는 데 좋기 때문이다. 유방암은 앞에서 말한 대로 선진국형 암, 라이프스타일 암이다. 80/20 법칙이 적용된다. 그래서 유방암 수술이나 항암 치료를 받은 뒤 수영과 자전거를 연습해 3종경기에 나오는 사람들이 있다. 암이 아니었다면 이런 액티브한 라이프스타일을 몰랐을 사람들이다.

우스갯소리지만, 철인(Ironman)은 원래 여자를 가리키는 말이라고 한다. 여성이라는 단어 female을 보자. Fe는 '철(Iron)'의 원소 기호다. Male은 남성, man, 즉 사람이다. 고로 Fe-male은 철-인이다. 여자가 철인이라는 말이다.

한계라는
굴레는 없다

　　　　　　　　　　운동이 사람을 사로잡는 큰 이유는 계속 향상할 수 있기 때문이다. 늘 도전할 수 있다. 더 빨리, 더 높이, 더 강하게, 이것이 올림픽의 모토라고 했던가. 운동이 되네, 내 몸이 좋아지고 있네, 전에는 못 하던 것들을 할 수 있네. 이런 성취감은 쾌감이기도 하고 자신감이기도 하다. 더 빨리, 더 높이, 더 멀리, 더 강하게, 이런 마음이 자연스럽게 일어난다.

　달리기 같은 장거리 운동은 노력하는 만큼 효과를 볼 수 있다. 수확이 이렇게 확실하게 보장된 일이 삶에 그리 많지 않다. 몸은 정직하다. 할수록 는다. 근육도 강해지고 심폐 기능도 향상한다. 처음에 1마일 달리고 몸살이 나서 나는 달리는 체질이 아님을 새삼 확인했던 내가 마라톤을 하게 되다니, 이건 기적이 아니라 당연한 이치다. 하면 된다. 하면 는다.

　앞 장에 쓴 대로 달리다 보니 10km 대회에 나가 봤고, 재미있어서 더 달렸고, 마라톤을 하게 된 것이다. 그러다 보니 내 사주팔자에 없는 3

종경기에도 나가게 되고, 그 거리가 점점 늘어 아이언맨을 하게 된 것이다. 자연스럽게 물 흐르듯 된 일이다.

물론 모든 사람이 다 마라톤을 하고 3종경기를 해야 된다는 말이 아니다. 몸을 움직이다 보면, 이전에는 상상도 할 수 없었던 몸의 일을 할 수 있다는 것을 내 경험으로 확증하여 말하는 것이다. 누구나 다 꿈도 안 꾸는 일, 자신에게 씌워 놓은 한계가 있다. 저런 것은 유별난 사람들만 하는 거야. 나는 그런 체질이 아니야. 더 이상 하는 것은 불가능해— 이런 것들 말이다. 몸을 움직이다 보면 그런 식으로 한계를 정해 놓는 것이 의미가 없다.

어제도 갑자기 흐리던 하늘이 맑아지고, 따뜻한 햇볕이 눈부셔서 나가서 달렸다. 이런 날 달리지 않으면 햇볕과 바람이 아깝다. 가볍게 두 시간 달리고 저녁 먹고, 아내와 롤러스케이트를 한 시간 타고 들어왔다. 하루에 세 시간 이렇게 몸을 움직이며 즐길 수 있으니 얼마나 좋은가. 이전의 나로서는 상상도 못 하던 일이다. 중년 이후에 아무 때고 쉽게 10km 정도는 달릴 수 있다면 삶에 활력이 생긴다.

그래서 나는 재미로 달린다. 공부하는 게 재미있다면 그 방면에서 성공한 것이다. 학교 다닐 때는 시험을 위해 공부했지만, 나이 들어 시험이나 자격증과는 상관없이 정말 알고 배우고 싶어 책을 읽고 공부하는 재미가 얼마나 좋은가. 달리는 것도 그렇다. 운동은 재미있게 해야 진짜다. 재미있는데 몸도 건강해지니, 이만큼 좋은 게 어디 있나.

자연 속에서
움직여라

　　　　　　　　　　　　　　실내에서 운동하는 것도 좋지만, 집 밖에 나가 자연 속에서 운동하는 것은 더 좋다. 내가 80/20 법칙과 함께 늘 말하는 것은, 밖에 나가 자연 속에서 운동을 하면 삶의 모든 문제의 7할은 해결책을 찾게 되든지, 그냥 없어지든지, 사라진다는 것이다. 이는 몸의 문제뿐 아니라 마음, 관계, 경제 등 모든 삶의 고민과 문제를 아우른다. 중요한 것은 '나'다. 자연에서 몸을 움직이다 보면 내가 변하고, 내가 변하면 세상이 바뀐다.

　인류의 기원에 대해 어떤 신앙이나 생각을 갖고 있든, 우리는 자연에서 왔다. 빅뱅으로 인해 생겨난 우주 먼지(stardust)가 저절로 뭉쳐서 형성되었다고 믿든, 창조주가 손수 흙으로 빚어 만들었다고 믿든, 자연의 원소들은 우리 몸 안에 들어 있다. 인체의 4대 원소인 탄소, 수소, 산소, 질소는 자연 속에서 순환하고 있다.

　우리를 생물로 만든 내 몸의 탄소(과학을 싫어했던 사람도 유기물과 무기물의 구분이 탄소 유무라는 사실쯤은 기억할 것이다.)는 식물이

광합성으로 허공에서 잡아낸 이산화탄소에서 왔다. 햇볕, 공기, 흙에서 빨아들인 물, 이것이 유기체의 원료다. '지수화풍' 네 가지 원소를 말한 동서양의 고대인들은 옳았다.

근육을 이루는 단백질의 필수 재료인 질소는 공기의 8할을 차지하는 원소지만, 사람을 포함한 동물은 이렇게 허공에 가득한 질소를 직접 섭취하는 장치를 갖고 있지 않다. 공기 중의 질소는 콩류 식물에 붙어 사는 뿌리혹박테리아가 잡아내어 식물로 들어간다. 세균이 우리를 살게 하는 경우다. 콩, 된장, 두부, 콩나물을 내가 먹었든지, 콩류 식물을 먹은 동물의 고기를 내가 먹었든지, 짐승의 오줌 속 요소(길짐승)나 요산(날짐승) 속 질소를 비료로 빨아들인 식물을 내가 먹었든지 해서 질소가 내 몸의 단백질이 된 것이다.

비료 이야기가 나왔으니 덧붙인다. 동물의 배설물에 의존하던 질소를 공중에서 직접 잡아내는 공법은 20세기에 와서야 나왔다. 인류를 굶주림에서 구한 혁명적 기술이다. 그전에는 새들의 똥 무더기(구아노)를 차지하기 위해 나라들이 전쟁을 벌이기도 했다. 질소(요소) 비료는 인류를 굶주림에서 구하고 이런 전쟁을 끝내게도 했지만, 또 다른 전쟁의 도구가 되어 대량 살상의 시대를 열었다. 다이너마이트(TNT)의 원료 역시 같은 화학공학으로 만든 질소 화합물이다. 사람과 자연의 관계가 흥미진진하다. 이야기가 또 가지를 치고 있다.

원래 하던 우리 몸의 네 원소 이야기를 계속한다. 탄소와 질소는 그렇고, 수소와 산소는 어떤가? 초등학교 자연 시간에 배운 물의 순환을 떠올려 보자. 지구 표면의 70%를 차지하고 하늘·땅·바다를 끊임없이 순환하는 물. 그 물의 수소와 산소는 어느 구천을 돌아다니며 누구의 몸에 들어갔다가 나왔는지 알 수 없다. 막말로, 내 핵산 안에 들어 있는 산소와 수소 원소가 전에 김일성의 오줌 속에 있던 것이었을지도 모른다.

우리 몸의 재료로 따지면, 우리는 삼라만상이 순환하며 만들어 낸 재생품이다. 우리는 자연에서 와서 자연으로 돌아간다.

자연이 주는 힐링,
웰빙, 웰니스

　　　　　　　　　자연에는 치유하는 능력이 있다. 미시적으로 보면 약이 그런 예다. 한자로 '약(藥)'은 풀과 나무로 되어 있다. 한약뿐 아니라 양약도 그렇다. 강심제로 쓰이는 디지탈리스, 소염제 아스피린, COVID-19 때 논란이 됐던 키니네 같은 고전적인 약물들은 모두 식물에서 나왔다. 진통제의 원조인 몰핀도 양귀비에서 찾은 물질이다. 항혈전제('피를 묽게 하는 약')인 와파린(warfarin)은 소들이 뜯어 먹던 클로버에서, 헤파린(heparin)은 거머리에게서 발견했다. 당뇨에 가장 많이 쓰는 약 메트포르민(metformin)은 라일락꽃에서 찾은 물질이다. 요즘 얼굴의 주름을 펴주고 근육 마비와 편두통에도 두루 쓰이는 보톡스(Botox)는 원래 세균이 만드는 것이다. 'Tox'는 독소라는 뜻인데, 독과 약은 한 끗 차이다.

　페니실린을 빼놓을 뻔했다. 최초의 항생제 페니실린이 푸른곰팡이에서 나왔다고 초등학교 때 배우지 않았나? 항암제 탁솔(Taxol)은 소나무 껍질에서 나왔다. 세상에서 가장 오래되고 가장 유명한 향정신성 약물인 알코올은 효모가 발효해서 만든다. 오늘도 여러분은 볶은 커피콩을 빻은 가루에 물을 내려 마셨다. 전 세계에서 합법적으로 규제 없이 가장 많이 거래되는 향정신성 약물인 카페인이 커피의 주성분이다. 녹차도 마찬가지다.

유배지에서 초의선사와 교류하다가 차를 배워 호를 '다산(茶山)'이라 지었다는 조선의 천재 정약용에게 차는 취미일 뿐 아니라 약이었다. 자연 속에는 이런 약물들이 널려 있고, 사람의 몸에는 이런 약물들이 들어와서 작용할 수 있도록 세포에 수용체(receptor)가 완비되어 있다. 신기하지 않은가? 우리는 자연과 연결되어 있다.

곰팡이, 세균, 효모 같은 미생물 이야기가 나왔으니 조금만 더 하고 넘어가자. 술, 된장, 김치를 담가 먹으면서도 인류가 미생물의 존재를 확실히 알고, 현미경으로 눈으로 직접 확인하게 된 것은 200년 남짓밖에 되지 않았다. 파스퇴르라는 사람의 이름을 기억할 것이다. 그나마 병원균이라는 존재를 알게 된 것이다. 그런데 점점 더 알아 갈수록 미생물의 세계는 무궁무진했다. 생명계는 인간의 힘으로 돌아가는 것이 아니라, 미생물 덕분에 존재한다. 생명체의 순환은 미생물의 작용으로 이루어진다. 우리의 시신을 포함한 모든 유기체의 찌꺼기를 정화하는 것이 세균이다. 바이러스가 없다면 바닷물은 저렇게 깨끗하지 않을 것이다. 병원균은 미생물계의 극히 일부에 불과하다. 절대 다수의 세균, 바이러스, 곰팡이들은 우리를 거들떠보지도 않고 자기 일을 하며 세상을 유지하고 있다. 우리는 여기에 얹혀 사는 셈이다. 인류가 다 사라져도 미생물, 식물, 동물들은 남아 잘 살아갈 것이다.

지금 이 책을 읽고 있는 당신의 집에서, 세균이 가장 많고 밀도가 높은 곳이 있다면 바로 당신의 뱃속이다. 내가 의과대학 다닐 때만 해도 별로 중요하게 여기지 않던 것 중 하나가 우리 몸속 세균 생태계였다. 우리 대장 속에는 우리 몸의 모든 세포 수만큼이나 많은 세균이 살고, 그보다 수백만 배 많은 바이러스가 산다. 장내 세균은 그저 더러운 것이라 여겼던 것이 내가 배운 의학이었다. 그러나 이 세균들이 우리 몸을 유지하는 데 얼마나 중요한지 이제야 의학이 알아 가고 있다. 우리 속에는 우주의 별만큼이나 많은 유기체들이 생태계를 이루고 있다. 우리는 거대 우주와 미세 우주의 무한함 속에 끼어 있는 존재다.

이상은 의사로서 조금 아는 체하며 한 이야기고, 이런 것을 몰라도 자연의 치유 능력은 우리가 쉽게, 생생하게 경험할 수 있다. 요양은 자연 속에서 한다. 햇빛, 바람, 물, 흙 사이에서 몸을 움직이면 몸과 마음이 치유되고 회복되며 건강해진다. 동서고금을 통해 끊임없이 증명되었고, 오늘도 많은 사람이 실제로 겪는 일이다. 이렇게 되는 데는 근원적인 이유가 있다. 앞에서 말했듯 자연은 우리의 모태이고, 우리는 삼라만상의 일부이기 때문이다. 여기서 와서, 여기로 돌아간다.

따뜻한 햇볕과 부드럽게 쓰다듬어 주는 바람에 우리 속의 원소들이 감응하지 않을 수 없다. 또한 자연은 포근함뿐 아니라 그 거대한 힘으로 우리를 압도한다. 한 발만 밖으로 나가 보아도, 인간 없이도 필요충분한 우주인데 우리는 그것을 잊었다. 사람이 만든 것들이 진짜고 최종인 줄 알고 살았다. 그래서 온갖 것에 집착하게 된다. 그러나 가진 것은 많아도 늘 부족하고, 빨리 다녀서 더 바쁘고, 정보와 지식과 오락은 넘치는데 늘 헛헛하다. 사람은 외롭고, 개인·집단·나라는 서로 더 차지하려고 싸운다.

자연의 휘몰아치는 힘 앞에 서면 인생의 오만한 허깨비들이 흩어져 사라진다. 우리는 이 큰 우주의 일부다. 너도 나도 무엇을 하며, 얼마나

가지고 살았든, 여기서 왔고 여기로 돌아간다. 그러니 무엇이 문제란 말인가? 그래서 성경 시편에서 다윗은 산을 향해 눈을 들었고, 예수님은 하늘의 새와 들의 꽃을 보라 하셨으며, 동서고금을 통해 본격적으로 수양하려는 사람은 자연으로 갔다. '입산'과 '수도'라는 말이 동의어처럼 함께 쓰인다. 산이 없는 곳에서는 광야로 나갔다. 자연 속에서 사람은 자신의 자리를 제대로 알 수 있다.

앞에서 천·지·인을 이야기했다. 이 셋으로 세상을 파악한 동양의 생각이 역시 수승하다. 땅에 발을 딛고 서서 다니는 직립 존재인 우리의 머리는 공중에 있다. 하늘은 저 먼 어딘가가 아니다. 지구가 공중에 떠 있다는 말이다. 허공 안에 있다는 뜻이다. 땅이 하늘 속에 있고, 하늘이 땅에 닿아 있다. 그 사이에 사람이 있다.『천부경(天符經)』의 마지막 부분에 "인중천지일(人中天地一)"이라고 한 것은 계시적 통찰이다. 사람 속에서 하늘과 땅이 하나가 된다. 그것이 본래 모습이며, 우리가 깨닫고 돌아가야 할 자리다.

그래서 나는 환자들에게 힘들더라도 시간을 내어 밖으로 나가 움직이라고 한다. 가능하면 자연이 그대로 있는 곳에 가서 몸을 움직이라고 한다. 달리기, 자전거, 하이킹, 캠핑뿐 아니라 산보도 좋다. 그냥 밖에서 움직이면 된다. 맨발로 흙길을 걸어 보시라. 아무리 둔한 사람도 몸에 찌르르 흐르는 기운을 느낄 수 있다. 자연 속에서 움직이는 것은 몸과 마음에 그 어떤 약이나 보약보다 훨씬 좋다.

지금 내가 살고 있는 곳은 자연과 더불어 살기 참 좋은 곳이다. 바닷가에 있고, 높은 산들이 첩첩이 솟아 있으며, 호수와 강은 물론 조금만 멀리 나가면 광야도 있다. '산과 바다에 우리가 살고, 산과 바다에~ 우리가 가네.'라는 노래가 절로 나오는 동네다. 밖에서 운동하다 보니 계절의 변화에 민감해지지 않을 수 없다. 춘분, 추분, 하지, 동지를 알고 산다. 고대 문명들이 해와 별의 위치, 절기에 따른 해의 자리와 길이 등을 잘 알고 있었다는데, 그런 지식이 부럽다. 오래 잊고 있었던 자연과 더불어 사는 기술을 조금씩 배워 가는 중이다.

워싱턴의 시애틀같이 자연이 좋은 곳에 살다 보니 쉽게 이야기하는 것 같아 미안하지만, 누구나 찾아보면 즐기고 안길 수 있는 자연이 있다. 가끔 친척이 사는 애리조나에 가면, 이곳과는 완전히 다른 환경을 만난다. 사막이다. 갈 때마다 돌산을 오른다. 더위를 피해 해 뜨기 전에 올라가는 건 색다른 경험이다. 광야로 된 중동에서 어떻게 큰 종교들이 나왔는지 알 수 있을 것 같다. 그리고 사막은 살아 있다. 총천연색 꽃도 있고, 동물도 많이 산다. 선인장만 해도 신기하지 않은 것이 없다. 온 세상이 생명으로 충만하다. 사람이 한 걸음만 비켜나면 자연은 우리에게 너무나 많은 것을 가르쳐 준다. 꼭 자연 속에서 몸을 움직이시기를 바란다.

겨울아, 제발 천천히 가라

운동과 의학에 대한 강의를 한다고 시작해 놓고는 또 나의 이야기로 빠지고 있다. 하지만 의사가 이론만 이야기하는 것보다, 자신이 직접 실천하는 모습을 보여 주는 것이 더 설득력이 있을 것이다. 몸을 움직이는 것, 특히 자연 속에서 움직이는 것의 중요성을 말하다 보니 다시 나의 경험을 꺼내게 된다. 내세워 자랑하려는 마음은 없다. 그저 '나도 하고 있습니다. 참 좋습니다. 당신도 할 수 있습니다.'라는 메시지를 전하고 싶은 것이다. 이것이 이런 이야기를 하는 이유이자, 이 책 전체의 의도다.

마라톤을 시작한 이후로는 다른 운동들도 훨씬 재미있어졌다. 운동 신경이 둔한 '몸치'라고 자처하던 내가 이제는 운동계에 명함을 내밀 수 있을 정도가 되니, 몸을 움직이는 것에 자신이 붙었고, 이것저것 시도해 보게 된 것이다.

시애틀에 이사 올 때, 많은 사람들이 "거기 비 많이 온다는데, 우울증 걸리기 쉽다는데?"라고 물었다. 실제로 비는 많이 온다. 더 정확히 말하면, 오래 온다. 하지만 1년 강우량 자체는 뉴욕, 시카고, 아틀란타보다 훨씬 적고, 텍사스 달라스 수준이다. 가을부터 시작해 1년의 절반 정도는 비가 내린다. 겨울에 아주 가끔 손바닥만 한 파란 하늘이 모습을 드러내면, '하늘 색이 원래 저랬었나?' 하고 신기하게 느껴질 정도다. 처음 이사 왔을 때, 한 분이 이런 조언을 해 주었다.

"스키를 배우세요. 스키를 타면 겨울이 기다려집니다. 평지에는 비가 오지만, 산에는 눈이 오거든요."

만년설에 덮여 있는 레이니어산(Mt. Rainier, 4,392m, 14,411ft)은 시애틀 어디서든 바라다보인다. 원주민 언어로는 타호마(Tahoma)라 부르는데, '모든 물들의 어머니'라는 뜻이다. 이 산에 눈이 많으면 여름에도 물 걱정이 없다. 매일 출퇴근길에 이 산을 바라보며 안부를 살핀다. 산이 눈에 푹 덮여 있으면 뿌듯하고, 한여름이 아닌데도 검은 바위가 드러나 보이면 안쓰럽다. 자연이 이렇게 살갑게 느껴진다. 산이 부르는 소리가 들린다.

겨울이면 해안 도시인 시애틀에서 산맥을 넘어 동쪽 내륙으로 가는 모든 고개들이 눈에 덮인다. 눈이 많은 이 동네에서 눈에서 놀지 않는 것은 마치 바닷가에서 물에 들어가지 않는 것과 같다.

그런데 내가 스키를 탈 수 있을까? 나는 스케이트조차 배운 적이 없다. 더구나 스키는 내가 자랄 때만 해도 한국에서는 사치스러운 운동이었으니 생각조차 해 본 적이 없다. 자라면서 스키 타는 모습을 TV에서나 보았을 뿐, 스키라는 물건을 직접 본 적도 없었다. 내가 이런 걸 한다고? 하지만 스키는 높은 곳에서 낮은 곳으로 내려오는 것이니, 중력에 몸을 맡기면 어쨌든 내려오기는 할 것이고, 그래서 스케이트보다 쉽겠다고 생각했다. 빙판에서 넘어지면 크게 다칠 수 있지만, 눈 위에서 넘어지면 그렇지 않을 것이라는 생각도 용기를 주었다.

집에서 한 시간 거리에 있는 스노퀄미(Snoqualmie) 스키장에서는 초보자를 위해 스키 렌털, 리프트, 레슨까지 세 번 제공하는 염가 패키지를 판매하고 있었다. "이렇게 싸게 팔고도 장사가 되나요?" 하고 묻자, "세 번 해 보고 나면 돈 내고 다시 오거든요."라는 답이 돌아왔다. 아이들이 이곳에서 잘 살려면 스키를 배워야겠다는 생각에 함께 등록했다.

스키 타는 사람이라면 처음 배울 때의 고생을 다들 기억할 것이다. 일단 부츠 신으며 힘이 빠지고, 주차장에서 스키를 들고 가며 힘이 더 빠지고, 처음 리프트 타고 내리다 자빠지고, 스키를 '피자' 모양으로 해서 내려올 때 허벅지가 불타고…. 나도 그 과정을 다 겪으며 스키에 입문했다. 시애틀에 이사 와서 스키를 배운 것은 내 인생에서 잘한 일 몇 가지 중 하나다.

몸치라 남들보다 훨씬 오래 걸렸다. 남들은 쉽게 하는 것을 나는 넘어지고, 자빠지고, 구르고, 처박히며 두세 배의 시간과 노력을 들였다. 그럼에도 꾸준히 한 이유는 겨울 산이 좋아서다. 겨울에 눈 덮인 산에 올라가 본 적이 있는가? 없다면 인생을 덜 산 것이다. 멀리 보이는 눈 덮인 연봉들, 하늘을 향해 두 팔 벌리고 서 있다가 하얀 눈을 뒤집어쓴 푸른 전나무들(워싱턴주의 별명이 'Evergreen State', 즉 '늘푸른 주'다. 산이 높아 전나무가 많다.), 드넓은 설원, 햇빛 아래 반짝이는 눈 결정들, 그리고 찬 공기. 그 속에서 차분해지고 탁 트이는 마음을 느낄 수 있다. 이런 것들이 좋아서 소질도 없는 스키를 꾸역꾸역 탔다. 이제 겨우 중급이지만 즐길 수 있게 됐다.

겨울이 기다려진다. 겨울에 비가 오는 날이 반가운 이유다. 겨울은 늘 짧다. 안중근 의사가 "삼일부독서 구중생형극(三日不讀書 口中生荊

棘)", 즉 "사흘 책을 안 읽으면 입에 가시가 돋는다." 하셨는데, 나는 "칠일부답설 족저생형극(七日不踏雪 足底生荊棘)", 즉 "일주일 눈을 안 밟으면 발바닥에 가시가 돋는다."를 표어로 삼았다. 그만큼 산의 눈을 좋아하게 됐다.

스키는 돈이 좀 드는 활동이지만, 요즘 세상에 돈 안 드는 일이 어디 있는가. 나는 술, 담배, 노름 안 하고, 외식도 잘 안 하고, 골프도 안 하니까 이런 데 쓰는 것은 괜찮다. 아차, 골프를 술·담배·노름과 한 호흡에 묶어 언급한 건 실수다. 골프는 정말 좋은 활동이다.

산에 눈이 많아, 해마다 비싸지는 스키장 리프트를 타지 않고도 스키를 즐길 수 있다. '노르딕'이라 불리는 크로스컨트리 스키는 원래 북유럽 사람들이 겨울철에 다니던 일상적인 개인 운송수단이었다. 누구나 쉽게 배울 수 있고, 장애인들도 스키날을 단 의자에 앉아 크로스컨트리 스키를 탄다. 어린 시절 눈밭에서 놀던 기억이 있다면, 크로스컨트리 스키를 타는 순간 그때의 기분이 되살아난다.

'백컨트리(backcountry, 혹은 alpine touring)' 방식의 스키도 있다. 산악스키, 또는 산스키라고도 하는데, 리프트를 타지 않고 스키를 신고 산을 걸어 올라간다. 운동량이 많고, 백컨트리 스키를 타면 곳곳의 산자락을 누비게 된다. 땀을 흘리며 올라가 컵라면을 끓여 먹고, 활강하며 내려오는 즐거움이 있다.

스키가 아니더라도 '눈신(스노슈, Snowshoe)'을 신고 겨울 산을 걸을 수 있다. 눈이 허리까지 빠지는 이곳 겨울 산에서는 스노슈나 스키 없이는 이동하기 어렵다. 스노슈는 겨울 하이킹의 또 다른 이름이다. 이렇게 걸으며 만나는 경치는 장엄하고 아름답다. 영화 속 겨울 왕국, 소설 속 설국이 바로 가까이에 있는데, 이 동네에서 겨울에 이런 즐거움을 누리지 않는 사람들은 얼마나 큰 것을 놓치고 있는지 모른다.

눈 무게에 가지가 휘어진 전나무 숲길을 스키 신고 오르는 순간, 함박눈이 흩날리는 가운데 얼어붙어 눈으로 덮인 호수 위를 스키 신고 걷는 장면, 이런 사진으로 크리스마스 카드나 연하장을 만들어 카톡으로 보낸다. '나 천국에서 노닐고 있으니 부러워하라.'는 마음보다는, '여러분도 밖으로 나와 자연을 즐기라.'는 마음으로.

도처
유청산

　　　　　　　　　　산이 많은 동네라 주말이면 하이킹을 즐긴다. 친구와 농담 삼아 "이 동네 산을 다 다니기 전에 세상 끝이 올 거야."라고 말할 정도로, 이곳은 산이 끝없이 이어진다. 레이니어산, 캐스케이드 산맥, 올림픽 국립공원… 골짜기와 능선마다 수없이 많은 하이킹 코스가 있다.

　워싱턴에 와서야 알았다. 높은 산에 이렇게 많은 호수가 있다는 것을. 천지나 백록담처럼 깊고 푸른 산악 호수(Alpine Lake)가 곳곳에 널려 있고, 가는 곳마다 절경이 펼쳐진다.

　이사 온 지 얼마 되지 않아, 이곳에 오래 살던 고(故) 강종형 형이 레이니어산의 캠프 뮤어(Camp Muir)로 나를 데려갔다. 해발 3,000미터, 레이니어 정상 등반을 위한 베이스캠프다. 여기까지는 전문 등산 장비 없이 오를 수 있다. 만년설이 덮인 드넓은 뮤어 스노필드(Muir Snowfield)를 힘겹게 올라간 뒤, 내려올 때는 글리세이딩(glissading, 엉덩이 썰매)으로 한 번에 미끄러져 내려왔다. 한여름에도 눈밭에서 이렇게 놀 수 있으니, 피서로는 그만이었다. 나중에 형님이 말했다. "캠프 뮤어에 여러 사람을 데리고 갔지만, 다시 가자고 한 사람은 너밖에 없어." 요즘은 산스키로 올라가, 탁 트인 눈밭을 크게 커브 그리며 내려오는 즐거움을 만끽한다. 내려올 때 너무 빨라 금방 끝나는 게 아쉽다.

클리닉에서 홍재인 님을 만났다. 나를 주치의로 정하고 찾아온 분인데, 전문 산악인이다. 내가 마라톤을 하고 캠프 뮤어에도 다녔다고 하니 "레이니어 정상 갈 때 같이 가시겠어요?" 하고 물었다. 마라톤을 한 덕분에, 몸을 오래 쓰는 운동엔 두려움이 없었다. 주저 없이 "네!"라고 대답했다. 뭘 몰랐으니까. 하이킹과 등산이 얼마나 다른지, 나는 그때까지만 해도 알지 못했다.

2009년 5월 25일, 홍 대장님이 이끄는 팀과 함께한 레이니어 정상 등반은 내 인생에서 손꼽히는 빛나는 순간이었다. 정말 아무것도 모르고 올라갔다 내려왔는데, 나중에야 그 경험이 얼마나 특별한 일이었는지 알게 됐다. 정상에 오르려면 보통 돈을 내고 전문 가이드와 동행해야 하는데, 요즘은 1인당 최소 3,000달러 든다고 한다. 나는 단 한 푼도 내지 않고 올라간 것이다.

게다가 첫 시도에 정상에 오르지 못하는 사람도 많다고 한다. 세 번이나 실패한 경우도 봤다. 날씨는 큰 변수이고, 고산증이 심하면 절대 올라갈 수 없다. 무식하면 용감하다고, 장비 이름조차 몰랐던 나를 믿고 이끌어 정상까지 데려다 준 홍 대장님과, 함께한 팀원들에게 깊이 감사한다.

그 이후 나는 홍 대장님을 따라 시애틀 레저 클럽 회원으로 합류해 하이킹, 캠핑, 스키, 산스키를 함께했다. 나보다 아홉 살 연상인 홍 대장님은 지금도 산에서 펄펄 난다. 집에서 자는 것보다 캠핑장에서 더 잘 잘 수 있다고 말할 만큼 자연을 사랑하는 분이다. 그분 덕분에 내 삶은 한층 풍요로워졌다. 정말 감사하고 소중한 만남이다. 자연 속에서 몸을 움직이며 절경을 즐기다 보니, 여름은 여름이라서 천천히 갔으면 좋겠고, 겨울은 겨울이라서 천천히 갔으면 좋겠다.

해마다 한 번씩, 미국에 있는 고교 동창 친구들과 긴 주말을 맞춰 캠핑이나 하이킹을 한다. 첫해에는 북캘리포니아 시에라 네바다(Sierra Nevada) 산자락에서 캠핑을 하며 데스밸리(Death Valley)까지 다녀왔다. 이후 거의 매년, 주로 서부의 산과 캐니언을 찾았다. 요세미티의 하프 돔을 퍼밋 없이 몰래 오른 적도 있고, 그랜드캐니언 사우스 림(Rim)에서 출발해 내려가 콜로라도강을 건너(물론 나는 강물에 몸을 담갔다) 노스 림까지 하루 만에 올라오는 하이킹도 했다.

나이 들어가는 친구들이 모여 자연 속에서 신선 놀음을 하는 셈이다. 첫 모임부터 늘 함께한 상희, 재범, 창환, 그리고 한 번 이상 동행한 광래, 민호, 세경, 순영, 은섭, 태열, 한수, 현식 모두에게 좋은 추억이 됐다. 늘 이렇게 살면 좋겠다. 어쩌다 보니 내가 이런 활동의 주동자이자 선동가가 됐다. 학창 시절의 나로서는 상상조차 할 수 없던 변화다.

사람들은 내가 아이언맨을 하고, 동네 자전거 대회에 나가고, 스키를 타니까 스포츠맨인 줄 안다. 얼마 전 고교 동창이 내가 올린 스키장 사진을 보고 "너는 다양한 스포츠를 즐기는구나."라고 했다. 스포츠라니, 그건 정말 황송한 말이다. 운동과는 담을 쌓고 살던 내가 스포츠를? 그것도 다양한 스포츠를? 여자의 변신이 무죄라면 남자의 변신은 무엇일까.

내가 중년에 달리기를 시작하지 않았다면, 나의 천성과는 전혀 다른 이런 액티브한 라이프 스타일은 없었을 것이다. 모든 것은 달리기에서 시작됐다. 달리기 이야기를 이어가 보자.

아싸추어 깃 코치의 달리기 레슨

달리기 통신

혹시 3종경기에 도전하고 싶은 사람이 있다면, 무엇보다 달리기가 편해야 한다. 마지막 종목이기도 하고, 모든 장거리 경기의 기본이 되기 때문이다. 꼭 3종경기가 아니더라도 건강하고 활력 있게 살고 싶은 사람이라면 누구에게나 달리기를 권한다. 누구나 할 수 있다. 나도 했으니까.

여기서는 달리기 초보들에게 전하는, 아주 소박하고 두서없는 '훈련법'을 소개하려 한다. 훈련법이라기보다는 그냥 '설'에 가깝다. 삼십 년 넘게 달려 오며 쌓인 경험에서 나온 이야기다. 체계적으로 배운 게 아니라, 여기저기서 날아와 잡초처럼 자라난 생각들이다.

한국에는 러닝 클럽이 많고, 미국 대도시에도 한인 러닝 클럽이 있다. 그런 곳에 들어가 여럿이 함께 달리며 코치에게 배울 수 있으면 좋다. 나는 그러지 못했다.

다음의 내용은 내가 속한 '시애틀 레저 클럽' 카톡방에 '달리기 통신(달통)'이라는 제목으로 간간이 올렸던 글을 다듬은 것이다. 시애틀 레저 클럽은 주말마다 하이킹을 주로 하는 모임으로, 회원 나이는 50대에서 80대다.

    2024년 어느 날, 10K를 뛰어 보고 싶다는 회원이 있었다. 이왕 하는 김에 여럿이 같이 뛰면 좋겠다고 생각했다. 산길 걷기는 잘하니, 달리기도 문제없을 거라는 확신이 있었다. 그래서 나는 바람을 잡고, 북치고 장구치고 나팔을 불었다.

    먼저 참가할 대회부터 정했다. 너무 이르면 준비가 부족하고, 너무 늦으면 김이 빠진다. 석 달 뒤로 잡았다. 충분한 시간이다. 따뜻한 봄날, 동네에서 열리는 아담한 대회를 골랐다. 그리고 훈련 방법을 알려 주기 위해 시작한 것이 바로 '달통'이었다.

    모임 이름도 정했다. 처음에는 '시건달(시애틀 건강 달리기회)'로 불렀으나, 나중에 보니 '시카고 건강 달리기회 시건달'이 이미 있어 저작권을 존중해 우리는 '씨건달(씨애틀 건강 달리기회)'로 하기로 했다. 시간 제약 탓에 초기에 단 한 번만 함께 달려 보고는 각자 훈련을 이어 갔다.

    그 결과 20여 명이 10K 대회에 참가했고, 반년 후에는 하프 마라톤을 완주한 50~60대 회원들이 나왔다. 내년에는 풀 마라톤에 도전하려는 이들도 있다.

    이 책을 읽고 달리고 싶은 마음이 드는 분이라면, 아마추어 '김 코치'의 방법대로 하면 서너 달 만에 10K 완주가 가능하다. 이미 달리고 있는 분들에게도 도움이 되리라 믿는다. 물론 달리기를 전문적으로 하거나 제대로 배운 분들에게는 "이게 다 뭐람?" 하는 생각이 들 수 있다. 하지만 이것은 몸치였던 내가 직접 효과를 본 방식이며, 전문가의 눈으로 보아도 크게 잘못된 점은 없을 것이다.

    앞부분과 겹치는 내용이 있다면 그만큼 중요한 이야기이기 때문이다. 다시 말해, 매우 특정한 소수—하이킹 클럽이라 기본 체력은 되지만 달리기는 해본 적 없는—를 대상으로 썼다. 걷는 데 무리가 없는 독자라면 누구나 실천할 수 있는 레슨이다.

이 방법론은 내 멋대로 길들인 것이지만, 나중에 보니 미국의 '달리기 구루' 제프 갤러웨이(Jeff Galloway) 훈련법과 닿아 있었다. 나의 첫 마라톤을 함께한 로스앤젤레스의 '이지 러너스'(살살 달리는 사람들)가 바로 갤러웨이 방식으로 훈련한 이들이었다. 이 방식으로 평생 즐겁게 달리는 사람들이 많다. 갤러웨이 훈련법을 제대로 알고 싶은 분은 www.jeffgalloway.com을 참고하길 권한다. 이는 엘리트 마라토너를 만드는 것이 아니라, 보통 사람을 마라토너로 길러내는 방식이다.

나처럼 몸치에다 운동과 담을 쌓고 살아온 분들, '내가 달릴 수 있을까?' 하고 생각하는 분들이라면 꼭 한 번 시도해 보시기 바란다. 그런 분들도 서너 달이면 10K 대회에 나갈 수 있다. 활력 있게 살고 싶은 사람, 저질 체력에서 벗어나고 싶은 사람, 이 책을 읽고 달리기를 시작해 볼까 고민하는 사람, 기록이 목표가 아니라 장거리를 완주하고 싶은 사람, 조금씩 향상해 10K, 하프 마라톤, 나아가 마라톤까지 해 보고 싶은 사람, 언제 어디서든 10K쯤은 밥 먹듯 달리고 싶은 사람들을 위한 섹션이다.

이 책은 미국에서 오간 이야기를 바탕으로 했기에 거리 단위는 '마일'을 사용했다. 로마에 살면 로마 법을 따르듯, 생활 속에서 마일이 더 편했기 때문이다. 참고로 1마일은 약 1,600미터이고, 10K는 6.2마일, 5K는 3.1마일이다.

달리기 레슨 1
가장 먼저 해야 할 것: 대회 등록

10K(6.2마일)로 시작한다. 대회 날짜가 공고되었으면 망설이지 말고 일단 등록부터 하라. 훈련해 보고 등록하는 게 아니다. 먼저 등록하고, 그다음에 훈련하는 것이다. 이게 순서다.

'그래도 되나?'
코치를 믿으시라.

'과연 내가 할 수 있을까?'
나도 지금 나이의 절반도 안 되었을 때, 늘어져 가는 몸을 견딜 수 없어 1마일을 달려 본 적이 있다. 그리고 바로 몸살이 났다. '아, 나는 이런 거 하면 안 되는 체질이구나.' 다시 확인했었다. 그랬던 내가 지금은 풀 마라톤을 50번 이상 완주했고, 매년 아이언맨에도 나간다. 내가 했으면, 여러분도 할 수 있다. 몸은 훈련하면 달라진다. 하면 는다. 산행을 꾸준히 해 온 분들이라면 어려움이 없다. 문제는 '완주'가 아니라 '얼마나 우아하게, 즐겁게 달릴 수 있는가.'이다. 그건 김 코치가 하라는 대로 하면 된다.

'이 나이에 무슨 주책을?'
70이 넘었는데도 주말마다 배낭을 메고 40~50리 산행을 하는 우리 회원님들을 보고 '주책'이라 하는 사람도 있을 것이다. 다시 한 번 말하지만, 일단 등록부터 하자. 훈련이고 뭐고, 등록을 하면 등록비 본전은 찾아야 하니 당연히 뛰게 된다.

얼핏 무모해 보일지 몰라도, 난 늘 이렇게 살아왔다. 그래서 마라톤도, 아이언맨도 해낼 수 있었다. 준비를 완벽히 마치고 시작하려 한다면, 죽었다 깨어나도 못 한다. 완벽히 준비된 날은 결코 오지 않으니까.

그러니 일단 등록하자. 그리고 훈련을 시작하면 된다. 등록을 하자!
모두 화이팅!

달리기 레슨 2
뭘 어떻게 시작하나

걷기는 잘하지만 달리기는 처음인 왕초보 여러분을 위해. 석 달 뒤 10K를 즐겁고 우아하게 완주하려면 어떻게 훈련해야 할까? 달리기 훈련에서 가장 중요한 건? 바로 달리는 것이다. 그러니 일단 밖에 나가서 달려라. 너무 머리 굴리지 말고 그냥 시작하라. 공부 안 하고 뛰어도 된다.

걷는 근육과 달리는 근육은 다르다. 걷기를 잘하는 여러분의 다리를 달리기에 맞게 적응시켜야 한다. 일주일에 두 번, 할 수 있으면 세 번 달리는 것으로 시작하라. 처음부터 자주 하면 지치고 다칠 수 있다. 나머지 날은 평소 하던 피트니스나 운동을 하라. 트레드밀도 좋지만, 밖에서 달리는 게 더 좋다.

날이 풀리면 최소 주 1회 이상은 야외 달리기를 하라. 한 번도 달려 본 적 없는 분들은 첫날 30분만 달려라. 중간에 걸어도 된다. 중요한 건 움직이는 시간이다. 그리고 반드시 천천히 달려라.

이렇게 30분쯤 해 보면 다음 번엔 조금 더 달릴 수 있다. 운동장이 있다면 트랙 한 바퀴가 400m다. 네 바퀴면 1,600m, 즉 1마일이다. 30분 동안 달리다 걷다 해서 얼마나 가는지 확인하라. 훈련을 이어가면 거리와 속도가 늘어나는 걸 즐기게 될 것이다.

요약

주 2~3회

가능하면 야외

처음은 30분

달리다 걷다가

천. 천. 히.

달리기 레슨 3
달리기에서 가장 중요한 것

오늘 하는 말은 아주 중요하다. 새기고 또 새겨서, 자다가 잠꼬대에서도 읊어야 한다. 김 코치가 번개 퀴즈를 하면 틀림없이 바로 대답해야 한다.

달리기에서 꼭 명심할 가장 중요한 것.
첫째, 천천히.
둘째, 천천히.
셋째, 또 천천히….
n번째도 제발 천천히.

이게 왜 중요한가 하면, 천천히 달려야 안 다친다.
특히 무릎! 천천히 달리면 오래, 멀리 갈 수 있다. 천천히 달리면 앞으로 10년, 20년 즐겁게 달릴 수 있다. 천천히 달리면 기록이 더 빨라진다. 이 역설에 대해서는 나중에.

달리기에 관련된 온갖 부상·아픔·부작용·실패·노잼, 이 모든 부정적인 경험의 80%는 천천히 달리면 예방·해결된다. 그러므로 이 코치 목이 터져라 호소하노니, 제발 천천히 달리라. 그래야 잘 달린다.

이왕 돈 내고 등록하고 훈련해서 나가는 대회인데, 천천히 달려야 잘할 수 있다. 나중에 완주하고 즐겁고, 다음에 또 하고 싶어지고… 풀 마라톤까지 꿈꿀 수 있다.

자, 그럼 내가 천천히 달리는지, 너무 빠른지 어떻게 알 수 있느냐? 달리면서 옆사람과 완전한 문장으로 대화할 수 있을 정도로 달리라. 숨이 차서 이게 안 되면 너무 빠른 거다.

"토끼, 거북이 이야기를 하던데, 둘이 같은 동네 산다며? 누가 토끼고 누가 거북이인 거야?" 이렇게 쉽게 말할 수 있으면 좋은 거다. "토끼… 달여 먹고… (하아 하아)… 거북이… (헉헉)… 고아… 먹고." 이러면 너무 빠른 거다.

달리기를 계속하다 보면, 처음에는 몇 단어만 말해도 숨이 찼는데, 나중에는 쉬지 않고 말을 하면서도 달리게 된다. 속도가 늘었는데도 말을 할 수 있다면, 그만큼 심폐 기능이 향상된 것이다.

경기에 나갔을 때도 초반에는 '나 달리는 거 맞아? 이래서 오늘 중으로 들어가겠나? 다들 나보다 빠르잖아.' 이런 느낌이 들 정도로 천천히 달려야 한다. 아주 중요하다.

요약
오직 하나, 천천히.

달리기 레슨 4
왜 달리는가

달리지 않고도 잘 살 수 있다. 10K 마라톤 안 나가도 먹고 사는 데 지장은 없다. 주말마다 하이킹을 하지 않아도 평생 잘 사는 사람들이 절대 다수이듯. 그런데 여러분처럼 일찍 일어나 차를 타고 멀리 가서 장비를 메고 힘들게 산길을 올라야만 비로소 보이는 절경과 뿌듯한 느낌이 있듯, 달리기를 하면 열리는 경이로운 세계가 있다.

달리기는 모든 운동의 기본이다.
손흥민도, 김연아도, 장미란도 달리기로 몸을 훈련했다. 올림픽 선수촌에서는 육상뿐 아니라 레슬링, 유도, 체조, 스케이트, 역도, 배드민턴, 양궁, 수영… 모든 선수에게 달리기를 시킨다.

운동으로 밥 먹고 살 군번이 아닌 우리에게도, 달리기는 심폐·근력·몸 전체의 균형 향상을 위해 아주 좋은 운동이다. 끝까지 내 발로 걷다가 가야 할 텐데. 이런 준엄한 목표가 눈에 보이는 나이에 들어선 우리에게 달리기는 가장 좋은 몸짓이다.

무엇보다, 달리기를 즐기게 되면 삶 전반이 업그레이드된다.
'오늘 날씨가 맑네. 나가서 바닷가에서 한 시간만 뛰고 들어올게.' '몸이 꿉꿉하고 쌓인 일은 많으니, 오늘 아침엔 4마일만 뛰자.' '오늘 조깅은 산길로 나갈까?' 이렇게 모자 쓰듯 가볍게 나가 달릴 수 있는 삶을 상상해 보라.

나는 휴가·여행·학회 등의 일로 다른 곳을 방문할 때 꼭 달린다. 아이티, 인디아, 아프리카에 봉사 갔을 때도 아침 일찍 달렸다. 여행 중이라 짧게 머물러야 하는 곳들이지만, 두 발로 다녀 보면 그 세상과 사람들을 더 잘 알 수 있다.

그러면 '나 거기 가 봤어'라고 말하는 데 무게가 실린다. 그래서 여행이 더 즐겁다. 여기서 알려주는 방법대로 잘 실천하면 언제 어디서나, 아무 때나 10K 정도는 쉽게 달릴 수 있다. 그 정도 할 수 있다면 삶이 얼마나 활력이 넘치고, 몸에 자신감이 생기겠는가.

모쪼록 이번 10K를 시작으로, 몸과 마음의 최고의 보약 '달리기'의 복된 세상에 들어오기를 바란다. 그래서 내가 작심하고 이 말을 한다. 완주는 이미 넘어선 목표다. 재미있고 우아하게 달려서 삶이 업그레이드 되도록, 이 숙달된 조교를 믿고 한 번 해 보라.

다음은 바른 달리기 자세에 대해 이야기하겠다.

달리기 레슨 5
폼 좀 잡아 봅시다

복습하자. 달리기에서 가장 중요한 세 가지가 뭘까? 첫째, 둘째, 셋째, 맞다. 천천히! 또 천천히! 제발 천천히! 오늘은 달릴 때의 폼, 그 핵심 세 가지를 말하겠다.

힘 빼고 곧게 서기
목과 허리를 곧게 하고, 어깨와 가슴을 펴라. 상체든 하체든 어디든 힘을 주지 말고, 편안하게 바로 서야 한다.

힙을 앞으로 내밀며 달리기
다리가 몸통을 지고 가는 것이 아니다. 힙이 다리를 끌고 가듯, 힙이 먼저 나가는 기분으로 힙을 앞으로 내밀어라. 이렇게 하면 허리가 곧게 펴지고, 코어와 허벅지를 쓰게 되어 효율이 좋다. 엉덩이가 뒤로 빠지면 자세가 무너지고, 몸이 굽어져 중력이 고르게 분배되지 않아 금세 힘이 든다. 처음에는 의식적으로, 후반에 피곤할 때는 더더욱 의식적으로 이렇게 교정해야 한다. 나는 마라톤 10년 만에 이 주법을 배워, 그 해 개인 최고 기록을 세웠다.

발을 지면 가까이 두고 달리기
텀벙텀벙, 겅중겅중, 저벅저벅, 이런 걸음은 무릎을 해친다. 소련 붉은 군대나 북조선 인민군처럼 힘차게? 노! 발이 지면을 스칠 듯 말 듯, 미끄러지듯 달려야 무릎을 지킬 수 있다.

요약

힘 빼고 곧게 서기

힙을 앞으로 내밀며 달리기

발을 지면과 가깝게, 미끄러지듯 달리기

달리기 레슨 6
바른 달리기 주법은 뭘까

지난 번 레슨에서 달리기 자세를 배웠는데, 그대로 해 본 분들은 처음엔 어색하게 느꼈을 수도 있다. 폼에 신경 쓰다 보면 잘 안 되는 것 같지 않은가. 폼이 중요한가? 골프를 하는 분들에게, 수영 선수들에게 물어보라. 그분들에게 폼은 알파와 오메가다. 달리기의 폼은 골프나 수영, 테니스나 체조에 비하면 너무 간단하다. 지난 레슨에서 말한 대로, 몸을 곧게 세우고 힘을 빼서 서서, 힙을 앞으로 당기듯 하고, 발을 지면에서 많이 떼지 말고 미끄러지듯 달리면 된다. That's it!

팔을 어떻게 흔들어라, 보폭은 어떻게 하라, 발을 어떻게 디디라 하는 말은 하지 않았다. 오늘 간단하게 정리하겠다.

팔 흔들기
자연스럽게 하라. 힘 빼고, 몸이 하는 대로.

보폭
편한 대로 하라. 단 하나, 오르막에서는 보폭을 짧게 해야 쉽다. 내리막에서 빨리 내려가려고 너무 길게 내디디지 마라. 내리막에서 겅중겅중 성큼성큼 내려가면 무릎을 다치기 쉽다. 자연스럽게.

발을 어떻게 땅에 디디나
앞에서 가르친 대로, 발이 미끄러지듯 지면과 가깝게 달리다 보면 발 중간이 바닥을 딛고, 앞뒤 꿈치가 따라서 정리되는 폼이 자연스럽게 나온다. 나머지는 몸이 알아서 한다. 몸은 자신이 가진 조건에서 가장 힘을 절약하는 방식으로 움직이게 되어 있다.

숨쉬기

자연스럽게. 어릴 때 두 번 들이쉬고 두 번 내쉬라는 말을 들은 적이 있는데, 꼭 그럴 필요는 없다. 운동을 하면 몸이 산소를 공급하기 위해 자율신경으로 심장과 폐를 알아서 조절한다. 숨에 신경 쓰지 말고 편하게 하라. 살면서 숨 쉬는 걸 신경 안 쓰고도 잘 살지 않는가? 달릴 때도 마찬가지다. 다만, 숨쉬기에 신경을 좀 써 보고 싶으면 단 하나! 천천히 쉬는 연습을 하라. 달리면서도 심호흡할 수 있다. 몸과 마음이 차분해진다. 긴장해서 호흡을 몰아쉬는 사람이 가끔 있는데(과호흡), 그러면 어지럽고 쓰러진다. 이런 경향이 있는 사람은 특히나 천천히 쉬는 연습을 해 보라.

마라톤에 나가 보면 사람마다 달리는 모습이 천차만별이다. 다 자기 몸 사정에 따라 가장 덜 힘든 방식으로 달리고 있는 것이다. 어떤 사람은 '저런 자세로 달리면 힘들어서 어쩌나?' 싶을 정도로 이상한 자세로 달리는데도 나보다 빠르다. 그 사람의 체형, 허리나 다리 상태에 따라 그런 모양이 나온 것이다.

여러분이 산행할 때 걷는 모습을 보라. 다 다르다. 어떤 사람은 절룩거리는 것 같은데 빠르게 잘 걷는다. 물어보면 허리 신경이 눌려서 불편하다고 한다. 그래도 몸은 자기 길을 찾는다. 결국, 산행도 달리기도 자기 생긴 대로 하게 되어 있다. 그래서 내가 생각하는 폼과 주법의 가장 기본적인 것을 말씀드린 것이다.

자연스럽게, 편안하게!

달리기 레슨 7
줄창 뛰기만 하면 망한다

복습한다. 달리기에서 제일 중요한 게 뭐라고 했나? 맞다. 천천히, 또 천천히, 그리고 다시 천천히다. 내가 천천히 달리는지, 너무 빠른지 어떻게 아냐고? 옆 사람과 완전한 문장으로 대화할 수 있으면 적당한 속도다. 오늘은 달리기에서 두 번째로 중요한 걸 말하겠다.

바로 '뛰다가 걷기'다.
중간중간 걸었다가 다시 달려라. 아예 시작부터 조금 걷다가 뛰기를 시작해도 된다. 그래야 힘이 덜 들고, 다리가 덜 아프며, 오래 달릴 수 있다. 달릴 때 쓰는 근육과 걸을 때 쓰는 근육은 다르다. 달리는 중간에 걷기를 넣으면 달리는 근육이 잠시 쉬고 회복할 수 있다. 그렇지 않고 계속 혹사하면 나중에 쥐가 나서 반란을 일으킨다.

얼마나 자주, 얼마나 걸어야 하냐고?
나는 처음 풀 코스를 뛸 때 1~2마일마다 있는 급수대에서 물을 마시며 걷고, 다시 달렸다. 이제 막 달리기를 시작한 초보라면, 1마일을 달린 뒤 1분 정도 걷고 다시 달려 봐라. 1마일이 힘들면 아무 때나 걸어도 된다.

자주 걷는 것, 오래 걷는 것을 두려워하거나 부끄러워하지 말자.
뛰기만 하는 것보다 걷기를 섞는 편이 기록도 더 빠르다. 이건 팩트다. 이 원리를 모르면 처음에는 좋다가 나중에는 힘들고, 다리에 쥐가 나며, 결국 결승선에 헉헉거리며 들어가게 된다. 반대로 걷기를 적절히 넣으면 결승선을 우아하게 통과할 수 있다.

"올림픽 마라톤 선수는 안 걷던데요?"

우리는 선수가 아니다. 우리는 평범한 아마추어, 초짜, 달리기 베이비다. 안 걷고 계속 달리는 사람은 선수 아니면 멍청이. 둘 중 하나다. 내 후배 하나는 첫 10K 대회에서 신발 끈을 너무 세게 조여 발이 아팠는데, 다른 사람들이 다 달리니까 멈춰서 끈을 풀지 못하고 끝까지 고생했다. 아이고, 멈춰서 끈을 고쳐 매고 뛰었으면 훨씬 좋았을 텐데.

심지어 어떤 초보는 "뛰다가 멈추면 나중에 다시 못 뛴다."라는 말까지 하더라. 어디서 들었는지 모르지만, 정말 무지한 말이다. 부담 없이 걷고, 앉아서 쉬고 싶으면 쉬어라. 쉬는 건 나중을 위한 보약이다. 그리고 다시 달려 봐라. 몸이 회복되어 힘이 나는 걸 느낄 수 있을 것이다.

뛰다가 걷다가!
이 비결 하나만 알아도 달리기를 오래, 그리고 즐겁게 할 수 있다.

달리기 레슨 8
새 신을 신고 뛰어 보자

달리기만큼 돈 안 드는 운동도 없지만, 가장 큰 지출은 신발이다. 러닝화를 신게 된다. 농구화, 테니스화, 워킹슈즈를 신고 달릴 수도 있지만, 러닝화가 제일 편하다. 러닝화의 목적은 달리는 발을 덜 불편하게 하는 것이다. 좋은 신발을 신는다고 없던 능력이 생기지는 않지만, 편하면 더 잘 달릴 수 있겠지.

신발 크기는 너무 크거나 작으면 안 된다. (그걸 누가 모르겠나?)
발가락을 안에서 조물락거리고 펼 수 있을 정도여야 한다. 러닝화 선택에 대해 전문적인 조언이 참 많다. 주로 발바닥의 커브, 즉 아치(arch)에 관한 것이다. 물 묻은 발바닥을 마루에 찍어 보면, 나처럼 평발인 경우도 있고, 가장자리만 가늘게 나오는 발도 있다. 찍히지 않는 부분이 아치인데, 그 높낮이에 따라 신발 종류가 달라진다. 나도 이거 공부하다가 머리에 쥐가 난 적이 있다.

제일 쉬운 방법은 러닝화 가게에 가서 자기에게 '편한 신발'을 찾는 것이다.
전문 가게에서는 발바닥 모양, 달리는 모양을 비디오로 찍어 맞는 것을 추천해 주기도 한다. 중요한 건 '편해야' 한다는 점이다. 가게에서 여러 종류를 갖다 달라고 해서 양쪽 다 신고 걷고 가볍게 달려 보고, 가장 편한 것을 사라. 비싸다고 좋은 건 아니다. 새 모델은 늘 비싼데, 이유는 그냥 '새 모델'이라서 그렇다. 전년도, 재작년 모델은 훨씬 싸다.

어떤 브랜드가 좋으냐고? 러닝화를 잘 만드는 회사가 많다. 내 경험(미국 브랜드 기준)을 말하자면 이렇다.

뉴발란스(New Balance):
달리기를 시작한 후 몇 년간 오로지 이것만 썼다. 정말 좋다. 러닝화 전문이다.

나이키(Nike):
개인적으로 편견이 있어 멀리했는데, 지인 덕에 팩토리 스토어에서 반값에 사서 신어 보니 과연 명불허전이더라. 러닝화의 원조(혹은 원죄) 회사다.

브룩스(Brooks):
신어 봤는데 너무 좋아서 보니 본사가 시애틀에 있더라. 강추한다. 나는 철 지난 모델을 세일할 때 두 켤레 샀다.

호카(Hoka):
요즘 뜨는 브랜드다. REI 상품권이 생겨서 사서 신어 봤는데, 편하고 디자인도 좋다. 이거 신고 작년 11월 아이언맨을 완주했다.

그 밖에도 여러 브랜드 제품을 신어 봤는데 다 좋았다. 신어 보고 사는 유명 브랜드라면 믿을 만하다. 다만 월마트나 타깃에서 싸게 파는 러닝화들은 추천하지 않는다. 싼 게 비지떡이다. 오래 잘 달리려면, 다른 건 몰라도 신발에는 투자해야 한다.

다시 말하지만, 편해야 한다. 각 지역마다 러닝화 전문점이 있으니, 여러 켤레를 신어 보고 가장 편한 걸 사라.

달리기 레슨 9
마시자, 한 잔의 물

달리기에서 세 번째로 중요한 것에 대해 말해보겠다.
첫째는 '천천히', 둘째는 '달리다 걷기', 세 번째는 '물 마시기'다.

통상 목마르기 전에 마시라고 한다. 목이 마르면 이미 수분이 부족한 상태인데, 이 결손을 따라잡기가 힘들다. 물을 얼마나 마셔야 하는지는 물론 그날의 기온과 땀 흘리는 양에 따라 다르다. 땀을 많이 흘리면 당연히 더 많이 마셔야 한다.

내 경우, 하프나 풀 마라톤을 할 때 더운 날이면 물 보급소가 나올 때마다 걸으며 작은 컵 하나씩 마시기도 하고, 한 보급소를 건너뛰기도 한다. 종반에 괜찮으면 보급소 몇 개를 연달아 건너뛰기도 한다. 중요한 건 수분 부족이 되지 않도록 하는 것이다.

평소에도 30분 이상 달릴 때는(사실 그 이내로 달리는 일은 거의 없다) 물병을 갖고 나간다. 물은 그냥 냉수 아니면 찬 보리차다. 스포츠 음료(전해질이 들어 있는 게토레이 같은 제품)는 두 시간 이상 달리거나 땀을 많이 흘릴 때 좋다. 땀이 많이 나면 염분이 배출되어 맹물만 마실 경우 체내 소듐(나트륨) 농도가 낮아져 뇌가 위험해질 수 있다. 그러나 땀이 별로 안 나고 뛰는 시간이 두 시간 미만이면 물로 충분하다.

나는 시내에서 달릴 때 물병과 함께 꼭 5달러짜리 한 장을 갖고 다닌다.

물을 많이 들고 뛰기는 힘드니, 중간에 가게가 있으면 물이나 스포츠 드링크를 사서 마시기 위함이다. 왜 5달러냐고? 잔돈을 갖고 다니기 번거롭기 때문이다. 그런데 물가가 올라서 요즘은 10달러로 올릴까 고민 중이다. 이런 얘기를 하면 벌써 꼰대 소리를 듣는다. 요즘은 Apple Pay나 Samsung Pay를 써서 휴대폰으로 바로 결제하면 되니까 말이다.

달리기용 물백이나 각종 벨트도 있지만, 그런 건 먼저 사지 말고 일단 물병부터 들고 달려라. 필요한 경우 나중에 자신에게 맞는 장비를 사면 된다. 물론 물을 너무 많이 마시면 화장실을 자주 가야 하는 문제가 있다.

화장실은 영원한 숙제다.
대회에서는 주최 측이 마련해 주니 괜찮지만, 산길이나 으슥한 트레일에서는 알아서 해결해야 한다. 시내에서는 맥도날드나 버거킹을 이용하면 좋다. 코스를 미리 점검해 화장실 위치를 알아 두면 편하고, 생판 모르는 곳이라면 그때그때 해결해야 한다.

달리기 레슨 10
달리는 여자는 멋있다

요즘 달리기 대회에 나가 보면 여성이 더 많은 것 같다. 하프 마라톤은 적어도 절반 이상이 여성인 것 같고, 풀 마라톤도 날이 갈수록 여성이 많아지고 있다. 요즘 풀 마라톤의 경우 열 명 중 네 명이 여성이라고 한다. 10K, 5K로 내려오면 여성 비율이 확실히 압도적으로 높다.

여성은 달리기, 특히 마라톤을 못 한다고 알려졌던 시절이 있었다. 신체 구조와 생리상 불가능하다는 이유였다. 세계에서 가장 유서 깊고 권위 있는 보스턴 마라톤(1897년에 시작)은 오랫동안 남자들만의 잔치였다.

마라톤 역사에서 잘 알려진 일화가 있다. 1967년, 캐서린 스위처(Katherine Switzer)라는 20세의 아가씨가 남자로 등록해 번호표를 달고 보스턴 마라톤에 참가했다. 달리던 중 그녀가 여성임이 드러나자, 대회 임원 중 한 사람이 달려들어 캐서린을 끌어내리려고 했다. 이 장면의 사진과 영상은 전 세계로 퍼졌고, 캐서린은 일약 스타가 되었다. 다행히 그녀는 그 습격을 뿌리치고 완주했다.

사실 그해 대회에는 캐서린보다 한 시간 먼저 완주한 여성이 있었다. 바비 깁(Bobbi Gibb)이라는 여성은 등록을 못 하고 번호 없이 뛰었다. 습격 사건으로 유명해진 캐서린의 그늘에 가려졌지만, 진정한 영웅이었다. 바비는 이렇게 비공식으로 1966, 1967, 1968년 보스턴 마라톤을 완주했다고 한다.

보스턴 마라톤이 여성을 처음 공식적으로 참가시킨 것은 1972년으로, 그해 8명의 여성이 출전했다. 참으로 어두웠던 시절이다. 캐서린 스위처의 사진과 영상은 인터넷에서 쉽게 찾을 수 있다. 70세가 넘은 그녀의 건강미 넘치는 모습도 볼 수 있다.

여성이 압도적으로 많은 우리 레저클럽, 씨건달 만세!
봄이 온다. 봄은 여자의 계절! 여성들아, 일어나라!

달리기 레슨 11
천천히 가야 빨리 간다

나와 마라톤을 몇 번 같이 한 분이 있는데, 아주 빠르다. 하프 마라톤 기록은 나보다도 좋다. 한눈에 봐도 엘리트 러너처럼 보이고, 경주가 시작되면 총알처럼 튀어나간다. 제발 천천히 뛰시라고 해도, "아이고 마, 내 승질에….' 하신다.

그분의 전략은 초반에 최대한 속도를 끌어올려 시간을 단축하고, 막판에는 남은 힘으로 달린다는 건데, 한 번도 성공한 적이 없다. 한 18마일쯤 가면 저 앞에서 헉헉거리고 있다. 내가 뒤에서 슬그머니 다가가 "힘드세요?" 하면 "코스가 영 안 좋아요." 하신다. 잠시 나란히 뛰다가 "먼저 가겠습니다." 하고 앞서 나간다. 내가 결승선을 통과하고도 한참이 지나야 들어오신다. 그러곤 힘들다며, 코스가 안 좋다며, 막판에 언덕이 심하다며 하소연하신다. 이러기를 여러 번, 아무리 말을 해도 안 들으신다.

장거리 경주를 잘 하려면 전체 거리를 반으로 나눴을 때, 나중 절반이 처음과 같거나 더 빨라야 한다고 한다. 그러면 훨씬 덜 힘들고 기록도 좋아진다. 예를 들어, 두 사람이 10km(6.2마일)를 완주했다고 치자. 같은 시간에 들어왔다.

갑은 김 코치의 조언대로 처음에는 천천히 뛰며 힘을 아껴 두었다가, 막판 2마일을 신나게 달렸다. 반면 을은 '승질대로' 처음부터 총알처럼 튀어나가 모두를 추월하며 신나게 달렸지만, 3마일쯤부터 힘이 떨어져 속도가 느려지고, 마지막 1마일은 걷다시피 하며 겨우 마쳤다.

똑같은 시간에 완주했어도, 누가 더 해피할까? 갑은 웃으며 골인해서 사진 찍고, 사람들과 하이파이브하며 "다음엔 하프 마라톤 나가야겠다." 한다. 반면 을은 "이거 정말 못할 짓이다. 한 번 했으니 이제 끝"이라고 생각한다.

시나리오를 같은 완주 시간으로 가정했지만, 실제로는 대개 갑이 을보다 더 빠르다.

요약
천천히, 천천히, 천천히.
후반이 전반보다 빠르게!

달리기 레슨 12
몸 길들이기

"훈련의 목적은 자유다."

- Richard Foster, *Celebration of Discipline*

달리기를 막 시작했다면 그걸 연습이나 훈련이라고 생각할 수 있다. 10K에 등록했으니 그걸 위한… 그런데 '연습'이나 '훈련'이라는 말에는 왠지 부정적인 느낌이 있다. 연습이라 하면 '도미도미쏠도도도' 하며 피아노 건반을 두드리던 시절이, 훈련이라 하면 4열 종대로 발 맞춰 운동장을 돌던 학창·군대 시절이 떠오른다.

훈련의 목적은 자유다.

김연아가 은반 위를, 임윤찬의 손이 건반 위를 막힘 없이 마음대로 움직일 수 있는 건 수많은 시간을 연습·훈련에 쏟았기 때문이다. 달리기는 단순해서 마스터해야 할 복잡한 테크닉이 없다. 굳이 표현하자면 몸을 길들이는 거다. 몸이 더 잘, 더 오래 달려서 가고 싶은 데를 자유롭게, 덜 힘들게 갈 수 있도록 만드는 거다. 몸이 달리는 데 길이 들면 삶이 활기차고 풍성해진다.

얼마 전 세일링(sailing) 휴가를 마치고 집에 돌아온 시간이 새벽 한 시였다. 잠시 눈을 붙이고 해가 뜨길 기다려 '가볍게' 10km를 달리고 왔다. 일주일 동안 좁은 배에서만 살다 보니 뭍이 그리워 넓은 땅 위를 뛰고 싶었던 거다.

몸은 쓰면 쓸수록 길이 든다.

20대 때는 달리는 사람들이 부러워서 '나도 한 번 해 보자.' 하고 나갔다가 1마일 뛰고 몸살이 나서, '아, 나는 역시 체질적으로 이런 짓을 하면 안 되는구나.' 하고 다시 몸으로 확인했던 내가, 오늘날 이런 소리를 하고 있으리라고 누가 상상이나 했을까.

몸은 길들일 수 있다. 하는 만큼 는다. 지극히 예측 가능하고 정직한 투자. 트레드밀이든 밖이든, '연습한다' '훈련한다' 생각 말고 마치 산책을 연습이나 훈련이라고 생각하지 않듯 그냥 즐겨라. 그러면 몸이 길이 들어 더 멀리, 더 오래, 덜 힘들게 달릴 수 있게 된다.

즐기면서 하면 몸은 길이 든다. 체력이 향상한다. 그리고 훨훨 나는 기분으로 살 수 있게 된다.

It is guaranteed!

달리기 레슨 13
책도 읽어 가면서

나는 달리기 방법과 훈련에 관한 책을 제대로 읽은 적이 없다. 언젠가 두툼한 러닝 교과서를 마음먹고 펼쳤는데, 읽다 보니 너무 빡빡하게 느껴졌다. 어디서 막혔나 하면, "장거리 달리기를 잘할 수 있는 체형은, 마르고 다리가 길고 발목이 가늘고…" 하는 대목이었다. 그걸 누가 모르나. 괜히 짜증이 났다. 나는 그와는 정반대, 두부살에 몸치거든. 그래도 재미있게 읽은 책들이 있다. 미국에 살다 보니 아무래도 영어로 된 책들이었고, 다 우리말로 번역돼 있다.

『달리기를 말할 때 내가 하고 싶은 이야기
(What I Talk About When I Talk About Running)』
- 무라카미 하루키(Haruki Murakami)

얇고 재미있다. 자전적인 이야기다. 하루키는 마라톤과 3종경기(올림픽 3종)를 한다. 글 쓰는 것도 몸의 일이라고 말하는 사람이다. 몸이 건강해야 글을 오래, 잘 쓸 수 있다고 한다.

『본 투 런(Born to Run)』
- 크리스토퍼 맥두걸(Christopher McDougall)

타이어 고무로 만든 얇은 슬리퍼를 신고 산악을 달리는 멕시코의 부족, 거기에 정착한 미국인 러너 '백마'(까바요 블랑코), 맨발로 달리는 사람들의 흥미진진한 이야기다. 이 책을 읽고 실천해서 내 마라톤 최고 기록을 달성한 이야기를 앞에 썼다.

『달리기와 존재하기(Running and Being)』
- 조지 쉬언(George Sheehan)

심장 전문의이자 엘리트 러너인 저자가 보스턴 마라톤에서 여러 번 연령대 우승을 한 경험과, 달리면서 생각한 삶의 철학들을 담았다. 고전적인 명작이다.

생각해 보니 뒤의 두 책은 내가 달리면서 오디오북으로 들은 것들이다. 모두 강력 추천하는 책들이다. 이런 책들을 읽으면 배우는 것도 많고, 동기부여도 된다. 게다가 한국인 저자들이 쓴 책들도 많이 나와 있다. 마음만 먹으면 배움의 길은 달리는 길만큼이나 널리 열려 있다.

향토예비군은 일하면서 싸우고 싸우면서 일했다던데, 우리는 읽으면서 달리고, 달리면서 읽자.

몸과 정신을 다 기르자!

달리기 레슨 14
대회에 왜 나갈까

우리의 첫 관문 10K 대회가 한 달 남았다.
등록한 분들 아주 잘했고, 아직 긴가민가하는 분들은 늦지 않았으니 꼭 등록하자. 대회는 목표가 아니라 시작이다. 대회에 나가 봐야 달리기에 제대로 입문하는 거다.

나는 애틀랜타에 살 때 US 10K Classic이라는 대회에 나가 보고 '이런 세상도 있었구나. 어찌 내가 지금까지 모르고 살았던고' 하는, 신세계가 확 열리는 경험을 했다. 그리고 로스앤젤레스 마라톤에 참가해 보고 나서 '재밌다, 앞으로 마라톤 계속해야겠다.'는 마음을 굳혔다. 둘 다 규모가 큰 대회였다. 다수가 주는 감동은 확실히 있다.

테니스 하는 사람이 맨날 코치와 주고받고, 벽치기만 연습하고 끝낼 수는 없다. 경기를 해야 한다. 골프 하는 사람이 밤낮 레인지에서 공 날리기만 하고, 그린에 넛이 나가 게임을 안 하면 말이 안 된다. '경기는 무슨, 그냥 혼자 달리면 되지.' 하는 건 바로 그런 꼴이다.

이번 10K 대회가 처음인 분들. 훈련할 때 이미 10K를 뛰어 봤더라도, 대회 나가서 달려 봐야 진짜로 달려 본 거라고 생각하면 된다. 우리가 참여하는 대회는 아주 작은 대회다. 나중에 하프 마라톤, 그리고 내년엔 풀 마라톤은 규모가 큰 대회를 찾아보자.

수천 명, 수만 명씩 참가하는 대회에 나가 그 큰 물결에 몸을 맡겨 보면 비로소 '아하!' 하는 느낌을 알게 된다. 마치 도랑물에서 놀다가 처음으로 바다에 나가 보는 경험이라고나 할까. 세상에 이런 세계가 있었구나, 나도 잠기고 싶다 하는 느낌! 자, 스포일러는 그만하고.

첫 10K를 너무 일찍 잡은 것은 아닌가 하는 생각도 있지만, 평소 산에 다니는 여러분은 이미 기초 체력이 있으니 걱정 없다. 이왕 입문할 거면 빨리 입문하는 게 좋다.

다시 말하지만, 대회에 나가는 건 목표가 아니라 시작이자 과정이다.
곧 달리기에 입문하게 될 여러분, 미리 축하한다. 많이 설레길 바란다.

달리기 레슨 15
유독 힘든 날에는

달리기를 하다 보면 유독 힘든 날이 있다.
힘든 이유는 여러 가지다. 훈련이 부족했든지, 훈련이 너무 과했든지, 잠이 부족했든지, 과로했든지, 잘 안 먹었든지, 뭘 잘못 먹었든지… 하여간 여러 이유로 이전에는 가볍던 발걸음이 무겁게 느껴질 때가 있다. 내 경우에는 한 달 이상 뛰지 않다가 오랜만에 뛰게 될 때, 예전 수준으로 돌아가려면 처음에 힘이 든다. 또 일을 마치고 오후에 달릴 때 힘이 든다. 나에게 가장 좋은 시간은 아침인데, 주말 외에는 아침에, 특히 겨울 깜깜한 시간에 달리기는 쉽지 않다.

어쨌든 달리기가 유독 힘든 날은 어떻게 할까?
가장 중요한 건, 그냥 그런가 보다 하는 거다. 왜 그런지 이유를 알면 좋지만, 잘 모를 때는 깊이 생각하지 말고 그냥 넘긴다. 이런 날도 있고 저런 날도 있는 거다.

그리고 이렇게 힘든 날은 그냥 걷는다.
걸으면서 물도 마셔 보고, 배가 고픈 것 같으면 갖고 간 캔디나 과일 과자도 먹고, 경치 보면서 걷고, 전화할 데 있으면 하면서 걷다가 다시 뛰기 시작한다. 대부분의 경우 다시 잘 달릴 수 있다. 그러다가 또 힘들면 또 쉬면 된다. 여러 번 그래도 안 되면 그냥 걸어서 집으로 돌아오면 된다.

중요한 것은 이게 끝이 아니라는 거다.
이럴 때 자칫하면 '나는 역시 달리는 건 아닌가 보다'라든지, '내 한계에 온 거야.'라든지, '이래서야 마라톤 나가겠나.' 하는 생각이 들 수 있다. 이런 건 다 망상이다.

늘 한결같을 수 없고, 할 때마다 기분 좋을 수 없다.
프로야구 선수가 타율 3할만 넘으면 좋은 타자로 친다. 이 말은 열 번 타석에 들어서 일곱 번은 삼진, 땅볼, 뜬 공, 병살타 등으로 죽었다는 말이다.

프로야구는 그렇다 치고, 프로농구는 어떨까? NBA 선수들 중 필드골 성공률이 50%만 넘어도 최상급 선수다. 이 말은 두 번 던져 한 번만 넣어도 제일 잘하는 선수라는 말이다. 현존하는 농구왕 레브론 제임스(LeBron James)는 지난 시즌 야투 성공률이 54%이고, 내가 좋아하는 스테픈 커리(Stephen Curry)는 47%다. 레브론은 근거리 슛을 많이 하고, 커리는 중·장거리 슛을 많이 해서 그렇다.

달리기는 이보다 훨씬 쉽다. 힘들어서 안 달려지는 날은 아주 적다. 그러니 잘 안 뛰어진다고 일희일비하지 말고, 정말 뛰기 힘든 날은 '오늘은 그런 날이구나.' 하고 그냥 넘기면 된다.

다음에 또 나가서 달리면 된다. 꾸준히 하기만 하면 된다.

달리기 레슨 16
러너스 하이 1

드디어 많은 분들이 궁금해하는 주제, 마치 전설처럼 들어 보셨던 이야기! 장거리를 달리다 보면 어느 순간 기분이 붕 뜨며, 말할 수 없는 평안과 희열, 자신감이 충만한 무아지경의 도취에 빠지게 되는 경우가 있다. 달리기 삼매라고나 할까. 마치 마약에 취한 기분이라 해서 high라고 부른다.

Runner's High, 러너스 하이.
사람마다 오는 시점이 다르고, 어떤 사람은 한 번도 느껴보지 못했다고도 하는 이 신기루 같은 순간! 강도와 지속 시간도 사람마다 다르며, 같은 사람도 매번 다르다. 나의 경우는 10K 이상의 거리를 달릴 때 강도의 차이는 있어도 늘 있는 편이다.

아마 한 번도 느껴보지 못했다는 사람은, 그런 기분이 왔을 때 음미하지 않고 그냥 여상하게 지나쳤기 때문일지 모른다. 취한 줄 모르고 취한 형국이지. 몸에서 엔돌핀이 나와서 그렇다고 한다. 엔돌핀(endorphin)은 endo(체내)와 몰핀의 합성어다. 몸에서 몰핀 같은 물질이 나와 통증을 줄여 주고 마음을 편하게 해 주는 것이다. 몰핀은 원래 아편에서 추출하는데, 우리 몸도 이런 물질을 만들고, 세포 안에는 이를 받아들이는 수용체(receptor)가 있다.

최근에는 러너스 하이가 엔돌핀 외에 엔도카나비노이드라는 물질로 매개된다는 사실도 밝혀졌다. 이 성분의 역할이 더 클 거라는 말도 있다. 엔도카나비노이드(endocannabinoid)는 체내에서 생성되는 대마초 성분이다. 그렇다. 우리 몸도 대마초 성분의 물질을 만들고, 세포는 이를 받아들이는 수용체를 갖고 있다. 신기하지 않은가. 우리는 이렇게 자연과 연결되어 있다.

어쨌든 러너스 하이는 좋은 것이다. 그런데 이게 독이 되는 경우도 있다. 나의 경험으로는, 풀 마라톤의 경우 10마일쯤 되면 이런 무아지경의 도취가 시작된다. '오늘은 좋은 날이다. 잘 달려지네. 기록이 나올 수도 있겠다. 기적이 일어나는 날이다.' 이런 도취에 무리해서 빨리 뛰면 영락없이 망한다. 20마일쯤 가면 지쳐서 허덕이게 된다.

마라톤은 지극히 정직한 운동이라 자기 실력 이상으로 달릴 수 없다. 그래서 러너스 하이가 찾아오면, 왔을 때 흠뻑 즐기고, 썰물처럼 빠져나가면 그때부터는 맨정신으로 달려야 한다. 오직 실력과, 이전의 경험과, 체력으로. 나중에는 조금 거칠게 말해 '악'으로 달리는 것이다. 삶의 모든 것이 그렇듯 이것도 왔다가 간다. 제행무상(諸行無常)!

Runner's High! 경험해 보지 않은 사람은 모른다.
지금 나가서 달리기를 시작하라.

달리기 레슨 17
러너스 하이 2

러너스 하이(Runner's High, 이하 RH)에 대해 좀 더 말씀드리겠다. RH에 대해서는 여러 설이 있다. 우선 RH는 운동이 끝난 후에 온다고 굳게 믿고 그렇게 가르치는 사람들도 있다.

운동 중에 오는 것은 '세컨드 윈드(second wind)'라고 하며, 두 현상은 다르다고 한다.

세컨드 윈드라는 개념은 스포츠에서 널리 알려져 있다. 운동을 하다가 한계에 부딪힌 것 같을 때, 다시 새롭게 소생하는 에너지가 오는 순간을 말한다. 이 두 가지를 서로 다른 것으로 구분하는 사람도 있고, 같은 것이거나 적어도 같은 종류의 현상이라고 보는 사람도 있다.

내 생각에는 RH는 뇌에서 일어나는 정신적인 현상에 초점을 맞춘 것이고, 세컨드 윈드는 몸의 느낌까지 포함한 개념이다. 둘은 결국 한 뿌리에서 나오는 현상이라고 본다.

노자가 말했듯이 "명가명 비상명(名可名非常名).", 즉 이름 붙일 수 있는 것은 본래의 이름이 아니다. 경험을 정확히 명명하는 것이 도움이 될 때도 있지만, 중요한 것은 먼저 그 경험을 하는 것이다. 이런 현상이 왔을 때 '이게 뭐지? 기분이 좋네, 다시 힘이 나네.' 하고 느끼고 확인하는 것이 핵심이다. 이름보다 중요한 것은 경험 그 자체다.

나의 경우, 달리기를 마친 뒤 RH를 경험한 적은 없는 것 같다. 아마 내가 길게 달리는 편이어서일 것이다. RH는 달리는 도중에 온다. 물론 달리기를 마친 뒤 뿌듯함이나 성취감을 느낄 때는 많다. 대회를 완주했을 때, 평소 훈련 중에도 끝난 후 몸이 가뿐하고 정신이 맑아지는 순간이 있다. 하지만 그것은 황홀경과는 다르다.

아마도 운동을 짧고 강하게 하면, 끝난 뒤에 황홀함이 찾아올 수도 있을 것이다. 오는 시기는 운동의 강도와 길이에 따라 결정되는 듯하다. 나는 운동을 약하게, 길게 하는 편이어서 RH가 중간에 온다.

오는 시점에 대해서도 나의 경험을 말하자면, 훈련이 부족할 때는 RH가 빨리 오고, 훈련이 잘 되어 있을 때는 더 늦게 온다. 몸이 잘 준비돼 있으면 더 긴 거리를 달릴 수 있고, 몸이 스스로 그 거리에 맞춰 타이밍을 조절한다고 생각한다.

지난번에도 말했지만, RH가 왔을 때 절대로 무리하면 안 된다.
그냥 즐겁게 누리면서 자신의 페이스를 유지하면 좋은 기분을 오래 이어갈 수 있다. '오늘은 신기록을 세우는 날이다.' 하고 덤비면 반드시 실패한다.

러너스 하이. 돈 안 들고, 몸과 뇌를 해치지 않으며, 오히려 건강해지는 아주 좋은 약물이다.

달리자!

달리기 레슨 18
콘크리트 장벽이라니

마라톤은커녕 조깅도 안 하는 친구가 있다. 그런데 이 친구는 마라톤에 관해 나보다 더 많이 안다. 내가 마라톤을 한다는 말을 듣고, 인터넷을 통해 마라톤에 대해 공부를 많이 한 것이다. 이론뿐 아니라 실제 경험까지도 안다. 해 본 사람들의 이야기를 읽었기 때문이다.

"20마일쯤 가면 콘크리트 장벽이 온다며? 어떻든?"
글쎄, 콘크리트 장벽을 이야기하는 사람들이 있는지는 모르겠지만 나는 그런 걸 느껴 본 적이 없다. 물론 20마일쯤 되면 힘들다. 힘들지 않으면 마라톤이 아니다. 다리가 뻣뻣해지고 무거워진다. 게다가 시애틀 마라톤 이전 코스처럼 최대의 언덕이 20마일(36km)쯤에 딱 나타나면 억장이 무너진다. '에이, 더럽게 힘들다. 주최 측이 일부러 이런 코스를 잡아 힘들게 하는 거야? 이러니 참가자가 포틀랜드보다 적지.' 별생각이 다 든다.

그러나 한 번도 '콘크리트 장벽'이라고 느껴 본 적은 없다.
힘들지만 갈 수 있는 길이었다. 그 이유는 아직 몸에 에너지가 남아 있기 때문이다. 초반에 천천히 달리고, 절대로 페이스를 넘지 않는다는 철칙을 지키면 도저히 더 이상 달릴 수 없을 것 같은 순간은 오지 않는다. 내가 달리기에서 가장 중요한 것은 첫째도 둘째도 셋째도 '천천히 달리는 것'이라고 말한 이유가 바로 이것이다. 끝까지 가려면 천천히 가라. 빨리 가려면 천천히 가라. 그래야 끝까지 가고 빨리 간다.

아직 10K 대회도 치러보지 않은 사람들에게 이런 말을 하는 건, 나중에 불필요한 고생을 하지 않길 바라서다. 그리고 러너스 하이에 대해 이야기해 놓고 장벽 이야기를 꺼내는 건, 장거리 달리기를 하면 온갖 경험을 다 하게 된다는 걸 알려주기 위해서다. 얼마나 재미있는가? 봉우리와 골짜기, 밀물과 썰물, 기분 좋을 때와 힘들 때, 성취감과 의심, 쾌감과 아픔, 꽃길과 가시밭길… 이런 모든 느낌을 한 대회에서 다 경험할 수 있는 드라마가 바로 장거리 달리기다.

남의 경험을 아무리 읽고 들어도, 직접 해 본 것과는 비교도 안 된다. 21세기는 소유, 지식, 스타일보다 경험을 최고로 친다.

장거리 달리기가 주는 총천연색의 뿌듯한 경험으로 초대한다.

달리기 레슨 19
마라톤은 정신력일까

마라톤 완주는 정신력이라고 하는 건 몰라서 하는 말이다.

대개 안 해 본 사람이 이런 말을 쉽게 한다. 이건 무엇보다 몸의 일이다. 지난번에 말한 대로 20마일쯤 가서 콘크리트 장벽을 느꼈다면, 아무리 정신력으로 버라별 조화를 부리고 용을 써도 안 된다. 달리고 싶은데, 정말 달리고 싶은데, 고지가 바로 저긴데 다리가 안 따라준다. 이게 마라톤이다. 차라리 '마음은 원이로되 육신이 약하도다.' 하신 예수님 말씀이 마라톤이다.

마음만 가지고 달릴 수 없다. 몸이 달린다.

그래서 몸을 길들이고, 연습하고, 훈련하라는 것이다. 그 몸을 끝까지 끌고 나가는 건 물론 마음이다. 힘들다고 하는 몸을 잘 달래서 주저앉지 않고 끝까지 가는 것, 그게 정신력인 것 같다. 나의 경우, 처음 대회에 참가할 때는 '뭐 죽기야 하겠나.' '남들도 다 하던데.' '걸어서라도 들어오면 되지.'라는 마음가짐으로 나갔다. 내가 말하는 완주는 뛰어서 들어오는 것이다. 중간에 걷더라도 골인은 뛰어서! 그래야 폼이 나니까. 완주가 아닌 건 한 번도 옵션으로 생각해 본 적이 없다. 일단 마음이 이렇게 정해져야 한다. '힘들면 중간에 포기하지 뭐' 이런 마음으로는 안 된다.

마라톤을 여러 번 완주하고 나서는 '전에도 했는데.'라는 마음으로 힘든 시간을 견딘다. 한 번 해 본 것과 안 해 본 것의 차이는 크다. 가보지 않은 길은 불안할 수 있지만, 가 본 길은 아무리 힘들어도 갈 수 있음을 알기 때문에 쉽다. 아이언맨 첫 출전 때 브리핑에서 주최 측 책임자가 "안 될 것 같다, 포기하고 싶다는 느낌이 반드시 온다. 그때는 그냥 한 발 한 발씩만 앞으로 나가라."라고 한 말이 큰 도움이 됐다. 많은 생각 안 하고 그냥 한 발 한 발 내디뎌야 할 때가 있다.

생각 없이 그냥 몸이 나아가는 것, 이게 정신력이다.
마라톤이든 아이언맨이든 달리는 중에 머릿속에서는 별별 생각이 왔다가 간다. 포기라는 말만 애초에 사전에서 빼 버리면 된다. 무슨 생각과 감정으로 달리든 포기만 안 하면 된다. 그런데 몸이 준비되어 있지 않으면, 마음이 별별 요술과 조화를 부려도 안 된다.

마라톤이 정신력이라고? 아니다. 몸과 마음의 일이다.

마음으로 발심하고, 몸을 훈련해서 마음과 몸이 같이 가는 것이다.

달리기 레슨 20
몸에다 말 걸기

지난번에 이어 몸과 마음 이야기를 좀 더 해 보자. 몸은 내가 하는 말을 아주 잘 듣는다. '안 되겠어, 힘들어, 다리는 왜 이렇게 아픈 거야, 그만둘까?' 이런 생각을 하면 그 생각이 몸에 고스란히 전달된다. 몸은 그 생각이 진실인 줄 곧이곧대로 받아들여, 과연 힘들고 아프고 포기하기를 원한다.

내 경험을 하나 말해 주겠다. 이 동네에서 가장 힘들기로 유명한 자전거 대회, RAMROD(Ride Around Mt. Rainier in One Day, 레니어산 하루에 일주하기. 이 대회에 대해서는 앞에서 이미 말한 적이 있다) 때의 일이다. 한 30마일 정도 갔는데 오른쪽 다리에 쥐가 나기 시작했다. 가뜩이나 긴장한 데다 참가하는 첫 대회였고, 아직 초반이라 본격적인 산길은 시작도 안 했는데 벌써 이러면 큰일이었다. 일순 불안한 생각이 스쳐가려고 할 때, 다리에게 말을 걸었다. '다리야, 벌써 힘드니? 아이고, 아직 가야 할 길이 먼데, 이제 시작인데. 야, 우리 잘해 보자. 릴랙스하라고. 우리 훈련 많이 했잖아. 릴랙스해. 끝까지 가야지.' 이렇게 한국어로, 영어로 중얼거리니 쥐 나는 게 멈췄다. 살인적으로 더웠던 날이었지만 끝까지 시원하게 잘 달릴 수 있었다.

우스운 이야기 같지만, 의사로서 아주 중요한 말을 하고 있는 거다. 우리는 매일, 매 순간 온갖 말을 다 듣고 그 말에 영향을 받으며 산다. 그 말들 중 가장 중요한 건 내가 나에게 하는 말이다. 내 몸과 마음은 내가 하는 말을 제일 잘 듣는다.

백악관이나 청와대(아니, 요즘은 용산)에서 나오는 말이 매우 중요하다. 그게 분위기를 잡고 법이 되기도 한다. 영향과 파장이 크다. 그래서 내가 나에게 하는 말이 중요하다. 다른 그 누구의 말보다 내가 내게 하는 말, 속으로 하든 입 밖으로 내든, 그것이 가장 영향력이 크다. 삶이 힘든 사람들 중 많은 이들이 자신에게 좋은 생각, 좋은 말을 하는 법을 몰라서 고생한다. 의식적으로든 무의식적으로든 우리는 우리 자신과 끊임없이 소통한다.

의·도·적·으·로, 일부러 소리 내서 자신에게, 몸에게 좋은 말을 해 보자. 그걸 늘 연습하고 훈련해서, 그것이 내 몸이라는 나의 왕국의 분위기가 되고 법이 되게 하자.

지난번에 장거리 달리기를 하면 마음속에 온갖 생각이 오고 간다고 했었다. 그런 와중에 힘들다는 생각이 들면, 몸에게 일부러 말을 걸어 보자. '힘들지? 고생 많다. 야, 그래도 우리 그동안 잘해 왔잖아. 아주 잘하고 있어. 조금만 더 가면 돼. 릴랙스하고, 산소 공급 잘 받고, 야, 통증 뉴런, 넌 좀 자라. 나중에 잘 만져 줄게. 자자, 화이팅!' 이런 식으로 소리를 내서, 어색하고 우습더라도 킥킥대며 말해 보자. 몸이 아주 잘 알아듣고 그대로 따라 준다.

"괜찮아, 잘될 거야~!" 아주 좋은 진언이다. 장거리 달릴 때 능제일체고 진실불허(能除一切苦 眞實不虛)의 확실한 주문이다. 몸은 내가 나에게 하는 말을 가장 잘 듣는다.

이상, 의사로서 드리는 임상 경험에 입각한 과학적 설명이었다.

달리기 레슨 21
연료 탱크를 체크하세요

앞에서 콘크리트 장벽 이야기를 했다. 초반에 너무 에너지를 다 쓰면 나중에 힘들어진다고, 나는 초·중반에 천천히 달리기 때문에 그런 장벽은 겪어본 적 없다고 말했었다. 그런데 몸에 기운이 남아 있는데도 장벽이 온 적이 있다. 연료가 떨어졌을 때다.

우리 몸의 에너지 통화 단위는 포도당이다.
시중에 도는 돈처럼 포도당이 혈류를 타고 근육에 공급되고, 산소를 만나 산화되며 일을 한다. 근육에 쌓아둔 당(지갑 속의 돈)이 떨어지면 간이라는 당좌 계좌에 저장돼 있던 당이 풀려 연료 공급을 계속한다. 이것마저 다 풀리고 나면 본격적인 피로가 온다.

내가 가장 혹독하게 겪은 경험은, 시애틀에서 포틀랜드까지 206마일을 하루에 자전거로 달리는 대회 때였다. 빨리 가는 팀에 붙어서 드래프팅하며 신나게 달리다가 어느 순간 맥이 탁 풀렸다. 한순간에 그렇게 온다. 페달을 더는 밟기 힘들었다. 걷는 것보다 느리게, 겨우겨우 자전거를 타고 기어가야만 했다. 연료가 떨어진 거다. 주머니에 먹을 건 하나도 없었다. 2마일을 가는 데 하루 종일 걸린 것 같은 기분이었다. 마침 맥도날드가 보여서 빅맥, 코카콜라, 프렌치프라이, 밀크셰이크까지 다 먹었다. 그러자 언제 그랬냐는 듯 힘이 나서 룰루랄라 달렸다.

몸은 할 수 있는데 연료가 떨어진 거였다.

시애틀로 이사 온 지 얼마 안 돼 길을 잘 모를 때, 장거리 훈련을 하다가도 그런 적이 있었다. 체중 조절을 위해 먹는 것도 부실했던 데다 오래 달렸다. 주머니에 캔디도, 과자도 없었다. 길가에 가게도 없었다. 연료가 떨어지자 어지럽고 힘들어서 도저히 달릴 수가 없었다. 결국 긴 거리를 걸어서 왔다.

자동차로 장거리를 갈 때는 미리 연료 탱크를 가득 채운다. 하프 마라톤 이상의 대회에 참가하려면 전날 잘 먹고(탄수화물 로딩), 두 시간 전에 꼭 아침을 먹어야 한다. 음식이 위를 빠져나가는데 두 시간이 걸린다. 연료를 빵빵하게 채워두는 거다. 그리고 그런 대회들은 주최 측에서 물과 간식을 제공한다. 거금의 회비를 받는데 안 그러면 안 된다. 그래서 달리기 대회에 나가면 연료가 떨어지는 일은 거의 없다. 그러나 훈련할 때나, 대회가 아닌 다른 활동을 할 때 연료 탱크가 바닥나는데 주유소가 안 보이면 고생한다. 이를 방지하려면 장거리 운동할 때 캔디, 과자, 과일, 에너지 젤, 에너지 바 같은 걸 꼭 갖고 나가야 한다. 자금 회전이 안 되면 부도나듯, 몸에 더 이상 쓸 당이 없어지면 달릴 수 없다.

연료를 꼭 체크해야 한다.

달리기 레슨 22
자신의 페이스를 알자

달리다 보면 자신이 편안하고 능력에 맞는 속도를 알게 된다.
보통 1마일에 몇 분 걸린다 하는 것이다. 세계적 수준의 선수들은 1마일을 5분 내로 주파하지만, 우리는 다르다. 15분 혹은 그 이상 걸린다고 기죽을 필요 없다. 내가 너보다 더 빠르다고 으스대는 것도 의미 없다. 그냥 내. 페. 이. 스. 대. 로. 달리면 된다. 내 페이스를 아는 것은 중요하다.

초반에 내 페이스를 초과하여 빨리 달리면 **반. 드. 시.** 나중에 대가를 치르게 되어 있다. 흔한 경우로, 규모가 큰 대회에 나가서 스타트를 하면 사람은 많지, 음악은 빵빵 울리지, 함성은 지축을 흔들지… 다른 주자들이 나를 추월해서 빨리 달리지… 나도 모르게 그 물결에 휩쓸려 빨리 뛰게 된다. 이렇게 2~3마일을 뛰는 동안은 힘이 안 든다. 몸에서 아드레날린이 팍팍 나오기 때문이다. 러너스 하이가 일찍 올 수도 있다.

그런데 이런 식으로 달리면 여지없이 곧 지치고, 다리 무겁고, 콘크리트 장벽을 만나 나머지 긴 거리를 힘들게 가야 한다. 우리 같은 초보만 그런 게 아니다. 손기정 님의 자서전을 보면, 올림픽이나 보스턴 마라톤에 출전한 세계 일류 선수들이 자기 페이스를 넘어 달리다가 폭망한 이야기들이 나온다.

그래서 장거리 대회에 나가면 반드시 시간을 체크해 가면서 자기 페이스에 맞게 속도를 조절해야 한다. 달리기는 지극히 정직한 운동이다. 절대로 내 능력 이상으로 빨리 완주할 수 없다. 기적은 없다. 이변이 일어난다면 그건 십중팔구 부정적인 것들이다. 발목이 삐끗한다든지, 넘어진다든지, 설사가 마렵다든지, 주최 측이 제공하는 물이 떨어져 없다든지, 맞바람이 분다든지….

그건 그렇다 치고, 너무 느리게 달려서 내 능력 이하로 늦게 들어오면 어떡하나? 그런 걱정은 안 해도 된다. 초반에 아낀 에너지를 마지막 1~2마일 남기고 완전히 방출할 수 있다. 막판 스퍼트! 신나는 기분이다.

이런 말이 있다. "마라톤을 너무 느리게 달릴 수는 없다(You cannot run too slow in marathons)." 늦게 달려서 기록이 부진할 수는 없다는 말이다. 남은 에너지는 나중에 충분히 다 써서 종반에 빨리 달릴 수 있다.

현인이 '네 자신을 알라.'고 하셨듯, 달인도 일찍이 말씀하셨나니, 네 페이스를 알아라. 그것이 완주와 즐거움의 비결이니라.

달리기 레슨 23
자신의 페이스를 아는 방법

일단은 달려 봐야 한다. 많이 달려 봐야 한다.
그래야 내가 얼마나 길게, 얼마나 빨리 달릴 수 있는지를 알 수 있다.

페이스(pace)와 속도(speed)는 서로 반비례 관계에 있다.
내가 한 시간에 5마일을 달렸다면, 내 속도는 5마일/시간이다. 이 말은 1마일을 달리는 데 12분이 걸렸다는 뜻이기도 하다. 내 페이스는 12분/마일이다. 분모와 분자의 단위를 뒤집어 놓은 것이다. 달리기를 하다 보면 속도보다 페이스가 더 쓰기 쉽고 간편하다. 그래서 장거리 러너들은 대개 1마일을 달리는 데 몇 분 걸린다는 자기 페이스를 알고 있다.

요즘은 좋은 앱들이 많이 나와서 시간과 거리, 속도와 페이스를 쉽게 알 수 있다. 이런 것 없이 알려면, 학교마다 있는 400미터 운동장을 돌아보면 된다. 네 바퀴 돌면 1.6km, 즉 1마일이다. 내가 그 거리를 무리하지 않고 편안하게 도는 데 걸리는 시간, 그것이 내 페이스다.

훈련 중에 이미 10K를 뛰어 본 사람들도 있다. 뛰다 걷다 하며 6.2마일을 한 시간 반에 달렸다고 해 보자. 대충 6마일이라고 치고 암산해 보면, 90분 걸렸으니까 1마일 달리는 데 15분이다. 그것이 내 페이스다. (킬로미터로 하면 계산이 훨씬 쉽다. 10K 달린 시간(분)을 10으로 나누면 1킬로미터를 달리는 데 몇 분 걸리는지 쉽게 나온다.)

대회에 나가서 달리면 훈련할 때보다 페이스가 빨라진다. 아무래도 집중해서 열심히 뛰기 때문이다. 그래서 이번 10K 대회에 출전해서 달려 보면, 자신의 실전 페이스를 알 수 있다. 그래서 꼭 대회에 나오라고 하는 것이다.

규모가 큰 하프 마라톤이나 풀 마라톤에 나가면 페이스 메이커들이 있다. 다양한 완주 예상 시간이 쓰인 팻말을 들고 달리는 봉사자들이다. 이를테면 풀 마라톤을 다섯 시간에 들어오는 것을 목표로 하는 사람은 '5:00' 팻말을 든 페이스 메이커와 같이 뛰면 된다.

페이스 차트라는 것도 있어서, 내 페이스로 매 마일(혹은 킬로미터)에 가는 시간을 알려 주는 표를 손목에 감고 보면서 달릴 수도 있다. 요즘은 여러분의 달리기를 돕는 각종 도구와 봉사자들이 널린 세상이다.

여러분은 그냥 나와서 달리면 된다.

달리기 레슨 24
대회 전야

기다리고 기다리던 첫 10K가 일주일 남았다.

긴 달리기는 적어도 사나흘 전으로 끝내고, 남은 날들은 적당히 몸을 푸는 정도로만 하자. 운동화는 지금까지 신던 것을 그대로 신어야지, 이제 와서 바꾸면 안 된다. 식사든 다른 생활 습관이든 지금까지 하던 대로 유지하고, 갑자기 새로운 것을 시도하지 않는 것이 좋다.

날씨를 미리 확인해 기온에 맞는 옷을 준비하자.

하이킹할 때도 여러 번 느꼈겠지만, 초보들의 문제는 옷을 너무 많이 입는다는 점이다. 땀이 나면 힘들다. 시작 전에 약간 오슬오슬할 정도면 딱 좋다.

출발선에서 기다리는 시간이 길어질 경우 추워서 겉옷을 입어야 할 때가 있다. 모든 마라톤은 아침 일찍 시작한다. 하프나 풀코스 마라톤의 경우 많은 사람들이 겉옷을 입고 출발했다가, 체온이 올라가 땀이 나기 시작하면 벗어서 버린다. 그래서 나는 예전에 중고 가게에서 한 번 입고 버릴 재킷을 몇 벌 사두기도 했다. 버리기 아까운 좋은 옷은 허리에 감고 달려야 하는데, 그것도 번거롭다. 날씨에 맞는 옷을 알맞게 입는 것도 경험에서 나오는 기술이다.

비가 오면 어떡하나.

가랑비나 이슬비 정도는 맞고 뛰어도 된다. 비가 많이 온다면 쓰레기 백을 걸치고 뛰는 사람들도 많다. 젖지 않아서 좋지만, 땀 발산이 잘 안 된다. 요즘은 방수도 되고 땀 발산도 되는 좋은 재질의 재킷이 많다. 햇빛을 가리기 위해 챙이 있는 모자와 선글라스를 준비하자. 나는 웬만하면 장갑을 끼는 편인데, 목장갑이 제일 좋다. 썬스크린 로션도 잊지 말자.

대회 전날 잠을 잘 자는 것이 중요한 관건이다.
첫 출전하는 사람들은 온갖 생각에 잠이 잘 오지 않을 것이다. 전날 낮잠을 좀 자두고, 밤에 잠이 안 오더라도 누워서 가짜 잠이라도 청하자. 일어나 앉아 인터넷으로 달리기 사이트를 뒤적이지 말고, 누워서 자는 척이라도 하자. 그것만으로도 도움이 된다.

대회 당일 아침에는 출발 두 시간 전에 식사를 마쳐야 한다.
위에 음식이 남아 있으면 달리기 힘들고, 그렇다고 안 먹고 달리면 그것도 힘들다. 다시 말하지만, 늘 먹던 편안한 음식을 먹자.

중간중간 주최 측이 물을 제공하니
번거롭게 이것저것 들고 달리지 않아도 된다.

가벼운 몸과 마음으로, 즐거운 얼굴로 만나자.

달리기 레슨 25
축하합니다

어제 완주하신 분들, 축하드린다.

나와 두어 분을 빼고는 모두 생애 첫 10K 대회를 걸어서, 달려서 완주하셨다. 큰 걸음을 내디디신 것이다. 한결같이 밝고 기쁜 모습들이 아주 보기 좋았다. 모두 완주했고, 우리 팀에서 전체 우승도 나왔다. 하긴, 우리 20명이 빠졌으면 이 대회는 파리만 날릴 뻔했다.

동네마다 이런 작은 대회들이 많다. 다음에는 규모가 더 큰 대회로 모시겠다. 김 코치 말 듣고 나왔더니 "에이, 속았다." 하는 분은 아무도 없고 한결같이 "생각보다 쉽네."였다.

바로 그거다. 죽을 힘을 다하지 않고, 즐겁게, 우아하게 달리기.

초반에 무리하지 않고 자기 페이스대로 천천히 뛰다가, 막판에 스퍼트를 올리는 것. 이게 바른 주법이다. 결승점을 지날 때는 만세를 부르며, 하나도 안 힘든 사람처럼 밝은 미소를! 사진도 잘 나오고, 얼마나 좋은가. 이런 식으로 앞으로 하프 마라톤, 풀 마라톤도 달리게 될 것이다. 대회 웹사이트에 가면 여러분의 기록이 나온다. 대부분 한 시간에서 한 시간 20분 사이에 들어오셨다. 첫 출전에 대단한 실력이다.

자신의 기록을 6으로 나누면(10K가 약 6.2마일이니 대충 6으로 계산), 한 마일당 몇 분이 걸렸는지 알 수 있다. 이것이 자신의 10K 실전 페이스다.

이걸 알고 있으면, 다음 대회에서 어느 정도 속도로 달려야 할지 계획을 세울 수 있다. 10K를 다시 뛸 분들은 페이스를 조금 빠르게 향상시키는 것을 목표로 하면 되고, 하프 마라톤에 도전할 분들은 10K 페이스보다 약간 여유 있게 잡으면 된다.

자, 이런 모든 것은 달려 봐야 알 수 있는 것들이다. 다시 한 번 축하드린다. 우리 유니폼 뒤에 새긴 말처럼 "걷고 달리면서, 삶을 재미있고 건강하게(Walk for Life, Run for Fun)!"

달리기 레슨 26
스트레칭

부끄러운 이야기지만, 나는 평생 스트레칭을 안 하고 살다가 만 61세가 넘어서야 그 필요성을 절감하고 시작했다. 어떤 기회에 요가 자세를 해 봤는데, 세상에, 내 몸이 이렇게 굳어 있다니!

사실 어릴 때부터 그랬다. 윗몸 굽히기를 하면 손끝이 땅에 닿아 본 적이 없었다. '나는 원래 그런가 보다.' 했고, 스트레칭 안 하고도 30년 동안 잘 달렸으며, 스트레칭이라 하면 뭔가 여성스러운 것 같기도 해서 멀리하고 살았다. 그런데 이번에 보니 굳어도 너무 굳었더라.

그래서 작심하고 매일 스트레칭을 시작했다. 그런데 이게 거짓말처럼, 매일 조금씩 늘어났다. 하는 만큼 느는 것이 느껴졌다. 세상 모든 일이 이렇게 눈에 보이게 착착 향상된다면 얼마나 좋을까. 세상에 이런 실속 있는 일 없다.

몸은 하는 대로 길들여지게 되어 있다.
달리기도 하면 늘고, 스트레칭도 하면 는다. 스트레칭의 유익은 관절의 가동 범위(range of motion, ROM)를 늘려 주고, 부상 위험을 줄이며, 기능을 향상시켜 준다. 스트레칭 방법은 구글이나 유튜브에 물어보면 좋은 정보가 많으니, 그중 마음에 드는 것을 골라서 하면 된다.

나는 주로 자기 전에 20분 정도 한다. 좋아하는 음악이나 명상 강의를 틀어 놓고, 몸을 이렇게 늘리고 저렇게 꼬고 앉아 있는 것이 하루를 차분하게 마무리하는 데 도움이 된다. 한 근육에 적어도 30초, 돌아가면서 세 번 반복하면 20분 정도 걸린다.

결국 내 몸을 끝까지 싣고 갈 것은 뼈와 살이다. 근육과 관절을 건강하게 오래 보전하기 위해, 스트레칭하는 습관을 강력 추천한다.

나를 보라. 아직 늦지 않았다.

달리기 레슨 27
설렁설렁 해도 될까

내가 첫 마라톤을 마치고 나자, 기분이 너무 좋아서 '앞으로 계속해야 겠다.'하는 마음이 들었다. 흔히 말하는 '마라톤균에 감염'된 것이다. 풀 마라톤을 완주한 사람들의 대다수는 다시 도전한다. 나도 '달리기에 투신했구나, 본격적으로 해 보자'라는 마음으로 어떤 스케줄로 훈련해야 하는지 인터넷을 찾아봤다.

그랬더니 각종 플랜이 쏟아졌는데, 한결같이 '마라톤을 위해 살라'는 계획들이었다. 대개 일주일에 4~5일 달리는 플랜이었고, 그중 괜찮아 보이는 하나를 골라 실행해 보려 했는데, 잘 되지 않았다. 생업에 종사하고 있고, 그 외에 살면서 해야 할 일들이 노는 것을 포함해서 얼마나 많은가. 허구한 날 달리기를 하라니 지루하기도 했고, 무엇보다 몸이 따라주지 않았다. '이러다 골병들겠다.' 싶었다.

그래서 '안 되겠다, 내 멋대로 하자. 내 몸의 형편을 느끼면서 할 수 있는 만큼 하자.'고 마음먹었다. 그렇게 해서 일주일에 많아야 세 번 정도 달리게 된 것이다. 이마저도 마라톤을 준비할 때 이야기이고, 그렇지 않을 때는 몇 달이고 달리지 않던 때도 있었다.

요즘은 1년에 한 번 아이언맨을 할 때, 그리고 가끔 한 번 별도로 풀 마라톤에 참가하니 달리기 훈련은 길어야 5~6개월 정도만 한다. 그렇지 않을 때는 항상 10K 정도를 아무 부담 없이 달릴 수 있는 정도로만 유지하고, 주말에는 가끔 길게 달린다.

물론 매일 달릴 때도 있다. 그런 '필'이 꽂히면 그렇게 한다. 특히 여행이나 휴가 가서는 매일 달린다. 낯선 곳, 새로운 곳을 달리면서 보고 싶은 설렘 때문이다.

돌이켜 보면 이렇게 '설렁설렁' 한 것이 나를 지금까지 즐겁고 오래 달릴 수 있게 한 비결이 아닐까 싶다. '마라톤 훈련 스케줄'을 그대로 따라 했다면 기록은 더 좋았을지 모르지만, 관절에 무리가 가서 진작에 달리기를 그만뒀을 수도 있었겠다.

생긴 대로 살자. 자신이 할 수 있는 만큼.

달리기 레슨 28
장-단-강-약

10K도 마치고 살 쉬었으니, 이제 슬슬 달리기를 다시 시작하기 좋은 시기다.

다시 말하지만, 일주일에 두 번 정도, 가능하면 세 번 달리자.
매번 적어도 30분 이상, 그중 한 번은 길게 달리는 날로 정하자. 나의 경우 주말 하루가 길게 달리는 날이다. 그렇다면 얼마나 긴 게 긴 걸까? 사람마다 다르다. 10K(6.2마일)를 완주한 분들은 먼저 7마일, 다음에는 8마일, 익숙해지면 9마일… 이런 식으로 조금씩 늘려 가면 된다. 이 '길게 달리는 날'을 일주일에 한 번, 나머지 날은 편안할 정도로 유지하며 30분 이상 달리자.

시간상 운동 시간을 줄여야 하는 날은 '빨리 달리는 날'로 삼으면 된다. 빨리 달릴 때는 숨이 찰 정도로 속도를 높여 보자. 기분에 따라 내 최대 속도까지 올려도 좋다.

다시 복습하지만 중요한 것! 발을 지면에서 많이 떼지 말고, 늘 힘을 앞으로 내미는 기분으로 미끄러지듯 달려야 한다. 빨리 달릴 때 쿵쾅거리면 관절은 반드시 손상된다. 특히 빨리 달릴 때나 내리막길을 내려올 때 쿵쾅거리기 쉬우니 조심해야 한다. 길게 달리는 날에도 가끔 10초 빠르게 달리고, 30초 천천히 달리기를 반복하며 훈련하면 좋다.

이를 '인터벌 트레이닝(interval training)'이라고 한다.
같은 속도로 계속 오래 달리는 것보다, 이렇게 빠름과 느림을 섞어서 달리는 것이 더 효율적인 훈련이다.

훈련이라고 부담 갖지 말고, '빨리 뛰기'와 '천천히 뛰기'를 놀이처럼 생각하고 자연스럽게 해 보자. 이렇게 길을 들여 놓으면, 나중에 하프 마라톤이나 풀 마라톤을 뛸 때 지치지 않고 끝까지 가서, 막판에 마음껏 스퍼트할 수 있다.

길게, 짧게, 천천히, 빨리, 속도와 리듬을 바꿔 가며 달리자.

달리기 레슨 29
지나침 vs 모자람

앞에 소개한 책 중, 『Running and Being』라는 유명한 고전의 저자 쉬언(Sheehan) 박사는 심장 전문의인데, 이렇게 말한다.

"문제는 과잉 훈련(overtraining)이다."

오버트레이닝, 즉 과잉 훈련이 몸의 부상은 물론이고 기록 부진의 원인이 된다는 것이다. 그러면서 그는 오버트레이닝을 할 바에야 차라리 훈련 부족(undertraining)이 낫다고 단언한다. 많이 달려 본 사람들은 이 말이 무슨 뜻인지 이미 알고 있을 것이다. 매일 죽어라 달리는 것보다 하루 이틀 걸러서, 혹은 가끔 설렁설렁 뛰는 것이 훨씬 잘 달려지는 경우가 많다.

과유불급(過猶不及), 지나침은 모자람과 같다. 쉬언 박사에 따르면 '과불여불급(過不如不及)'이라 해야겠다. 지나침은 모자람만 못 하다. 두 악 중에 덜 나쁜 것을 택하라면, 훈련 부족이 더 낫다는 다소 혁명적인 발언이다.

물론 쉬언 박사가 말하는 과잉 훈련과 훈련 부족의 기준은 우리와 차원이 다르다. 그는 나처럼 두부살 몸을 가진 사람과는 달리, 엘리트 중의 엘리트 러너였다. 학창 시절부터 장거리 선수였고, 50대에도 1마일을 5분 안에 주파했으며, 대회마다 연령대 1위를 차지하고 매일 달리던 사람이다. 문자 그대로 밥 먹듯 달리는 사람, 그것도 세계 수준의 달인.

그가 말하는 훈련 부족은 나로서는 꿈도 못 꿀 과잉 훈련인 셈이다. 모든 것은 상대적이다. 중요한 것은 '나에게' 무엇이 지나친가를 아는 것이다.

자기 몸의 소리를 듣고, 느끼고, 몸의 상태를 아는 것.
이건 해 봐야 알 수 있다. 머리로 이론만으로는 안 되고, 누가 가르쳐줄 수도 없다. 오직 스스로 몸으로 깨닫는 것이다. 결국 달리는 것은 자기 자신이다. 인생을 사는 것도 자신이듯이.

천상천하 유아독존! 마라톤과 인생을 비교하기 시작하면 이야기가 길어지니 여기서 멈추겠다. 달리다 보면, 여러분도 쉬언 박사처럼 '달리기와 존재하기'에 대한 자신만의 철학이 생길 것이다. 생긴 대로 살고, 생긴 대로 달리자. 각자의 형편에 맞게. 쉽게, 무리하지 말고. 이 모든 건 즐겁게 잘 살기 위해 하는 일이니, 목맬 필요 없다.

천천히, 살살, 즐겁게, 그리고 꾸준히!

달리기 레슨 30
쉼, 알파와 오메가

지난번에 과잉 훈련이 문제라고 했다.

과잉 훈련을 하지 않으려면 '쉼'이 필요하다.
쉼, 휴식, 'rest'. 쉼은 목적지로 가는 길에서 가끔 들르는 임시 휴게소가 아니라, 그 자체가 여정의 중요한 부분이다.

하루의, 그리고 일생의 4분의 1 내지 3분의 1은 잠이다.
잠은 생명에 있어 매우 중요한 과정이다. 잠을 자는 동안 몸은 부지런히 정비를 한다. 마치 카 레이서가 차를 정비소에 맡기면 정비 팀이 달려들어 조이고 닦고 기름치는 것처럼, 인체의 모든 기능이 잠자는 동안 수리되고 회복된다. 잠자는 시간을 아껴 돈을 벌거나 유흥을 즐기는 것은 어리석은 일이다.

정신도 마찬가지다. 쉬어야 머리가 잘 돌아간다.
밤새워 공부해도 머리에 남는 것은 거의 없다. 하루에 적어도 6시간 이상은 자야 치매 위험이 줄어든다. 잠뿐만 아니라 운동도 쉬어 가며 해야 하고, 운동 중에도 휴식이 필요하다.

뛰다가 걷는 것이 그래서 중요하다.
뛰다 걷는 동안 달리는 근육들이 쉬면서 회복된다. 장거리 자전거를 탈 때도 중간에 내려서 다리를 뻗고 쉬어야, 나중에 더 빠르고 오래 갈 수 있다.

달리다 걷는 것을 자책하거나 창피해하거나, 스타일 구기는 일로 여기지 마라. 스마트한 사람이 달리다 걷는다. 걸으면서 혹은 앉아서 쉬면서 절약한 에너지는 나중에 반드시 도움이 된다. 쉬지 않고 계속 달리는 것보다, 달리다 걷다를 반복하는 것이 힘도 덜 들고 기록도 좋다는 사실을 초반부터 귀에 못이 박히도록 이야기한 이유가 바로 이것이다. 그만큼 중요하다.

푹 쉬고 시작하고, 중간에 쉬고, 끝나고 쉬자. 쉬는 날 없이 운동하는 것은 강박이자 중독이다. '쉼에서 쉼으로.'

쉼은 알파와 오메가다. 쉬엄쉬엄 달리자.

달리기 레슨 31
꾸준히

달리기가 주는 혜택을 제대로 누리려면, 이것을 버릇으로 삼으면 된다. 살아 보니 나쁜 버릇은 버리기 힘들고, 좋은 버릇은 들이기 더 힘들더라.

내가 들인 몇 안 되는 좋은 버릇 중 하나는 단연 달리기다.

습관은 제2의 천성이다. 꾸준히 하는 것이 중요하다. 잘 되는 날도 있고, 잘 안 되는 날도 있다. 하고 싶은 욕구가 일어나는 날도 있고, 몸과 마음이 천근처럼 무거운 날도 있다. 그런 날은 '그런가 보다.' 하고, 내 스케줄대로 꾸준히 해 보자.

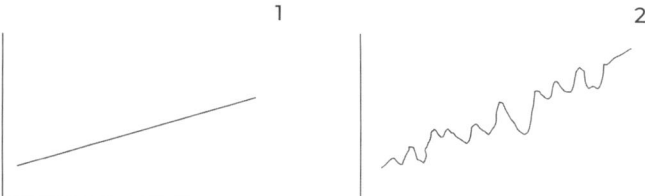

그래프에서 x축은 시간(세월), y축은 기록·거리·체력·성취감 등 달리기가 주는 모든 긍정적인 요소다. 1처럼 일직선으로 꾸준히 향상되면 좋겠지만, 삶의 모든 좋은 습관이 그렇듯 이렇게 매끄럽게 일취월장하는 경우는 드물다. (아니, 단 하나 예외가 있는데 바로 스트레칭! 이건 뒤로 돌아가는 경우가 없고, 날이면 날마다 계속 향상한다.)

실제로는 2처럼 굴곡이 있다. 그러나 분명한 것은 '향상한다.'는 것이다. 몸은 훈련하면 반드시 향상한다! 이건 물이 가득 차면 둑이 넘치는 것처럼, 앞뜰에 수선화가 피면 봄이 오는 것처럼, 분명한 불변의 법칙이다.

저질이었던 체력이 고급 체력으로 바뀌고, 약기식이 강기식이 된다. 그래서 1마일 달리고 몸져누웠던 사람이, 60이 넘어서도 해마다 철인3종을 완주하게 되는 것이다. 몸을 훈련하다 보면 "내가 이렇게 할 수도 있구나." 하며 놀라고, 감사하게 된다.

그러니 늘 하자. 그날그날 기분과 날씨, 정권의 변화, 주가의 등락에 상관없이 계획대로, 잔머리 굴리지 말고 매일 약 먹듯 몸을 움직이자. 그렇게 일상의 습관으로 삼는 것이다.

이렇게 달리다 보면 점점 더 오래, 더 빨리 달릴 수 있다.
체력은 상향 곡선으로 '향상하게' 되어 있다.

달리기 레슨 32
문제는 다리

사람에게 가장 중요한 것이 머리라고 생각하던 때가 있었다. 중년이 지나 보니, 머리보다는 가슴이 먼저라는 것을 알게 됐다.

그리고 초로에 접어드니, 가장 중요한 것은 다리임을 깨닫게 된다.
직업상 양로원에 환자들이 많다. 자기 다리로 걸을 수 있느냐 없느냐, 이게 천지 차이다. 인생 막판에 내 발로 걸을 수 있다면, 잘 산 것이다.

마라톤에서 그 경험을 한다. 마지막 10K 정도 남기면, 결국 모든 것은 다리임을 절감한다. 머리로는 '할 수 있다.'는 걸 투철하게 안다. 가슴도 원하고, 심폐 기능도 짱짱하다. 그런데 글쎄, 다리가 팍팍 나가 주지 않는다. 장거리를 달릴 때 후반으로 갈수록, 관건은 심폐가 아니라 다리 근력이다. 우리 아마추어들은 심폐가 한계에 부딪힐 만큼 장거리를 그렇게 빠르게 달릴 수 없다.

문제는 다리 근육이다! 그런데 이것도 훈련하면 된다.
10K를 달린 것처럼, 하프 마라톤도, 풀 마라톤도 그렇게 달릴 수 있다. 훈련하면 된다! 다시 말하지만, 일주일에 두 번 내지 세 번 꾸준히 달리자. 거리와 시간은 각자 형편과 능력에 맞게. 또 다시 반복해서 이야기하지만, 그중 한 번은 긴 거리를 달리자.

길고 짧게, 빠르고 느리게.

지금쯤이면 '이 사람이 왜 똑같은 말을 자꾸 반복하나.' 하는 생각이 들 수 있다. 그만큼 중요해서 그렇다. 그런 식으로 훈련하면 된다. 달리기가 좋은 건 이렇게 단순하다는 것이다. 이렇게만 하면 하프 마라톤도, 풀 마라톤도 누구나 즐겁게 할 수 있다.

이렇게 할 수 있으면, 여든·아흔이 넘어도 끝까지 내 다리로 걸을 수 있는 가능성이 높아진다. "관절은 어떻게 하나?" 이렇게 묻는 분이 있는데, 여기에 대해서는 나중에 말씀드리겠다.

달리기 레슨 33
다리에 쥐 날 때

운동을 할 때 쥐가 나는 경우가 있다.
근육이 제멋대로 갑자기 한꺼번에 수축해서 풀리지 않는 것이다. 왜 그런지는 여러 설과 이론이 있지만, 결론은 이렇다. 우선 90%는 무엇이 부족해서 그런 것이 아니다. 수분, 염분, 포타슘(칼륨) 부족으로 쥐가 나는 경우는 이론적으로 가능하지만, 우리 같은 사람이 달리는 실제 상황에서는 좀처럼 없다.

물론 사막에서 대여섯 시간 물도 없이 땡볕에 달린다면 이야기가 다르다. 그래서 여름날 땀을 많이 흘릴 때는 물과 함께 염분·전해질을 보충해 줘야 한다. 스포츠 드링크가 있고, 미국 사람들은 피클 주스(pickle juice, 오이지 국물)를 마시기도 한다. 같은 용도라면 우리나라의 물김치 국물이 최고일 것이다.

그렇다면 쥐가 나는 이유는?
대부분은 무엇이 부족해서가 아니라, 근육이 약해서다. 내 경우 쥐가 나는 상황은 두 가지다. 안 하던 운동을 할 때, 하던 운동을 안 하다가 다시 할 때. 훈련이 부족한 상태에서 마라톤을 뛰면 다리에 쥐가 난다. 늘 뛰다가 갑자기 중단했을 때, 밤에 자다가 다리를 잘못 펴면 쥐가 난다.

아직 갈 길이 많이 남았는데 다리에 쥐가 났을 때는 어떻게 해야 할까?
패닉에 빠지지 말자. 이게 끝이 아니다. 오늘 달리기는 끝났다는 뜻이 아니다. 우선 달리기 속도를 줄이거나 걷거나 멈추고, 길가로 나와 스트레칭을 하자. 스트레칭을 하고 걷다가, 살살 다시 달려 보면 달릴 수 있다. 스피드를 올리려 할 때 다시 쥐가 날 것 같으면, 속도를 줄이면 된다.

이렇게 다리를 살살 달래서 끝까지 완주하는 게 '마라톤 인생'이다.
오래, 많이 달리다 보면 몸으로 별의별 일을 다 겪는다. 마라톤 중에 양쪽 다리에 번갈아 가며 쥐가 난 적도 있었다. 내 경험상, 살살 달래고 걷다가 다시 달리면 된다. 첫 아이언맨 때 수영 중에도 다리에 쥐가 날 뻔한 적이 있었다. 물론 "이제 익사하려나 보다." 하는 걱정은 없었다. 그럴 기미가 보일 때, 다리로 물장구를 덜 치고 쉬게 하니 쥐가 오지 않았다.

중요한 것은, 쥐가 났다고 그날 경기가 끝난 게 아니라는 것이다.
아픈 일이 왔다가 가는 게 인생이듯, 달리면서 일어나는 많은 통증도 왔다가 간다. 속도를 줄이거나 걷거나 서서 스트레칭을 하고, 다시 걷고 달리면 무사히 완주할 수 있다.

달리기 레슨 34
무릎 관절 안 다치려면

지난 몇 회 동안 다리 이야기를 했다. 내가 30년 동안 달리기를 하고 있다고 하면 흔히 듣는 질문이 있다. "그래도 도가니 괜찮아?" 내 대답은 늘 같다. "괜찮아. 살살 달리니까." 연골이 닳아 관절이 망가지는 퇴행성 관절염에 대해서는 이전에 상세히 설명했다.
무릎 관절이 망가지는 원인은 크게 두 가지다.

첫째, 학대(abuse), 즉 과도하게 쓰는 것.
달리기의 경우, 빠르게 쾅쾅 달리는 것이 해당된다. 마라톤 기록을 향상하려고 네 시간, 세 시간 반, 세 시간 이내 같은 목표를 세우고 무리하게 달리면 관절이 망가지게 된다. 빨리 달리려다가, 결국 아예 못 달리게 된다. 내가 처음부터 "천천히, 살살 달리라."고 강조하는 이유가 여기에 있다.

둘째, 방치/소홀(neglect), 즉 운동을 하지 않아 관절이 약해지는 것.
허벅지 근육이 약하면 관절이 모든 짐을 다 지게 되고, 그만큼 빨리 닳는다. 근육뿐 아니라 인대, 힘줄 등 관절을 둘러싼 조직들이 튼튼해야 관절이 건강하다.

걷기와 달리기는 무릎 관절을 건강하게 보존할 수 있는 좋은 운동이다.
다리 근육을 보강하기 위해 붙박이 자전거(stationary bike)를 강력 추천한다. 붙박이 자전거의 장점은 안전하고, 속도와 강도를 마음대로 조절할 수 있으며, 관절에 무리 없이 다리 근육을 키울 수 있다는 것이다.

특히 집안일은 하지만 운동은 안 해서 다리가 젓가락처럼 가는 한국인 중년 여성들에게 늘 권하는 운동이 있다. 자전거 타기도 힘들고 여건이 되지 않는 분들을 위한 처방이다.

의자 끝에 엉덩이를 걸치고 앉아서, 무릎을 편 채로 한 다리씩 들었다 놓았다 한다. 이렇게 몇 번 하면 허벅지에 뻐근하게 힘이 느껴질 것이다. 양쪽 다리를 번갈아 여러 번 반복하면 훌륭한 다리 운동이 된다. 드러누워서 해도 된다. 무릎을 편 채로 다리를 들었다 내렸다 반복하면 허벅지 근육을 강하게 할 수 있다. 이걸 하루에 수십 번 하고, 붙박이 자전거나 달리기를 시작하면 좋다.

뼈도, 연골도, 근육처럼 살아 있는 조직이다. 스스로 생성하고 수리하는 기능이 있으니, 끊임없이 자극을 주고 일하게 해야 기능을 유지한다. 단, 너무 고되게 시키면 망가진다. 결국 지극히 상식적인 이야기다.

알맞은 운동으로 관절을 건강하게 보존해서,
두 다리로 끝까지 쭉 가자.

달리기 레슨 35
안 달리는 날에는 뭘 할까

한 주에 두 번, 많으면 세 번 정도 달리라고 했다. 세 번 달린다면 격일로 달리는 셈이다. 그렇다면 달리지 않는 날은 뭘 하면 될까?

그냥 하고 싶은 걸 하면 된다.

크로스 트레이닝(cross training)이라는 말을 들어 봤을 것이다. 이것저것 섞어서 하는 운동을 말한다. '훈련'이라는 단어에 알레르기 반응이 있다면, 쉽게 말해 '몸의 이곳저곳을 고루 길들이는 것'이다. 게다가 계속 달리기만 하면 지루해진다.

붙박이 자전거

무릎에 무리 없이 다리 근력을 키울 수 있는 좋은 운동이다. 페달을 빠르게 밟으면 심폐 기능도 향상된다. 오디오북이나 유튜브를 보면서 자전거를 타면 일거양득이다.

일립티컬(elliptical)

상·하체 근력과 심폐 기능을 동시에 키워 준다. 수영이나 크로스컨트리 스키를 위한 지상 훈련으로도 좋다.

수영

아침에 달리고 저녁에 수영을 하거나, 그 반대로 하면 훌륭한 스케줄이 된다.

줄넘기
헬스장에 가기 어려운 날, 집에서도 충분히 가능하다.

근력 운동
무게를 드는 웨이트 트레이닝으로 근육을 보강한다.

기타 전신 운동
요가, 줌바, 에어로빅, 필라테스 등 몸을 고루 쓰게 하는 운동들이 많다.

운동도 편식하지 말자.
음식을 편식하면 건강에 안 좋듯, 운동도 그렇다. 안 해 본 운동이라도 시도해 보자. 매일 운동만 하며 살 수는 없다. 운동을 하지 않는 날도 필요하다. 그런 날에는 그냥 쉬고 놀자. 조바심이나 죄책감을 느끼지 말고 마음을 푹 놓자. 만약 조바심이 난다면, 금단 증상일지도 모른다. 그러나 몸을 움직이는 것 자체를 일상과 습관으로 만들면 좋다.

어디서든 계단이 있다면 엘리베이터 대신 계단을 오르내리기
차를 멀리 세우고 힘차게 걸어가기
청소, 잔디 깎기, 쓰레기 내놓기 같은 일도 적극적으로 하기

움직이는 것이 생활 습관이 되게 하자.
움직여야 산다.

달리기 레슨 36
동계훈련과 버피

동계훈련이라니, 괜히 프로야구 선수라도 된 기분이 든다. 낮은 짧고, 비 오고, 쌀쌀하고, 을씨년스러운 시애틀의 겨울이 다가왔다. 밖에 나가서 달리는 게 영 쉽지 않다. 처음 이 지역으로 이사 왔을 때는 그래도 주말마다 나가서 뛰었다.

신기하게도 비가 너무 와서 못 나가거나 뛰다가 비를 많이 맞은 기억은 없다. 비가 제법 오는 날은, 지금은 철거된 시애틀 시내 알래스카 길의 고가도로 밑에서 뛰기도 했다. 새로 이사 왔으니 동네 지리도 익힐 겸, 구경도 할 겸 참 열심히 달렸다.

뜻이 있는 곳에 길이 있다!
겨울이 심하게 춥지 않은 시애틀에서는 겨울에도 뛸 수 있다. 좋은 방수 재킷들이 많으니, 틈이 나면 나가서 달려 보자. 야외 달리기를 몇 달 안 하면 심심하고 몸도 꿉꿉해진다. '바람이 부는 날은 바람으로, 비 오면 비에 젖어 사는' 게 인생이라면, 달리기도 그렇다. 추운 날, 흐린 날, 비 오는 날도 달려 봐야 비로소 러너가 된다.

겨울은 실내 운동하기 좋은 계절이기도 하다.
앞서 말했듯, 실내 자전거, 일립티컬(elliptical), 웨이트 트레이닝, 에어로빅, 줌바, 수영 등 좋은 운동이 많다. 겨울이라고 움츠러들지 말고 꾸준히 운동하자.

요즘 내가 가는 헬스클럽에는 사람이 너무 많아 짜증이 날 때가 있다. 그래서 집에서 간단하게 할 수 있는 좋은 운동을 하나 소개하겠다.

버피(Burpee)라는 운동이다.

생리학자인 버피라는 사람이 만들어서 그 이름이 붙었다. 상·하체 근력, 복근, 코어, 심폐 기능까지 한 번에 훈련할 수 있는 아주 좋은 전신 운동이다. 나는 이걸 알고 나서, 지난 아이언맨 대회 전까지 두 달 동안 거의 매일 하고 참가했다. 버피의 덕을 톡톡히 봤다. 지금도 꾸준히 하고 있다. 어떻게 하는지는 유튜브에 보면 영상이 많다. 그 동작을 응용해서 자신에게 맞게 해 보자. 맨손으로, 좁은 장소에서, 짧은 시간에 체력 유지·강화, 몸매 관리까지 가능한 훌륭한 운동이다.

겨울이다. 다음 대회는 벚꽃이 피는 3월 말로 잡았다. 봄과 함께 몸이 신나게 달릴 수 있도록, 우리도 프로 선수들처럼 동계훈련을 게을리하지 말자.

달리기 레슨 37
마지막 잔소리

천천히, 살살, 즐겁게, 꾸준히!
이것이 아마추어 김 코치 레슨의 주제이자 결론이다. 복습한다.

- 대회에 등록하자. 그리고 훈련하자. 완주 외에는 다른 옵션을 생각하지 말자.
- 천천히, 천천히. 그래야 오래, 즐겁게, 그리고 빨리 달릴 수 있다.
- 자세는 힘을 빼고 편안하게. 달릴 때는 힙을 내밀어, 힙이 다리를 끌고 가는 기분으로. 그래야 우아한 폼이 나온다.
- 발은 지면에서 많이 떼지 말고 미끄러지듯. 그래야 다치지 않는다.
- 편하고 자연스러운 자세로 달리자. 기록이 나와야 밥을 먹고 사는 게 아니니, 무리하지 말자.
- 살살 달려야 앞으로 몇십 년 동안 오래, 잘 달릴 수 있다.

10K, 하프 마라톤, 풀 마라톤을 버킷리스트로만 생각하지 말고, 달리기를 일상의 습관으로 삼아 보자. 그러면 그런 대회들도 자연스럽게 나가게 된다.

달리면 좋은 일들이 생긴다.
달릴 줄 아는 인생과 못 달리는 인생은 비교할 수 없다. 이상의 레슨은, 천하의 두부살 몸치가 코치랍시고 한 말들이다. 모르긴 해도, 이 말이 도움이 되는 사람이 꽤 많을 것이다.

더 잘 달리고 싶은 사람은 지역 러닝 클럽에 참가해, 제대로 훈련해 보자. 걸을 줄 아는 사람이라면, 이 레슨을 따라 하면 10K를 달리게 된다. 그리고 자신의 능력에 따라 더 긴 거리도 달릴 수 있다.

달리게 되면, 몸의 모든 기능이 좋아진다.
인생 종점까지 내 발로 걷고 싶다면, 지금 달리자. 이것이 가장 확실한 방법이다. 천천히, 살살, 즐겁게, 꾸준히!

○에필로그○

펜틱턴, 캐나다 아이언맨(Penticton, Ironman Canada)
2024. 8. 25.
열 번째 아이언맨

국경을 넘으니 풍경이 달라졌다. 농촌이다. 오래 달려 온 미국 접경 지역은 황야였는데, 이곳에는 길가 양쪽으로 프룻 스탠드(과일 가판대)가 즐비하다. 사과, 복숭아, 자두, 멜론, 토마토를 재배하고 파는 농가들이 옹기종기 모여 있다.

그리고 무엇보다 포도! 오카나간(Okanagan) 호수와 강 연안에 포도원과 포도주 양조장(winery)이 120여 개나 있다고 한다. 마치 미국 북캘리포니아의 나파 밸리(Napa Valley) 같은 곳인가 보다. 다만 이곳의 포도원들은 규모가 작다. 기업형이라기보다 가족 농장 같은 곳들이다.

2024년 8월 25일, 내 생애 열 번째 아이언맨을 하러 펜틱턴(Penticton)에 왔다. 처음 와 보는 곳이다. 캐나다 서해안 브리티시컬럼비아주의 내

륙에 있는, 호수와 포도원이 어우러진 작은 도시. 이것이 펜틱턴이다.

　이번이 이곳에서 열리는 마지막 아이언맨이라고 한다. 내년부터는 캐나다 아이언맨(Ironman Canada)을 대륙 동부, 수도 오타와(Ottawa)로 옮긴다고 한다. 캐나다 아이언맨은 휘슬러(Whistler)에서 열린 적도 있었는데, 그때 두 번 참가했었다. 거기도 브리티시컬럼비아주에 속한다.

　작년에는 캐나다 로키 산악 지역의 산불로 펜틱턴 대회가 취소되었다. 북미 대륙 서부는 늘 산불 위험이 있다. 그래서 이번 대회를 끝으로 서해안과 작별하고, 멀리 동부로 옮겨가는 것이다.

　이번에는 동행이 있다. 2년 후배인 닥터 백, 이번이 그의 첫 번째 아이언맨이다. 그는 나보다 훨씬 가볍고 날렵하다. 2년 전 아이다호에서 하프 아이언맨을 함께 했는데, 그때 기록도 나보다 빨랐다. 이번에는 그에게 많이 뒤지지 않겠다는 일념으로, 나름대로 열심히 훈련을 했다.

　그런데 이 친구, 밤에 달릴 때 필요할지 모르니 헤드 램프 하나 가져오라고 했더니, "해 지기 전에 끝내야죠." 그러며 기를 팍 꺾는다. 그래도 내가 경력 열 번째인데, 첫 출전하는 후배에게 체면은 세워야 할 텐데.

　날씨가 사납다. 일기 예보는 경기 당일인 일요일만 반짝 맑고, 전후로는 모두 비다. 전날 토요일에도 센 바람과 큰 비, 거기에 추위까지 겹쳐 몸이 떨린다. 을씨년스러운 날씨 때문인지, 북적여야 할 아이언맨 빌리지(경기 본부)가 한산하다. 그래도 참가자는 2,500명이 넘는다.

　집에서 여섯 시간 반을 운전해 도착, 금요일 오후에 등록을 마치고 토요일에 자전거 체크인을 했다. 인터넷으로 예약한 숙소는, 와 보니 객실 세 개뿐인 작은 와이너리였다. 짙은 억양으로 영어를 하는 세련된 초로의 아줌마들이 일하고 있었는데, 남아프리카공화국에서 왔다고 한다. 투숙객에게는 무료 와인 시음을 제공한다.

날이 추워 밖에 나가 뭘 할 수도 없어, 금·토 내내 방에서 잤다. 아니, 자려고 노력했다. 백은 코를 골며 밤에도 낮에도 잘도 잔다. 나는 머리가 말똥말똥.

일요일 아침, 경기 날이 되자 거짓말처럼 하늘이 개었다. 주최 측은 얼마나 가슴을 쓸어내렸을까. 그래도 캐나다 시부에서 열리는 마시막 아이언맨이라, 하늘이 도운 모양이다. 잠을 잘 자고, 전날 사둔 감자와 바나나를 든든히 먹고, 느긋한 마음으로 경기장으로 향한다. 열 번째 출전, 이제 마음의 동요나 흥분은 없다. 그저 잘 완주하기를. 무엇보다 자전거가 펑크 나지 않기를. 이번이 내가 완주하지 못하는 첫 대회가 되지 않기를. 그리고 '상투 올리는' 후배에게 크게 뒤처지는 수모를 겪지 않기를.

어제까지 한산하던 아이언맨 빌리지가 북적거린다. 참가자들은 가져온 물품을 제자리에 두고, 입고 온 옷을 벗은 뒤 웨트슈트를 입는다. 시간은 충분하다. 웨트슈트에 다리를 집어넣고 허리까지 올린 후 숨을 고른다. 마치 명상하듯 천천히 호흡. 궁수나 포수가 과녁을 겨눌 때 심박수를 낮추듯, 릴랙스, 릴랙스.

웨트슈트에 상체까지 다 집어넣고 지퍼를 올리는 건 타이밍이 중요하다. 오랫동안 지상에서 입고 있으면 답답하니, 물에 들어가기 위해 줄을 서기 직전에 입는 게 좋다.

주위에 있는 사람들과 인사를 나눈다. 여러 번 해 본 경험 덕분에 마음이 편해져서 자연스럽게 할 수 있다. 살집이 꽤 있어 보이는 중년 여성은 이 대회만 일곱 번 참가했다고 한다. 물론 캐나다 사람이다. 일본에 살고 있는 한 미국인은 아이언맨 통산 세 번인데, 모두 이 대회만 나왔다고 한다. 경치가 좋다는 이유에서다.

젊은 참가자들도 제법 눈에 띈다. 반가운 일이다. 이런 지구력 스포츠는 보통 젊은이들이 즐기는 종목이 아닌데, 이렇게 기특한 친구들이 있다니. 첫 출전인 사람들도 꽤 있다. 프로 선수처럼 몸집과 장비를 갖춘 30대 젊은이는 하프 아이언맨을 세 번이나 완주했고, 이번이 풀 아이언맨 첫 도전이다. 벌써 자세가 꽉 잡혀 있다.

대학 신입생인 키 큰 청년도 첫 아이언맨인데, 로스앤젤레스에서 가족 다섯 명이 차로 24시간 넘게 달려왔다고 한다. 고등학교 때 수영 선수였던 그는 원래 웨트슈트 없이 맨몸으로 수영하려 했지만, 전날 수온 때문에 '웨트슈트 필수(wet suit mandatory)' 규정이 내려졌다. 결국 아이언맨 빌리지에서 비싸게 하나 샀다고 한다. 정말 다양한 삶의 자리에서, 저마다 사연을 안고 이곳에 모였다.

그리고 오전 7시가 되면 물에 들어간다. 쾅쾅 울리던 음악이 갑자기 멎더니, 방송이 나온다. "중요한 광고입니다! 오늘 수영 거리는 900m로 줄입니다!" 수온이 너무 낮아서다. 하프와 풀 모두 900m만 한다고 한다. 원래 풀 아이언맨의 수영 거리는 3.8km인데, 사분의 일 이하로 줄어든 셈이다.

나는 속으로 아주 좋다고 외친다. 하늘이 준 선물이다. 하지만 동시에 걱정도 든다. 이렇게 짧으면 수영하는 사람들이 한데 몰려, 발에 치이고 몸이 부딪히는 일이 많을 테니… 다치지 않는 게 최선이다.

잠시 후, 또 방송이 나온다. "중요한 광고입니다! 오늘 수영 거리는 1,500m로 변경합니다!" 그럼 그렇지, 그 정도는 돼야 한다. 수영장 25m 기준 서른 번 왕복하는 거리, 올림픽 트라이애슬론 수영 거리다. 딱 좋다. 다만 수영 거리가 줄면 탈의 텐트가 붐비고, 자전거 출발 구간이 혼잡해질 수 있겠다. 이런 변수에 적응해야 한다.

그런데, 상황이 또 바뀐다. "중요한 광고입니다! 이번 대회는 수영을 취소합니다! 수영을 취소합니다!" 수영이 아예 사라졌다. 수온이 너무 낮아 안전사고 위험이 컸던 것이다.

쇼킹한 뉴스지만, 나는 속으로 만세를 외친다. 물론 표정 관리는 한다. 하지만 백은 아쉬운 눈치다. 그는 수영이 강하다. 옆에 선, 로스앤젤레스에서 온 수영 선수 출신 대학생도 실망스러워한다. 수영에서 다른 사람들을 많이 따돌리며 스타트를 끊으려던 이들에게는 뼈아픈 소식이다.

이리하여 오늘의 아이언맨은 삼종이 아닌 이종 경기가 됐다. 가끔 이런 경우가 있다고 한다. 하긴, 전체 대회가 통째로 취소된 적도 있으니… 결국 날씨, 날씨, 그리고 또 날씨.

자전거와 달리기만으로 승부를 봐야 한다. 수영이 사라졌으니, 다들 힘이 남아 미친 듯이 자전거를 탈 것이다. 이것도 새로운 변수다.

웨트슈트를 벗고 자전거 복장을 갖춘다. "각자 자기 자전거 옆에 서세요. 번호별로 차례로 출발합니다." 혼잡을 막기 위해, 자전거를 걸어 둔 랙(rack) 줄별로 출발시킨다. 첫 선수들이 출발한 지 30분쯤 지나, 나와 백의 차례가 왔다. 5초 간격으로 두 명씩 출발. 출발 신호가 떨어지자마자 백이 치고 나간다.

펜틱턴 자전거 코스는 북미 아이언맨 코스 중 가장 인기 있는 코스다. 시가지를 벗어나 포도원이 있는 농촌을 달린다. 수영에서 힘을 빼지 않은 채로 타는 자전거는 또 다른 경험이다. 날씨도 좋고 풍광도 좋다. 캐나다답게 거리 표시는 미터법. 10km를 조금 넘기니, 앞에 백이 보인다. 역시 빠르다. 그를 추월하며 인사한다. "먼저 갑니다. 굿 데이!" 그는 페이스를 조절하는지 따라오지 않는다.

내 자전거에는 물병 두 개를 실었다. 하나는 핸들 사이에 장착해 옆드린 자세에서 빨대로 마실 수 있는 물병, 다른 하나는 프레임에 장착한 일반 물병이다. 둘 다 단백질 파우더, 미숫가루, 꿀을 섞은 사제 음료다. 대추, 포도, 짭짤한 크래커는 뒷주머니에.

점심은 7-11에서 파는 타키토(taquito)를, 중간에 나오는 보급소에 미리 맡겨 두었다. 이렇게 하면 대부분의 보급소를 그냥 지나칠 수 있다. 물 보충이나 화장실 이용 때만 잠시 멈춘다. 두 번째 보급소에서 화장실을 이용했다. 아직 백은 보이지 않는다. 용무를 마치고 물을 채운 뒤 다시 출발. 이렇게 잠깐 쉬는 것만으로도 다리 피로가 훨씬 덜하다.

펜틱턴 코스는 언덕이 많다. 그렇다고 언덕이 기록을 더디게 만들고, 평지가 기록을 빠르게 만드는 건 아니다. 힘들게 올라가면, 내리막에서 쌩쌩 달려 평균 속도가 맞춰진다. 문제는 코스가 아니라 나 자신이다. 그리고 날씨. 2년 전 평탄한 새크라멘토에서는 맞바람에 고생했고, 휘슬러에서는 자전거 주행 중 저체온으로 쓰러진 사람들이 있었고, 아이다호에서는 폭염을 버티지 못해 포기한 사람들이 있었다. 오늘은 기온도 적당하고 바람도 없다. 드디어 내 사전에 '아이언맨 중 퍼펙트 날씨'가 등재되는 날이구나.

지도상 70km 지점에 큰 오르막이, 110km 지점에 꽤 긴 언덕이 있다. 중간중간 작은 언덕도 끝없이 이어진다. 어떤 사람들은 고도 지도가 인쇄된 종이를 보며 탄다. 언덕 시작과 끝을 알면 마음 준비를 할 수 있다는 것이다. 나는 그냥 '길이 펼쳐지는 대로' 가는 주의다. 다만 오늘은 70km, 110km만 기억해 두자. 7-11, 외우기 쉽다.

자전거로 산길을 달리다 보면, 눈으로는 오르막인지 내리막인지 구분이 안 될 때가 있다. 겉보기에는 평탄하지만 속도가 안 나면 오르막이고, 올라가는 것처럼 보여도 잘 나가면 내리막이다. 눈은 부정확하다.

다리가 안다.

물론 GPS나 고도·경사 표시 장비가 있지만, 나는 기계치라 그런 건 안 쓴다. 그냥 다리와 심장으로 느낄 뿐이다. 앞에 오르막이 나올지, 내리막이 나올지는 몰라도, 갈 곳은 분명하니 그거면 충분하다.

아이언맨 자전거 주행 중에는 경치를 즐기기 쉽지 않다. 몸이 힘든데 무슨 경치인가. 그래도 마음속 앨범에 새겨진 장면들이 있다. 아이다호의 호수, 휘슬러의 장엄한 산들, 애리조나 사막 한가운데 솟아 있던 바위산. 오늘 펜틱턴에서는 경치를 즐길 여유가 있다. 수영에서 힘을 빼지 않아 몸이 가볍다. 호수와 강, 그리고 포도원이 점점이 흩어진 평화로운 농촌 풍경이 이어진다.

드디어 70km 지점, 첫 긴 오르막에 도착. 오르막에서는 자전거 속도가 비슷해져 간격이 좁혀진다. 여러 명을 추월했다. 나도 내 실력에 놀란다. 하지만 무리하지 않는다. 앞으로 갈 길이 멀고, 풀 마라톤도 남아 있으니 힘은 80%만.

페달을 밟으며 계속 백을 찾았다. 혹시 화장실 간 사이에 앞질렀을까? 첫 오르막에서 드디어 저 앞에 그가 보인다.

다가가 나란히 선다. "아이고 형님, 한참 먼저 가신 줄 알았는데." "화장실에 갔었어요."

잠시 나란히 달리다. 내가 페달을 세게 밟아 앞선다. "자, 먼저 갑니다." 그는 따라오지 않는다. 혹시 오늘은 내가 더 빠른가?

오르막이 있으면 내리막이 있다. 내리막에서는 페달을 밟지 않고 쉰다. 오르막에서 추월한 이들이, 내리막에서는 나를 앞질러 간다. 나도 밟고 싶지만, 휴식이 더 중요하다. 다음 오르막에서 다시 추월하면 된다. 이렇게 몇 차례 앞서거니 뒤서거니 하다 보면, 실력이 비슷한 사람들이 한 무리를 이룬다.

　무엇보다 안전, 안전, 안전. 경사가 심한 내리막에서는 특히 조심해야 한다. 조금 빨리 가려다 정신줄 놓으면 큰일 난다. 중간에 넘어져 자전거를 끌고 나오는 사람을 봤다. 다행히 크게 다치진 않은 듯하다. 백에게 들으니, 내 뒤에서 경사 심한 내리막에서 커브를 돌다 바위를 들이받고 떨어진 사람도 있었다고 한다.

　다 살자고 하는 일이다. 조금이라도 빨리 가려고, 절대로 무리할 필요는 없다. 110km에서 나오는 언덕은 의외로 덜 힘들다. 길기는 하지만 경사가 덜하다. 퍼펙트한 날씨에 경사가 알맞은 이런 멋진 길을 달리는 것은 소풍 나온 기분이다.

　후반 어느 내리막 구간을 달리는데, 사람들이 갑자기 "곰이다!" 하고 외친다. 왼쪽 숲속에 브라운 베어 한 마리가 있다. 우리가 곰을 보는 건지, 곰이 우리를 보는 건지. 어, 어 하다 그냥 지나친다. 사진이라도 찍을 걸 싶지만, 내리막이라 멈추기 쉽지 않다. 돌아가 볼까 하다가 그냥 간다.

　펜틱턴 자전거 코스가 특히 인기 있는 이유 중 하나는 마지막 30km가 거의 내리막이라는 점이다. 세상에 이렇게 신나는 일이! 막판을 힘 안 들이고 시원하게 달리는 코스는 처음인 것 같다. 저 아래 호반의 리조트들이 보이고, 자전거는 다시 속도를 얻는다. 그렇게 즐겁게 180km를 마쳤다. 다리도 아직 쓸 만하다.

　달리기는 언덕을 오르며 시작한다. 코스 중 가장 가파른 언덕이 초반에 나온다. 걷는 사람들도 있지만, 나는 자존심에 끝까지 달려서 오른다. 언덕 끝에 이어지는 첫 10km는 포도원 한가운데를 달려갔다가 되돌아오는 코스다. 저 아래로 오카나간 호수가 보이고, 언덕은 온통 포도원이다. 중간에 자주 서서 사진을 찍었다. 호수를 내려다보는 바위 언덕 위, 높은 깃대에 캐나다 국기가 바람을 잔뜩 받아 펄럭인다. 세계 국기 중 내가 가장 멋지다고 생각하는 깃발 중 하나다.

"이것은 소리 없는 아우성…" 청마 유치환 시인의 시 구절이 떠오른다. '저 푸른 해원' '순정은 물결같이' '애수가 백로처럼'이라는 표현을 보니 바닷가였을 것이다. 그가 살던 통영의 바닷가 언덕이었을까, 아니면 배의 돛대 끝에 달린 깃발이었을까. 잠시 상념에 젖는다. 아름다운 날, 좋은 곳이다.

포도원 길을 돌아 나오는데, 백과 마주친다. 그리 많이 처진 것은 아니다. 약 5km 차이. "아이고, 힘들어 죽겠어요." "그래도 빨리 왔네." 처음 우려했던 것처럼 후배에게 뒤처지진 않았다. 오히려 내가 조금 앞서 있다. 에고가 살짝 부풀어 오른다.

포도원을 빠져나와 첫 언덕을 내려가는데, 대학생쯤으로 보이는 한 여성이 자전거를 끌고 올라오며 응원을 건넨다. 설마 완주했나 싶었는데, 목에 메달이 걸려 있다. "완주한 거예요?" "네!" "이런, 너는 괴물이야?" "하하하, 난 프로예요. 잘하고 계셔요." 그렇다, 이런 프로 선수들은 나보다 두 배는 빠르다. 대학생처럼 보였지만, 실제 나이는 더 많을지도 모른다.

가파른 언덕을 내려와 시내로 들어서면, 이후 코스는 내내 평탄하다. 길고 짧은 루프가 하나씩 있고, 그것을 두 번씩 돈다. 작은 도시지만 시가지를 계속 달리기 때문에, 밤이 되어도 헤드 램프는 필요 없다.

2km마다 이정표가 있다. 길게 보지 않고, 다음 이정표까지를 목표로 달린다. 그렇게 한 구간씩 가다 보면 끝나는 것이 마라톤이고, 인생이 아니겠는가. 2km면 운동장 다섯 바퀴. 별것 아닌데 왜 이렇게 긴 것

인지, 왜 다음 이정표가 안 나오는 것인지….

같은 루프를 두 번 돌다 보니, 나보다 앞선 사람들과 마주친다. 시작 전에 인사를 나눈 대학 신입생도 나보다 앞서 있다. 여전히 쌩쌩하다. 복장은 대충인데, 젊음이 그 모든 것을 덮는다. 생각해 보니, 나는 저 나이에 저렇게 못 했다. 오히려 지금의 체력이 그때보다 낫다. 그때는 두부살이었고, 지금은 철인이다. 참 재미있는 인생이다.

첫 루프를 돌고 시내로 들어가는 길에 백과 다시 마주친다. "자, 우아한 폼으로!" 그의 달리는 모습을 동영상으로 찍어 준다. 그는 나보다 약 6km 뒤에 있다. "형님, 나 더 이상 못할 것 같아요." "12시까지만 들어오면 돼. 힘내고!"

짧은 두 번째 루프는 호숫가를 달린다. 도로변에 사람들이 많이 나와 있다. 유모차를 미는 사람, 개를 데리고 나온 사람, 식당 야외 테이블에서 맥주잔을 기울이며 웃고 떠드는 사람들. 호수에 정박한 배들의 불빛이 물에 비친다. 아름다운 곳이다.

다시 긴 루프에 접어든다. 분명 나보다 나이가 많아 보이는 할아버지가 내 앞에서 달리고 있다. 저분을 추월할 수 있을까? 그와 보조를 맞춰 보니 숨이 찬다. 에고, 그냥 먼저 가셔야겠네. 그렇게 보내 드렸다. 그 할아버지는 다시는 보이지 않았다.

시간은 착실히 흐른다. 어둠이 짙어짐에 비례해서 길은 한적해진다. 이미 완주한 사람이 많아지기 때문이다. 주자들 사이의 거리는 점점 멀어진다. 홀로 가는 것이 마라톤이고, 인생이다.

다행히 이번에는 어지러움이나 메스꺼움이 없다. 훈련을 잘했군. 다리 무거운 것은 어쩔 수 없다. 결국 심폐보다는 다리에 달렸다. 조상들의 옛 전설처럼 축지법을 쓸 수 있다면 얼마나 좋을까. 마라톤은 지독히 정직하고 평범하고 단순하다. 기교도, 편법도, 융통성도 낄 자리가 없다. 그저 한 발 한 발 앞으로 나아가는 수밖에 없다.

긴 루프를 두 번째 돌아오는데, 다시 백을 만났다. 카메라를 들이대자 웃는다. "형님, 나 기권해야 할 것 같아요." "무슨 소리야, 끝까지 해야지. 자, 자, 힘내고!" 그렇게 말했지만 속으로는 걱정이 된다. 마음은 이미 포기한 게 아닐까. 열심히 뛰면 자정 안에는 들어올 수 있겠지만, 고생이겠다. 그 후로는 그를 다시 마주치지 못했다.

나중에 들으니 그는 이미 계산을 끝냈다고 한다. 어찌어찌 하면 시간 내에 마칠 수는 있겠지만, 몸이 망가지겠더라는 것이다. "훈련을 많이 못했어요." 골프와 테니스를 주로 하느라 자전거와 달리기 훈련 시간이 별로 없었다고 한다. 백은 달리기가 얼마 남지 않은 시점에서 기권했다. 현명한 선택이다. 죽을힘을 다해 기어서라도 끝까지 가는 것도 장한 일일지 모르지만, 물러날 때 깨끗이 물러나는 것도 지혜다. 마치 정상이 손에 닿을 것 같아도 날씨나 기타 여건을 살펴 하산을 선택하는 등산가처럼, 이 친구도 그렇게 했다. 안전을 위해, 나중을 위해.

늘 그렇지만 마지막 2km가 정말 길다. 결승선의 함성과 아나운서의 열띤 멘트가 밀리서 들리는데, 거리는 좀처럼 좁혀지지 않는다.

드디어 결승선이 보인다. 도로 양쪽에 사람들이 소리를 지르며 팔을 뻗어 응원을 한다. 늘 드는 의문이지만, 늦은 시간인데도 이렇게 사람들이 많은 것은 어째서일까? 친구나 가족을 응원하러 온 사람들일까? 아직도 내 뒤에 남아 있는 사람이 이렇게 많다는 걸까? 아니면 친지는 들어왔어도 여전히 남아서 다른 사람을 응원하는 걸까? 모를 일이다.

결승선을 통과할 때는 언제나 그랬던 것처럼, 폼을 잡고, 힘 하나도 안 든 사람처럼, 양팔을 벌려 들어올리고 웃으며…. 아나운서의 열띤 멘트가 들린다. "Dennis Kim, You are an Ironman!" 열 번째 아이언맨인데, 처음으로 아내가 없다.

닥터 백이 환하게 웃으며 반겨 준다. 완주자에게 주는 모자, 메달, 셔츠까지 챙겨 나와 있다. 중간에 포기하고 들어왔는데도, 자원봉사하는 아주머니가 안쓰럽게 여겼는지 완주자 기념품을 다 건네줬다고 한다. 최소한의 노력으로 최대의 결과를 얻은 셈이다.

그가 여기서 멈추지 않기를. 언젠가는 나와 함께 아이언맨을 완주하고, 어쩌면 나보다 먼저 결승선을 통과할 것 같은 예감이 든다. 어쩌면 이건 그를 위한 기대이자, 나를 위한 욕심일지도 모른다. 함께 달린다는 건 그만큼 큰 도전이자 힘이 되니까.

완주자들을 위한 음식이 준비되어 있지만, 나는 한 번도 입에 대 본 적이 없다. 아무리 허기져도 목이 막혀 음식이 넘어가지 않는다. 대신 물 한 병만 집어든다. 자전거가 있는 곳으로 가서 용품 봉지를 챙기고, 아이언맨 빌리지를 떠난다. 열 번째 아이언맨. 삼종이 아닌 이종 경기였지만, 아름다운 펜틱턴에서 마칠 수 있었다. 경치 좋기로 유명한 이곳에서, 마지막으로 열린 아이언맨 대회를 달렸다는 건 행운이다.

사람들은 묻는다. "아이언맨을 언제까지 계속할 거요?" 글쎄, 나도 잘 모르겠다. 계획은 없다. 나보다 나이 많은 분들이 달리는 모습을 보면 '저분은 젊어서부터 운동깨나 한 엘리트일 거야.' 생각한다. 나 같은 두부살도 저럴 수 있을까? "할 수 있을 때까지는 해 보죠, 뭐." 이게 늘 하는 대답이다.

어느 날 완주하지 못하는 때가 오면 그만둘까? 아니면 자존심을 지키려 이를 악물고 다음 해에 다시 도전할까? 역시 계획 없다. 지금까지 그래 왔듯, 물 흐르는 대로, 바람 부는 대로, 몸이 가는 대로 달릴 뿐이다.

그런데 재미있는 건, 아직 할 만하다는 것이다. 마라톤을 처음 시작했을 땐 경기 후 며칠은 절룩거렸다. 계단을 내려가는 게 고역이었다. 아이언맨 완주 후에도 이틀, 사흘은 걷기가 불편했다. 그런데 이제는 거짓말처럼 그런 게 없다. 경중경중 걸어 다니고, 계단을 오르내리는 데도 아무 문제가 없다.

펜틱턴 경기 다음 날 월요일 아침, 짐을 챙겨 호텔을 나와 완주자들을 위한 아침 식사를 하러 가는데, 뻗정다리로 걷는 사람들은 죄다 젊은 아이들이었다. 중년 이상의 완주자들은 자연스럽게 걷는다.

젊은이들은 무리해서 달렸고, 우리는 살살 달려서 그런 건지, 아니면 경력이 오래되어 체력이 좋아져서 그런 건지 모르겠다. 그러나 시간 기록은 좀처럼 향상되지 않는다. 체력 향상과 나이로 인한 노화가 서로 상쇄되는 것 같다. 그냥 이 수준을 지속하면 될까.

늘 그랬지만, 달릴 때는 '내가 왜 비싼 돈 내고 멀리 와서 이 짓을 하고 있나… 아, 더럽게 힘들다.'라는 생각을 몇 번 한다. 그런데 끝나면 신기하게도 그런 생각도, 그런 생각을 했다는 사실도 잊어버린다. 다음에는 어느 대회에 나갈까? 시간을 줄여야 하는데, 시간을! 그러려면 아무래도 관건은 체중이지. 체중을 더 줄여야지. 이번엔 1년 내내 섭생을 잘하자. 매일 체중을 재자. 게으르지 말고 더 열심히 훈련하자. 지금까지는 아무래도 느슨해졌다가 서너 달 남겨 두고 바짝 훈련했었다. 이제는 그러지 말자.

작년에도, 그 전해에도, 전전해에도 늘 같은 생각을 했었다. 기록을 세워 보자, 기록을. 체중 더 줄이고 더 꾸준히 훈련해서, 다음 대회는 기록을 세워 보자. 돌아오는 길에 이렇게 머리를 굴린다. 이러고 살아온 게 지난 10여 년이다. 허구한 날 같은 결심의 반복이다.

아이언맨을 앞으로 매해 오래오래 완주하는 게 나의 목표가 아니다. 사는 동안 내내 건강하고 활력 있게, 강인하게 살고 싶다. 아이언맨은 하나의 좋은 빌미다. 이 대회에 참가하려면 어쩔 수 없이 훈련을 해야 한다. 그 훈련이 내 몸을 단련시킨다.

미국에 애팔래치안 트레일(Appalachian Trail)이라는 게 있다. 3,500km가 넘는, 미국 동부 산악을 종주하는 길인데, 서부의 퍼시픽 크레스트 트레일(Pacific Crest Trail)과 더불어 전설적인 트레일이다. 이걸 걸어서 완주하는 사람들이 있다.

에마 게이트우드(Emma Gatewood)라는 할머니는 어느 날 산책 나가는 것처럼 집을 나서서 이 길을 다 걸었다. 최초의 여성 완주자로 기록된 그녀의 나이는 67세였다. 전문적인 장비도 없이 보따리에 짐을 싸서 걸었다. 사람들이 그녀에게 왜 이런 일을 하느냐고 물었더니, 뭐 뾰족한 대답이 없었다고 한다. 에마는 "그냥 좋아서."라고 하거나, "언덕 너머에 뭐가 있는지 궁금해서."라고 대답하기도 했단다.

나는 그 마음을 안다. 지금까지 그런 마음으로 좌충우돌 몸 살리기를 해 왔다. 달려 보니까 좋아서 계속 달렸고, 어렸을 때 산모롱이를 돌면 무엇이 있을까 궁금했던 마음으로 이런저런 대회를 다녔다. 그렇게 오다 보니 마라톤을 했고, 3종경기를 했고, 아이언맨까지 하고 있다. 앞으로도 그런 마음으로 계속 살 것 같다. 그냥 좋아서, 저 너머에 뭐가 있는지 궁금해서.

남들에게 철인이라고 불리는 나는 아직도 두부살이다. 내가 안다. 한 번 두부살이면 영원한 두부살이다. 생각 없이 살면 내 본연의 세포질로 다시 돌아온다. 그래서 꾸준히 몸을 움직여야 한다. 이게 훈련이라면 훈련인데, 무엇을 달성하기 위해 하는 수단이 아니다. 나의 라이프스타일이다. 그냥 사는 방식이다. 이렇게 움직이는 게 좋다. 재미있어서 한다. 해 뜰 무렵 넓은 호수에서 내가 가르는 물소리를 들으며 헤엄칠 생각에 설레고, 페달을 밟아 언덕을 오를 때 심장과 허벅지가 빵빵하게 터질 것 같은 게 뿌듯하고, 멀리 아이언맨 빌리지가 항구의 불빛처럼 빛나는 것을 바라보며 다시 기합을 넣고 달리는 느낌이 그리워 이이언맨을 한다.

동시에 한 번 철인이면 영원한 철인이다. 산길에서 좀 지쳐 보이면 같이 가는 동료들이 "철인이 왜 그래?"라고 묻는다. 넘어져서 다쳤다면 "철인도 다쳐요?"라고 한다. 힘들다거나 아프다는 내색을 하려면 한 번 더 생각해야 한다. 어쩌면 잘된 일이다. 철인의 품위를 유지하기 위해서라도 나는 열심히 몸을 움직여 최상의 컨디션을 유지해야 하지 않겠는가. 의사가 자신이 가르치는 바를 실천하며 살아야 하듯이 말이다.

"철인처럼 안 생겼는데?" 하는 말과 눈빛은 많이 듣고 느낀다. "우리 닥터 선생님도 운동을 좀 하셔야죠."라고 권고하는 환자들도 있다. 내가 골프를 안(못) 한다고 하면 듣는 말이다. 척 보기에도 그렇고, 다니며 이것저것 같이 해 보니 그저 그런 사람인데… 철인이라고?

바로 그것이 내가 하고 싶은 이야기다. "보세요, 나 같은 사람도 하고 있다니까요. 당신도 할 수 있어요!"

책을 내보내며

이 책의 씨앗은 12년 전, 내가 처음 아이언맨을 완주했을 때 심겨졌다. "이 몸이 아이언맨을 해내다니!" 마치 맹구가 고시 3과를 합격한 기분이었다. '이건 인간 승리 그 자체다. 책을 쓰자!'

그렇게 제목을 '두부살에서 철인으로'로 정해 놓고는 몇 장 쓰다가 말고, 또 조금 쓰다가 말고… 그 사이 아이언맨은 내 일상이 되었고, 더 이상 새로울 것도 없었다. 게다가 이 세계에 들어와 보니 나보다 더 빠르고 오래, 훨씬 잘하는 사람들이 수두룩했다. 자랑삼아 명함을 내밀 세상이 아니었다. 결국 원고는 컴퓨터 폴더 속에서 잊힌 채로 오랫동안 잠들어 있었다.

그러다 60세가 넘도록 해마다 아이언맨을 완주하며 나름의 기록이 쌓이자, 다시 원고를 꺼내게 됐다. 자랑하려는 마음이 아니라, 나와 비슷한 수많은 사람들에게 도움이 될 이야기라는 생각이 들었기 때문이다. 책을 써야 한다는 강한 느낌이, 거의 강박처럼 다가왔다. 안 쓰면 인간적으로나 직업적으로나 직무 태만일 것 같았다. 그렇게 지난 2년 동안 본격적으로 원고를 다듬었다.

이 책은 나 혼자 쓴 게 아니다. 먼저 내 이야기에 실명으로 등장하는 친구들에게 미안함을 전한다. 미리 허락을 받진 않았지만, 큰 누가 되진 않을 거라 믿는다.

원고를 가장 먼저 읽어 준 동생 김은영 교수는 응원과 함께 전문가로서의 조언을 아끼지 않았다. 여러 부분이 동생에게 빚지고 있다. 또, 원고 위원으로 불러낸 중·고등학교 동창들. 권순영, 김군기, 김양수, 원상희, 임희자, 지수일은 솔직한 의견과 조언을 해 주고, 심부름도 맡아 주며, 무엇보다 큰 격려를 보내 줬다. 원고 교정과 팩트체크를 맡아 주고, 더 좋은 문장과 표현을 위해 매 단계에서 도움과 용기를 준 이경숙 님께는 특별히 깊은 감사를 전한다.

시애틀 레저 클럽의 홍재인 대장과 유경숙 부부, 함께 주말마다 산행하는 회원들—오드리, 대청봉, 시냇물, 아테나, 화목, 무지개(70세 넘은 분들만 호명했다), 그리고 '씨건달(씨애틀 건강 달리기회)' 회원들께도 인사드린다. 많이 놀라셨기를.

나의 이야기를 읽고 기꺼이 추천사를 써 주신, 이론과 실천의 롤모델 서승우 박사, 국민 산악인 엄홍길 대장, 영원한 국민 마라토너 이봉주 님께는 어떻게 감사를 표현해야 할지 모르겠다.

무엇보다, 모든 마라톤과 아이언맨 대회 출전에 함께하며, 삶의 골짜기와 능선과 봉우리를 같이 걸어온 사랑하는 아내, 그리고 훌륭하고 자랑스러운 우리 아이들에게 사랑과 고마움을 전한다. 100세를 바라보는 아버지, 팔순에 첫 시집을 내고 구순에 두 번째 시집을 내신 어머니께 내 첫 책을 보여드릴 수 있어 더욱 기쁘다.

그리고 이 모든 이야기를 아름답고 멋진 책으로 엮어 준 페스트북의 전문 편집자들에게도 감사드린다.

12년 동안 품어 온 이야기를 드디어 세상에 내보낸다. 유대와 이슬람 등 오래된 전통에서 '열두 살'은 아이가 성년의 문턱을 넘는 시기라

한다. 내 책도 이제 넓은 세상으로 나가 두루 다니며 많은 사람들을 만나기를. 만나는 이들에게 귀염과 사랑을 받기를. 인연이 닿는 모두에게 건강하고 활력 있는 삶의 길을 보여주기를. 세상이 이 책으로 아주 조금이라도 더 멋지고 밝은 곳이 되기를….

그런 염원을 담아, 정성스럽게 단장하여, 떨림과 설렘으로 이 책을 세상에 내보낸다.

이 책을 집필하게 된 계기는 무엇인가요?

처음 아이언맨 철인3종경기를 완주했을 때, 책 한 권은 꼭 써야겠다고 생각했어요. 마치 인간 승리 같았거든요. 마라톤을 완주했을 때도 주변 친구들이 '어떻게 네가 마라톤을 다 했냐'라며 놀랄 정도였는데, 3종경기 중에서도 제일 긴 아이언맨 경기를 완주했다는 사실이 스스로도 신기했죠. 철인3종은 엘리트 선수들이나 운동신경 좋은 사람들이 하는 종목들이라고들 하는데, 사실 세상에는 저처럼 평범한 사람이 더 많잖아요. 수십 년간 직접 달려 본 의사로서 쌓아온 노하우와 함께 "여러분도 할 수 있어요. 몸치에 두부살이었던 저도 했는걸요!"라는 메시지를 꼭 전하고 싶었어요. 이 책이 비슷한 처지의 분들께 좋은 자극이 되었으면 해요.

'두부살에서 철인으로'라는 제목이 강렬한데요. '두부살' 시절을 지나 '철인'이 된 지금, 스스로 무엇이 가장 달라졌다고 느끼시나요?

일단 몸으로 하는 일에 자신이 생겼어요. 산을 오르든, 오래 걷든, 몸으로 버티는 일이라면 뭐든 할 수 있다는 확신이 들어요. 자연스럽게 취미도 늘어났고요. 등산, 하이킹은 물론이고 카약이나 스키도 타러 다니는데, 삶이 훨씬 재밌어졌달까요. "학교 다닐 때는 국·영·수지만 은퇴 후에는 예체능이다"라는 말을 들은 적이 있는데, 정말 공감했습니다. 즐길 수 있는 게 많아질수록 인생이 풍요로워져요.

운동을 결심하게 된 '그날'을 기억하시나요?

원래는 운동과는 담을 쌓고 지냈어요. 특히 의대 시절, 인턴과 레지던트를 거치는 동안에는 나흘마다 병원에서 자야 하다 보니 늘 피곤했어요. 몸은 점점 더 방만해지고, 알레르기 시즌마다 고생하고, 무좀도 심해졌죠. 어느 날, 의사가 이래도 되나 싶은 생각이 불현듯 들었어요. '이대로는 안 되겠다. 뭐라도 해야겠다.' 마음먹었죠. 딱히 잘하는 운동이 없어서 일단 나가서 달리기를 시작했던 것이 출발점이었어요.

여러 운동 중 어쩌다 극한의 도전으로 불리는 '철인3종'에 빠지게 되셨나요?

철인에 빠졌다기보다는 그냥 하다 보니 여기까지 오게 됐다는 표현이 맞을 것 같아요. '어쩌다 철인'이 된 거죠. 운동장 한 바퀴를 처음 도는데 의외로 '어라, 이거 할 만하네' 싶더라고요. 그렇게 조금씩 더 달리다 보니 10km 달리기에 도전하게 됐어요. 한번 해 보니 마라톤도 할 수 있겠다 싶었고, 자연스럽게 3종경기에도 관심이 생겼죠. 올림픽 3종경기는 비교적 짧은 편인데, 각 종목의 거리를 보니 모두 제가 할 수 있는 것들이었어요. 모험심이 강하거나 한계에 도전하는 사람은 아닌데요. 차근차근 하나씩 하다 보니 여기까지 왔네요.

의사로서 신체가 보내는 통증과 위험 신호를 누구보다 잘 아실 텐데요. 레이스 도중 '의사로서의 나'와 '선수로서의 나'가 충돌했던 순간은 없었나요?

있었죠. 예를 들어 종아리 근육이 끊어졌을 때, 의사로서의 저는 절대 달리면 안 되고, 가만히 있어야 한다고 판단했어요. 그런데 하필 2주 뒤 마라톤 출전이 예정돼 있었어요. 의사로서는 분명 멈춰야 했지만, 달리는 사람으로서의 저는 욕심을 내서 결국 뛰었죠. 또 하나는 지난겨울, 스키를 타다 젊은 친구와 부딪히며 넘어져 어깨를 다쳤을 때였는데요.

크게 다친 건 아니었지만, 회복 시간이 필요했죠. 그렇지만 레이스를 하고 싶다는 열망이 너무 강했고, 아이언맨 대회가 다가올수록 조바심도 들었어요. '의사로서의 나'와 '달리고 싶은 나' 사이에 충돌이 엄청 컸죠.

의학적 지식이 훈련이나 대회 참가에 도움이 된 이야기도 궁금합니다.

의사로서 가장 도움이 되는 건, 어디가 아프거나 다쳤을 때 '이 정도는 괜찮다'라는 것을 알고 있다는 점이에요. 진료 현장에서 그런 환자들을 수없이 봐왔으니까요. 한 번은 자전거를 타다가 서 있던 차에 부딪혀 갈비뼈에 금이 간 적이 있었는데요. 워낙 갈비뼈 골절 환자를 많이 봐온 덕분에 특별한 치료 방법이 없고 결국 시간이 지나야 낫는다는 걸 알고 있었어요. 스키를 타다가 종아리 근육이 찢어진 적이 있었는데, 그때도 의사가 아니었다면 큰일 났다며 걱정했을 거예요. 하지만 저는 시간이 지나면 저절로 회복된다는 걸 알죠. '엑스레이를 찍어야 하나, MRI를 찍어야 하나, 의사가 제대로 알려주는 건가' 하는 불안도 없고요. 그런 점에서 의사라는 직업이 철인 경기에도 큰 도움이 되었다고 생각합니다.

열 번의 완주 과정에서 정신적 고비는 없으셨나요?

솔직히 말씀드리면, 정신적인 어려움을 크게 느낀 적은 없었어요. 흔히 마라톤을 '정신력 싸움'이라고들 하는데, 사실은 몸의 일이라고 생각해요. 몸이 할 수 있으면 정신도 괜찮아요. 몸이 한계에 부딪힐 때 비로소 정신적인 어려움이 오는 거죠. 저는 항상 천천히, 살살 했기 때문에 그런 장벽은 느끼지 않았습니다. 돌이켜보면 첫 대회 경험이 중요한 것 같아요. 특히 LA 마라톤이 규모도 매우 크고, 물량 공세도 엄청났거든요.

게다가 운 좋게 현지 러닝 클럽과 함께 달리면서 페이스를 잘 맞춘 덕분에 끝까지 잘 뛸 수 있었어요. 마지막 몇 마일은 기관차처럼, 야생마처럼 힘차게 달려 들어왔어요. 대회 현장의 북적거림, 끝나고 나서 나눠주는 음식과 즐거운 분위기까지 모두 좋은 기억이었죠. 첫 경험이 즐거워서인지, 이후 대회에서도 정신적 고비는 없었어요.

첫 아이언맨 대회에서도 수영은 느려도 자전거에서 추월하고, 달리기에 들어서면 남들과 비슷하게 달릴 수 있다는 점이 정말 기뻤어요. 기록에 연연하지 않고 천천히 달리면 항상 힘이 남아요. 그럼 끝까지 완주할 수 있죠. 제 상태를 알고, 무리하지 않는 것이 비결이에요.

평소 환자들이나 주변 분들에게 달리기를 권하실 것 같은데, 작가님의 권유로 운동을 시작한 사람들의 일화 중 기억에 남는 것이 있다면요.

저보다 서너 살 많은 치과 의사 한 분이 계시는데요. 달리기를 전혀 하지 않았던 분인데, 저랑 함께 뛰면서 10km 대회도 나가고, 하프 마라톤까지 도전하셨어요. 첫 하프 마라톤을 뛰는 중에 갑자기 양팔을 벌려 쳐들고 "하나님 감사합니다."라고 소리치는 거예요. 생전에 이런 걸 해볼 줄은 몰랐다는 거죠. 또 저보다 열 살이 많으신데, 60세가 넘어서 첫 마라톤을 완주하신 분, 같이 달리다 저보다 훨씬 잘 뛰게 된 분들도 기억에 남아요.

50세에 아이언맨 첫 완주를 하셨어요. 나이나 신체 조건 때문에 운동을 망설이는 분들에게 어떤 이야기를 해주고 싶으신가요?

앞으로 남은 생애를 즐겁고 건강하게 살고 싶으시다면, 지금부터 시작하세요. 몸을 움직이는 건 정말 중요하고, 재미있고, 좋은 일입니다. 본인이 생각하는 것보다 훨씬 중요한 일이에요. 끝까지 내 발로 걸어 다니고 싶다면, 나이 들어서도 자리보전하고 누워 남에게 신세 지지 않고 살고 싶다면, 지금 많이 움직이셔야 그럴 확률이 높아요. 치매 예방에 운동이 가장 좋다는 건 많은 연구비를 들여 알아낸 결론이에요. 정신과 몸을 건강하게 지키고 싶으시면 지금 시작하셔야 해요. 운동은 누구나 할 수 있고, 하면 늘어요. 거짓말이나 도둑질도 하면 는다고 하잖아요? 운동도 똑같습니다. 처음에는 1마일만 뛰어도 몸살이 났던 저도 지금은 이렇게 할 수 있게 됐잖아요. 몸은 그렇게 향상합니다.

일반인들이 운동과 건강에 대해 가장 크게 오해하고 있는 점은 무엇일까요? 이 책을 통해 꼭 바로잡고 싶었던 의학적 상식이 있다면요.

운동을 너무 심하게 하면 안 된다고들 하는데, 애초에 몸이 한계를 알기 때문에 심하게 할 수가 없어요. 물론 자기 몸 상태를 인지하고 있으면 더 좋고요. 운동하기 전에 의사와 상의하라는 말은 크게 의미 없어요. 의사가 운동을 덜 하라고 말하는 경우는 거의 없거든요. 일단은 자기가 직접 몸을 움직여봐야 해요.

또, '마라톤하면 관절이 망가진다'라는 상식도 잘못됐어요. 관절은 쓸수록 건강해진다는 게 전문의 연구 결과죠. 망가지는 건 무리했을 때이고, 오히려 쓰지 않으면 더 빨리 약해져요. 관절 연골도 주기적으로 알맞게 운동해야 재생이 되고, 관절을 둘러싼 근육과 힘줄도 더 건강해집니다. 심장도 마찬가지고요. 자꾸 부하를 걸어 뛰게 해야 건강해져요. 몸은 자꾸 써야 해요. 다만 무리하지 말아야 하는데, 그 기준은 자기만 압니다. 몸이 스스로 알려주거든요.

열 번의 철인3종 완주, 그리고 책 출간까지 큰 산을 넘으셨어요. '운동하는 의사'로서 품고 있는 새로운 꿈이 있으신가요?

시간이 부족한 게 아쉽지만, 늘 상상은 해요. 예를 들어 배낭 메고 유명한 트레일을 며칠간 걸어보고 싶다든지, 자전거로 미국 대륙을 횡단해 보고 싶다든지요. 카약을 타고 미시시피강 상류에서 하류까지, 미네소타에서 시작해 남쪽 뉴올리언스까지 내려가는 여정도 도전해 보고 싶어요. 몸이 이끄는 대로, 또 만나는 사람들이 열어주는 길을 따라가 보려고 해요.

아직도 망설이는 독자분들에게 오늘 이 자리를 빌려, 애정을 담은 딱 하나의 '잔소리'를 해주신다면요?

달리기는 여러분이 생각하시는 것보다 더 좋고, 재미있고, 유익하고, 몸에도 정신에도 모두 좋아요. 그러니 일단 나가서 달려 보세요. 좋아하는 거라면 뭐든, 몸을 움직이는 거라면 다 괜찮아요. 가능한 안 해본 것도 한번 도전해 보시고요. 하다 보면 늘고, 그러다 보면 좀 더 어렵거나 긴 것도 해보고 싶어져요. 두려워하지 마세요. 심지어 달리기는 돈도 거의 안 들잖아요. 그냥 시작하세요!

작가 홈페이지

두부살에서 **철인**으로

어느 현직 의사의 슬기로운 몸치생활

발행일 2025년 10월 31일

지은이 김주영
펴낸이 마형민
기획 페스트북 편집부
편집 곽하늘 강채영 김예은
디자인 김안석 표진아
펴낸곳 주식회사 페스트북
홈페이지 festbook.co.kr
편집부 경기도 안양시 동안구 관악대로 488

ⓒ 김주영 2025

ISBN 979-11-6929-921-3 03810
값 19,000원

* 이 책은 저작권법에 의해 보호를 받는 저작물이므로 무단 전재와 무단 복제를 금합니다.
* 페스트북은 작가중심주의를 고수합니다. 누구나 인생의 새로운 챕터를 쓰도록 돕습니다.
　creative@festbook.co.kr로 자신만의 목소리를 보내주세요.